Leading out loud

세계 최고의 리더들은 어떻게 말하고
어떻게 다가가는가?

Leading out loud

테리 피어스 지음
이은주 옮김

세계 최고의 리더들은
어떻게 말하고
어떻게 다가가는가?

기업을 성장시키는 리더의 핵심 능력

LEADING OUT LOUD

피어스와의 인연은 내가 UC 버클리(캘리포니아대학교 버클리 캠퍼스) 경영대학원에 개설되었던 그의 수업에 초빙되면서부터 시작됐다. 그의 수업은 교내에서 가장 인기 있는 수업 중 하나이기는 했지만, 세계적 명성을 자랑하는 'UC 버클리 경영대학원 수업'이라는 유명세에 비하면 다소 가벼운 주제를 다룬다는 느낌이 드는 것도 사실이었다.

그러나 MBA 과정을 밟는 학생들의 반응은 의외였다. 학생들은 사업적으로 혹은 기업인으로 성공하는 비법 같은 것보다는, 하버드대 출신 변호사에서 실리콘밸리의 거래 책임자로, 그리고 다시 스타트업 창업자로 변신을 거듭했던 내 특이한 이력에 더 관심이 많았다. 그 사실이 좀 놀랍기도 했고 흥미롭기도 했다. '열정'을 강조하는 부분에서는 고개가 끄덕여졌다. 한 마디로 피어스의 수업은 파워포인트 슬라이드를 흔히 사용하는 일반적 수업 분위기와는 사뭇 달랐다. 그는 학생들에게 지금 이 세상에서 자신이 바꾸고 싶은 것이 있다면 진지한 자기 성찰을 통해 그 변화의 출발점을 찾아보라고 주문했다. 그의 커뮤니케이션 강의는 어떻게 하면 벤처 투자가(모험 자본가)나 기업 인사 담당자의 호감을 살 수 있는지를 배우는 것보다 어떻게 하면 사람들의 마음을 움직일 수 있는지, 즉 어떻게 하면 타인을 감화시킬 수 있는지에 초점이 맞춰져 있었다. 이 책의 초판본은 이미 엄청난 인기를 누리고 있었다. 수업 내용은 초판본에 소개됐던 개념과 원칙에서 한층 더 진보한 듯 보였다.

내 경험상 어떤 사람으로 하여금 불가능해 보이는 일을 성취하게 하는 데는 금전적 유인책보다는 감화 능력이 더 필요하다. 그 때문에 '감화 inspiration'에 초점을 맞춘 피어스의 수업 방향이 개인적으로 매우 적절하다고 생각했다. 내게 있어 사업은 항상 '금전적 보상을 종착역으로 한 질주'가 아닌 '빅아이디어와의 황홀한 로맨스'였다. 즉, 내게 사업은 '돈'보다는 '빅 아이디어'를 좇는 황홀한 여정이었다.

최근 몇 년간 나는 실리콘밸리의 유명 벤처 캐피털 회사 클라이너 퍼킨스 코필드 앤드 바이어스Kleiner Perkins Caufield & Byers의 투자 파트너 겸 가상 CEO로 일했다. 나는 스타트업의 경영진에게 리더십 원칙을 가르치는 한편 사업의 기본 원칙을 이해하고 실천하는 것이 매우 중요하다는 점을 설파한다. 그런데 요즘에는 이보다 더 중요한 일은 감화 능력이라는 점을 이들 경영진에게 납득시키고 있다. 즉, 한 기업의 리더라면 그 기업이 시장에서뿐 아니라 자사 직원에게도 계속해서 영향력을 행사할 수 있도록 성장시켜야 한다. 이를 위해서는 앞으로 해야 할 일을 정확히 파악하고, 그러한 이해를 바탕으로 사람들을 감화시키는 능력을 키워야 한다. 내가 원하는 것은 기업인들이 단순한 '일꾼'이 아니라 가치의 '전도사'가

되는 것이다. 요컨대 자신의 일과 생활에서 의미와 가치를 추구하는 그런 기업인이 되기를 바란다.

소장 기업인들과의 모임에서 가치관, 가치, 가치 평가 등을 주제로 토론한 적이 있었다. 이 세 가지 가운데 변화를 꿈꾸는 리더가 첫손에 꼽을 단어는 무엇일까? 가치관values은 리더가 해당 조직 내에서 표현하고자 하는 기본적 가치 기준을 의미하고, 가치value는 더 나은 대의를 위해 리더가 선택한 가치를 의미하며, 가치 평가valuation는 금전적 관점에서 리더의 공헌도를 외부에서 평가하는 것이라 할 수 있다. 가치관, 가치, 가치 평가는 사실 만족도의 순서이고 실질적으로 성공을 가늠하는 가장 명확한 잣대로 보인다.

내 경우와 마찬가지로 피어스의 고객 대다수가 비즈니스 업계 사람들이다. 다른 영역도 그렇지만, 특히나 비즈니스 업계는 긍정적 변화의 도구가 될 가능성이 매우 크다. 비즈니스는 창의적 표현을 위한 수단이자 더 나은 변화를 위한 도구이고 궁극의 이상을 실현하기 위한 '아이디어'의 발현지다. 화가가 팔레트와 캔버스를 사용하듯, 기업인은 다른 사람들을 독려하여 회계 자료와 마케팅 계획을 분석하게 한다. 또 정치인은 '열정'이라는 도구를 활용하여 여론조사를 의뢰하는 동시에 투표 결과, 법안에 대한 동료의 반응, 유권자의 피드백 등을 분석한다. 세 경우 모두 변화의 잠재력은 창의성에서 나오고 이 창의성은 리더 개인과 그 리더가 이끄는 팀 안에서 찾아야 한다.

이 책에서 피어스는 대중적 인기를 넘어 '의미 있는 것'에 이르는 데 반드시 필요한 내적 원칙을 제시하고, 각 개인이 그러한 원칙에 대한 신념을 발견하는 과정을 기술하고 있다. 피어스의 작업이 특히 주목받는 이유는 변화를 실현하는 데 정말로 중요한 것이 무엇인지를 찾아가는 과정이 매우 독특하고 참신하기 때문이다.

피어스는 감화와 동기 부여, 충성도와 만족도, 진보와 변화, 결과와 의미 등 쌍을 이룬 두 개념의 의미를 구분하여 사용하려 했다. 이 같은 맥락에서 프랑스어 에꾸떼écouter와 앙땅드르entendre를 들어 '듣다'의 의미를 구분하려 했다는 점이 특히 눈에 띤다. 둘 다 '듣다'를 의미하는 동사이지만 하나는 말의 의미를 파악하여 화자가 말하고자 하는 핵심을 포착하는 것을 의미하고, 또 하나는 상대의 말을 그냥 듣고 대답하는 것을 의미한다. 상대의 말을 듣고 논리적으로 답변하는 일은 어렵지 않지만, 이것만으로는 만족스럽지 못할 때가 종종 있다. '듣는다(에꾸떼)'는 것은 그 말의 의미를 이해하고 상대방의 말에 공감하여 동조하는 것을 말한다. 이러한 개념적 구분이야말로 이 책에서 전하려는 메시지의 핵심이다.

이 책은 우리 인간이 지닌 욕구 중 리더에게 정말로 중요한 것이 무엇인지를 알려준다. 중요한 것은 돈을 더 많이 버는 것도 심지어 더 큰 명성을 얻는 것도 아니다. 자기 자신뿐 아니라 타인을 감화시켜 변화를 이끌어내는 데 있어, 정말 중요한 것은 우리가 중요시하는 '가치'를 어떻게 표현할 것이냐. 이러한 가치 표현은 오로지 자기 성찰과 훈련을 통해서만 가능한 일이다. 이 두 가지 중 어느 하나가 없어도 곤란하다. 우리가 누구인지를 알고 우리 자신을 표현하는 방법을 찾아내어 더 나은 미래를 창조하도록 타인을 감화시키는 것, 그것이야말로 진정한 리더십이다.

이를 위해 피어슨은 자기 인식과 공감에 관한 원칙을 제시한다. 즉, 우리 자신의 가치관을 발견하고 정서적 자각의 깊이를 더하여 숫자와 정보만이 아닌 감성적 교감을 통해 타인과 관계를 맺는 방식을 논한다. 저자는 '리더십 커뮤니케이션 가이드'라는 형식의 훈련 지침을 소개하며 이를 '목적을 가진 자서전biography with a purpose'이라 칭한다. 창업이든 구조조정이든 혹은 문화상의 변화든 간에, 이를 실행하는 데 정말로 중요한 것이 무엇인지를 찾아내기 위한 요강(要綱)이라는 차원에서 '목적을 가진 자서전'이라는 표현은 매우 적절하다고 본다. 변화의 중심에 리더가 서 있는 만큼, 리더의 가치관 그리고 리더가 주장하는 변화가 어떠한 가치를 생성하느냐에 따라 다른 사람들이 그 변화를 어떻게 평가하는지가 결정될 것이다. 이 가이드를 작성하는 과정은 타인을 감화시키는 능력을 크게 키워준다.

급변하는 스타트업 세계에서는 모든 일이 너무 바쁘게 돌아가기 때문에 이 모든 것을 다 소화하기 어렵지만, 그러한 '균형과 통합'을 추구하는 것이야말로 더 나은 삶을 향한 진정한 행보라 할 수 있다.

이 책을 읽다 보면 대문호 어니스트 헤밍웨이의 고뇌가 연상된다. 헤밍웨이는 《파리는 날마다 축제》에서 이렇게 썼다.

"진실한 문장 하나를 쓰는 것, 그것으로 우리가 할 일은 다 한 것이다. 가장 진실한 글을 써라."

이 부분은 아마도 우리가 평생을 고민해야 할 과제일 듯하다. 피어스는 이 책을 통해 우리 안에서 그러한 문장을 찾아내서 온 마음과 영혼을 다해 진심으로 그것을 표현하는 방법을 제시하고 있다.

랜디 코미사 Randy Komisar
(스탠퍼드대학교 겸임교수, 《승려와 수수께끼》 저자)

무엇으로 사람의 마음을
움직일 것인가

LEADING OUT
LOUD

1995년에 출간한 초판본에서는 대중 연설에 초점을 맞춰 진정성의 중요성을 강조했었다. 2003년에 출간한 두 번째 개정판에서는 다른 사람의 마음을 움직이는 커뮤니케이션 원칙으로 주제 범위를 넓혔다. 즉, 휴게실 같은 곳에서 이루어지는 일상적 대화부터 이메일, 음성 메일, 비디오 등을 포함한 모든 커뮤니케이션 상황에서 사람의 마음을 움직일 수 있는 이른바 감화적 커뮤니케이션의 원칙을 찾아내는 데 주안점을 뒀다. 또 메시지 구성의 기본 틀도 제시하고자 했다. 여기서 메시지 구성의 기본 틀은 리더의 감화 능력을 증진시키고 적절한 질문을 통해 자신이 전하는 메시지의 진정한 의미를 찾아내는 데 도움을 주는 도구라 할 수 있다.

  세 번째 개정판인 이번 책은 리더십 커뮤니케이션의 최신판으로서 다른 사람으로 하여금 변화 행동에 나서게 하려는 사람들에게 필요한 이론적 및 실질적 통찰력을 제공한다. 즉, 타인에게 영향을 주고 그들이 움직이게끔 하는 리더십의 핵심과 커뮤니케이션 방법을 설명한다. 리더십 커뮤니케이션에 관한 지식이 전혀 없는 사람들이라면 이 책 한 권만으로도 이 분야에 대한 지식을 얻는 데 부족함이 없을 것이다. 이전 판을 이미 접한 사람들도 이번 책에서는 또 다른 경험을 하게 될 것이다. 초판본과 개정판에서 설명했던 원칙들을 통합하여 소개했으며, 다음과 같은 내용을 추가했다.

- 감화 기술에 초점을 맞춘 리더십 커뮤니케이션 요소를 탐구했다. 이러한 기술을 연마하는 데 필요한 것이 무엇인지를 알아내려면 일반적 커뮤니케이션과 감화를 목적으로 한 리더십 커뮤니케이션을 구분하는 작업이 필수적이다.

- 공감, 충동 조절, 뇌가소성(중추 신경계의 적응 능력)에 관한 새로운 신경과학적 증거를 고찰했다. 신경과학적 증거는 문화와 매체를 불문하고 리더십 커뮤니케이션 능력의 증진에 도움이 되는 특성, 기질, 기술, 관점 등의 계발 가능성을 시사한다.

- 신화학과 심층심리학적 지식을 통해 인류 문명의 무의식적 동인(動因)에 대한 이해를 돕는다. 제2판이 출간된 이후 타인의 마음을 움직이는(감화) 요소의 공통 동인을 알아내고자 이 두 분야를 탐구했다.

- 리더가 커뮤니케이션에 관한 모든 것을 준비하여 자기 자신과 구성원을 효과적으로 감화시키는 것을 목적으로 설계된 각종 도구를 확대 · 정비한다. 제2판에서 소개한 메시지 구성의 기본 틀을 '리더십 커뮤니케이션 가이드(Personal Leadership Communication Guide)' 로 재정비했다. 이는 기존의 것보다 더 포괄적인 이해 도구로서 설득력 있는 증거와 내적 통찰력을 더 많이 요한다.

이번 판에서는 새로운 이야기와 사례도 추가했다. 그동안 내 고객에게도 변화가 있었고 강조하는 부분도 바뀐 만큼, 책에서 소개되는 이야기의 주인공에도 약간의 변화가 있었다. 한편, 실제로 '리더십 커뮤니케이선 가이드'가 시간이 지남에 따라 어떠한 발전 추이를 나타내는지 보여주고자 이 책 전반에 걸쳐 이 가이드 상에서 이야기 표본의 연속성을 유지하려고 했다.

그동안 다양한 기회를 통해 이 책을 읽은 전 세계 독자 그리고 업무에 이 책을 활용하는 컨설턴트들을 만나 대화를 나눌 기회가 있었다. 그들은 모두 내가 책에서 언급했던 사람들에 대해 궁금해했다. 사례 속 사람들에게 어떤 일이 있었는지 또 그 사람들이 이 책에서 말한 방법이나 제안을 계속해서 활용하고 있는지를 물어왔다. 나는 독자들의 이러한 반응이 상당히 고무적이라고 생각했다. 그래서 이번에도 이 책에 소개된 사람들이 배운 것이 무엇이고 그것을 실생활에 어떻게 적용했으며 그러한 행동이 어떤 결과를 낳았는지 될 수 있는 한 상세하게 설명하려고 했다. 다시 말하지만, 그들은 정말로 뛰어난 사람들이었다.

대다수 저자가 그렇듯 나 역시 타당하고 적절한 지식을 전달할 수 있기를 바랐다. 이러한 고민은 결국 '이 책을 읽는 것이 의미가 있을까?' 로 귀결된다. 그래서 되도록이면 솔직하고 접근 가능하며 현실적인 내용을 담으려고 했다. 만약 독자 여러분이 책의 내용을 실생활에 적용한다면, 이 책을 낸 나의 소박한 바람이 이루어지는 셈이다.

이 책의 구성

이 책은 1, 2부로 나뉘어 있으며, 총 9개 장으로 구성돼 있다. PART 1에 속한 4개 장은 리더의 내적 성숙 및 발전 방법을 다루며, PART 2에 속한 5개 장에서는 리더가 전달해야 할 메시지의 본질과 내용, 전달 방법을 설명한다.

'아는 것'과 '모르는 것'을 구분하는 것이야말로 바람직한 '배움'의 지름길이다. PART 1의 인트로는 각 개념의 의미를 명확히 구별하여 이 책에서 추구하는 목표를 명확히 하는 데 할애했다. 이러한 맥락에서 '동기 부여'와 '감화'의 의미를 구별하는 것이 무엇보다 중요하다. 동기 부여는 '채찍과 당근'으로 대표되는 외생적 자극이고, 감화는 인간의 내부를 겨냥한 자극 요소로서 의미와 관계가 있다. 이처럼 쌍을 이룬 개념 조합들은 상호 경쟁 관계를 이루거나 보완 관계를 형성한다. 예를 들어, 변화change는 공포와 혼란 혹은 심리적 위축을 유발할 수 있다(다른 동네로 이사하는 바람에 학교를 옮겨야 하고 그래서 학습 환경에 변화가 생기는 상황을 생각해보라). 그러나 변화와 한 쌍을 이루는 진보progress는 전향적이고 유익하며 긍정적 의미로 이해된다. 물론 이 두 가지가 다 필요하다. 하나는 조직을 운영하고 목표를 달성하는 데 필요하고, 또 하나는 조직 구성원의 주인 의식을 고취하고 조직에 대한 참여와 헌신도를 극대화하는 데 필요하다.

1~4장은 효율적 커뮤니케이션의 기본 원칙을 제시한다. 1장에서는 목적의식을 바탕으로 한 커뮤니케이션의 선행 조건을 살펴본다. 2장은 리더의 감성 능력을 극대화하는 데 초점이 맞춰져 있으며 최근 몇 년간 신경 생물학자들이 알아낸 새로운 사실을 바탕으로 정서심리학을 넘어 생리학적 대뇌 연구 및 이러한 연구의 사회학적 의미 등을 탐구한다. 또한 공감의 본질과 공감 능력의 계발 방법을 설명하고, 생물학적 차원에서 반사적 반응과 감응적 반응의 차이를 고찰한다. 인간에게는 상대의 의도나 목적을 감지하는 능력이 있다. 물론 이것이 항상 의식적 차원에서만 이루어지는 것은 아니지만 말이다. 인간의 이러한 능력을 무시하면 명확성 결핍, 신뢰 부족, (사업적 부분에서) 경쟁력 부족의 늪에서 헤맬 수도 있다.

3장에서는 타인과 교감하는 방법을 논한다. 이 장에서는 신화, 이야기, 개인의 경험 등이 지닌 힘 그리고 상징, 이미지, 은유, 유추 등의 보편적 의미를 탐구한다. 4장은 자기표현 훈련의 필요성에 초점을 맞춘다. 새로운 커뮤니케이션 매체의 확산으로 말미암아 생각, 감정, 경험 등과 관련해 리더가 발언할 기회가 많아졌다. 그렇다 보니 중심 주제만 가지고 전문가에 의뢰하여 효과적인 사운드바이트sound bite(짧막한 연설이나 발언의 한 대목 —옮긴이 주)를 양산해내는 경우가 늘어났다. 리더 자신이 중심 주제나 주장과 관련해 내면의 맥락을 확립하지 못하니 종종 앞뒤 말이 맞지 않게 되고, 청중 입장에서는 '방금 그렇게 말하지 않았나요?'라며 의아해하는 상황이 연출된다. 이때 필요한 것이 '리더십 커뮤니케이션 가이드'이다.

앞서 언급했듯이 두 번째 개정판에서 소개했던 '메시지 구성의 기본 틀'이 이번 개정판에서는 '리더십 커뮤니케이션 가이드'라는 형태로 진화했다. 일련의 사운드바이트와는 달리 이 가이드는 사용자인 리더가 직접 작성하고, 이후 꾸준한 업데이트를 거친 완벽하게 유기적인 자료다. 모든 열정과 사실, 경험, 이야기, 은유, 증거 등의 총합체로서 지금보다 나은 미래를 위한, 발전적 변화의 유용한 도구가 된다. 이 가이드는 리더에서 비롯되어 리더를 통해 완성된 자료이기 때문에 지극히 개인적인 그리고 높은 진정성을 지닌 도구라 할 수 있다. 이 가이드는 어떤 상황에서든 그리고 어떤 청중에게든 사용할 수 있다. 또 사용 매체에 관계없이 어떤 유형의 포럼에서든 사용할 수 있다. 이 가이드는 메시지 자체는 물론이고 리더의 동기와 감정에도 초점을 맞춘 좀 더 완벽한 커뮤니케이션을 지향한다.

PART 2인 5~9장에서는 이 가이드의 구성 요소와 내용을 다룬다. 5장은 리더의 능력과 신뢰에 초점을 맞춘다. 이는 경청과 공감을 불러일으키는 커뮤니케이션의 선결 요건이다. 어떤 유형의 커뮤니케이션이 공감을 불러일으키는지 탐구하고, 능력을 입증하는 필요한 사실 정보와 기타 요건, 감사를 표하는 것의 가치, 개인적 동기, 약점 등을 살펴본다. 6장에서는 해당 문제의 역사뿐 아니라 변화에 대한 필요성의 포괄적 의미를 포함한 맥락 공유를 설명한다. 리더는 어느 지점에서 문제를 인식했으며, 현 상황은 구성원들에게 어떤 영향을 미치는가? 이것은 맥락과 관련된 질문이고, 이러한 질문은 이해와 공감의 필수 요건이기도 하다.

7장에서는 리더의 상상력에 관해 그리고 이를 통해 아직 존재하지 않는 것을 어떻게 전달할지에 관해 고찰한다. 리더의 예언은 예측 행위일까 아니면 창조 행위일까? 8장에서는 행동에 관해 다룬다. 우선 조직이 어떻게 진화하는지를 살펴보고 그다음에는 미래에 대한 신념을 현실화하기 위해 리더가 해야 할 일을 살펴본다. 목적을 위해 어떤 위험을 감수할지 결정한 다음, 실제로 그 행동을 하겠다고 선언한 연후라야 다른 사람들의 참여를 독려할 권리와 의무가 생기는 것이다.

9장에서는 변화를 주장하는 첫 발표나 연설, 질의응답, 비공식적 대화, 특히 웹 기반 회의, 이메일, 음성 메일, 비디오 등의 전자 매체를 통한 다양한 커뮤니케이션 상황에서 진정성, 능력, 교감이 어떻게 유지될 수 있는지를 논한다. 마지막으로 맺음말에서는 일상에서의 개인적 소통뿐 아니라 국제 관계 속에서의 진정성 있는 커뮤니케이션 훈련의 필요성을 강조한다. 이러한 연습과 훈련을 통해 우리는 지속 가능한 세상을 만들어 갈 수 있을 것이다.

이 책은 지극히 개인적인 이야기로 꾸며져 있다. 리더십은 철저히 개인적인 영역이라고 보기 때문에 이렇게 할 수밖에 없었다. 나는 워싱턴 D.C.에 갈 때마다 타이들 베이슨Tidal Basin(거대한 인공 호수 —옮긴이 주)을 꼭 찾는다. 이곳에 있는 제퍼슨 기념관에 들러 위대한 미래주의자이자 몽상가였던 제퍼슨이 남긴 명언들을 다시 읽어보기 위해서다.

"우리는 이러한 진실들을 절대 부정할 수 없는 자명한 진리로 간주해야 한다."

이는 어디까지나 제퍼슨 개인의 생각이었다. 노자, 싯다르타, 무함마드, 예수 그리고 기타 모든 종교 창시자들도 마찬가지다. 또 마틴 루터 킹, 스티브 잡스, 안와르 사다트, 마거릿 대처, 넬슨 만델라, 존 케네디, 토마스 왓슨 등도 역시 마찬가지다. 이들 리더의 말에는 그들 자신의 신념, 시대 상황, 미래에 대한 희망이 반영돼 있다. 모두 깊은 감명을 주는 것들이고 지극히 개인적인 발언들이었다. 그런데 그 말이 나온 이후로 수많은 사람의 입에 오르내리는 '명언'이 됐다.

그렇다. 리더십은 지극히 개인적인 차원의 것이며 리더의 마음속에만 존재하는 미래를 기술하는 것이다. 이러한 발언은 단순한 예측이 아니라 창조의 시발점이다.

누가 이 책을 읽어야 하는가?

이번 판을 준비할 당시 세계는 격동의 시기를 지나고 있었다. 미국은 극심한 금융 위기의 한복판에 서 있었고, 중동과 아프리카의 여러 국가에서는 자유의 물결이 넘실대고 있었다. 중국은 지구촌의 신 강국으로 부상하는 중이었다. 인도, 브라질, 러시아는 눈부신 경제 성장을 이룩하며 세계의 주목을 받고 있었다. 한마디로, 전 세계 거의 모든 지역에서 무엇이 중요한 것인지, 무엇이 본질인지 그리고 절대적으로 필요한 것은 무엇인지 등에 대한 재평가 작업이 이루어지고 있었던 것이다. 이처럼 우리는 변화의 한복판에 서 있으며, 자신의 이익을 위해 혹은 자신이 추구하는 가치를 위해 행동하는 리더가 그 결과에 영향을 미치고 있다. 정보가 빠른 속도로 축적되고 있고, 쉽게 그 정보에 접근할 수 있는 환경이 되면서 선의로든 악의로든 누구나 그 정보를 사용할 수 있게 됐다.

그러나 가장 중요한 정보는 인터넷상이 아니라 우리의 마음 한복판에 자리하고 있다고 생각한다. 이 책이 기업인이나 정치인한테만 소용된다고 생각할 필요는 없다. 이 책의 중심 화두는 '변화'다. 어떤 분야에서든 변화와 진보의 필요성을 깊이 인식하고 있다면 혹은 변화를 이끌어내는 방법을 좀 더 확실하게 알고 싶다면 이 책이 그 답이 돼줄 것이다.

사람들을 하나로 모으는 힘은 자기 권력 확대라든가 옹졸한 패거리 문화에 무릎을 꿇는 데서 나오는 것이 아니라 용기, 행동, 약점 자각, 정신적 고양을 추구하는 데서 비롯된다. 자기 자신과 타인을 움직여서 이 세상에 도움이 되는 중요한 일을 하고 싶은가? 그러면 이 책이 큰 도움이 될 것이다.

이 책이 독자 여러분의 성장에 도움이 되기를 바란다. 또한 여러분이 자신감을 가지고 자신이 옳다고 믿는 일을 계속 추진할 수 있기를 진심으로 기원한다.

목차

PART 2
어떻게 영향력을 발휘할 것인가

Leading
out
loud

PART1
어떻게 말하고
관계 맺을 것인가

참여와 헌신을
이끌어내는 리더
INTRO

2004년 나는 친구의 초대로 UC 어바인(캘리포니아대학교 어바인 캠퍼스)에서 열린 어느 포럼에 참석했다. 이틀간 진행된 이 포럼에는 제14대 달라이 라마와 만나는 일정도 포함돼 있었다. 참석자는 50명 정도였고 대다수가 경제계 출신이었다. 참석자들이 함께 점심을 먹는 동안, 달라이 라마는 다른 건물에서 교수진과 이야기를 나누고 있었다. 주최 측은 참석자들에게 달라이 라마에게 묻고 싶은 것을 생각해보고, 그것을 카드에 적어 제출해 달라고 했다. 그 가운데 몇 개를 뽑아 질문자가 직접 달라이 라마에게 말할 기회를 준다는 것이었다.

강연장 내부의 안전 점검이 끝나자 늘 그렇듯 얼굴에 미소를 가득 머금은 달라이 라마가 UC 어바인의 마스코트가 새겨진 햇빛 가리개를 쓴 채 장내에 들어섰다. 달라이 라마가 입을 연 시간은 그리 오래지 않았으나 열과 성을 다해 질문에 답하려 한다는 것이 느껴졌다.

그런데 뜻밖에도 내 이름이 제일 먼저 호명되어 깜짝 놀랐다. 나는 이전에도 몇 번 달라이 라마의 연설을 들은 적이 있었고, 그가 쓴 글도 많이 읽었다. 그가 전하는 인간에 대한 연민과 자비, 평화의 가르침은 익히 알고 있었고, 그래서 그러한 가치를 토대로 살려면 구체적으로 어떻게 해야 하는지를 묻고 싶었다. 이에 대한 달라이 라마의 대답은 이랬다. "협력과 공존을 추구하는 조직 문화를 창조하세요." 그러고는 나를 똑바로 바라보며 말했다. "리더는 항상 존재합니다. 한 사람이 모든 것을 시작합니다. 그 한 사람이 바로 당신이어야 합니다."

달라이 라마의 이 말은 전혀 새로운 것이 아니다. 그러나 딱히 널리 회자되는 말도 아니다. 나는 달라이 라마가 '처음 시작하는 사람'의 중요성을 강조한 것이라고 본다. 즉, 변화의 필요성을 용기 있게 주장하면서 변화를 위한 첫걸음을 내딛는 사람이 중요하다는 것이다. 달라이 라마 역시 그런 사람이었다. 그는 24세 때 작은 말에 올라 수많은 사람을 이끌고 망명길에 올랐다.

최근에 중동 지역에서 일어난 혁명적 사건들을 기억하는가! '아랍의 봄'으로 일컬어지는 이 일련의 사건은 처음부터 강력한 리더십을 바탕으로 시작된 것이 아니었다. 달라이 라마가 예측했던 대로, 단 한 명의 선동자가 있을 뿐이다. 실질적으로 이 혁명의 불을 댕긴 사람은 당시 안식년을 보내고 있던 구글Google의 전(前) 임원 와

엘 호님Wael Ghonim이었다. 익명으로 활동 중이던 호님은 자신의 페이스북을 통해 젊은이들의 시위 참여를 독려했다. 나중에 당국에 체포됐다 풀려난 호님은 젊은이들 사이에서 이집트 혁명의 상징과도 같은 존재가 됐다. 그러나 이 혁명 자체에 대해서는 마음껏 박수를 쳐주고 싶은 상황은 아니다. 이 숭고(?)한 혁명의 장은 또 다른 이익단체들이 이전 독재자의 자리를 탐하며 이전투구를 벌이는 장으로 변질됐기 때문이다. 새 대통령을 선출하는 데 1년이 넘게 걸렸고 2012년 말까지도 이집트 대통령은 대중의 지지와 신임을 얻지 못했다. 다시 말해 자유를 갈망하는 사람들에게 구체적인 행동 원칙을 말해주는, 리더다운 리더가 한 사람도 없었다.

이러한 상황을 보면서 이스라엘과 이집트 간의 평화 모색을 위해 과감하게도 크네세트(이스라엘 국회) 방문까지 감행했던 안와르 사다트 Anwar Sadat(이집트의 3대 대통령, 1978년 노벨평화상 수상자 —옮긴이 주)를 떠올리지 않을 수 없었다. 최측근과 가족의 만류에도 사다트는 자신의 마음이 시키는 대로 움직였고 목숨까지 내놓을 각오로 뜻한 바를 행동에 옮겼다. 이러한 강단과 의욕, 신념은 사다트의 마음 깊숙한 곳에서 나온 것이다. 이는 하나의 생각인 동시에 사다트를 진정한 인간이게 하는 그 무엇이었다.

이 글을 쓰고 있을 때 미국에서는 월가를 중심으로 이른바 '점령하라occupy' 시위가 한창이었다. 점령하라 시위에는 변화를 위한 원칙을 앞장서서 주창하는 리더가 존재하지 않는다. 그저 광장에서 혹은 거리에서 자신들이 느끼는 분노와 좌절을 표출하는 무리가 있을 뿐이다. 그렇다면, 그것만으로 과연 무엇을 얻을 수 있을까? 달라이 라마는 '누군가 새로운 무언가를 위해 앞장서는 사람이 나타날 때까지 아무것도 얻을 수 없고 또 아무 일도 이루어지지 않는다'라는 말을 하고 싶었던 것이 아닐까 생각한다. 요컨대 불만스러운 현실을 타개할 새로운 원칙을 들고 앞에 나서서 대중을 움직일 사람이 반드시 필요하다. 그리고 리더의 가슴에서 나온 이러한 원칙을 다른 사람에게 확실히 전달하는 것도 중요하다. 진정성 있는 커뮤니케이션이 강조되는 이유이다.

구식이 된 수십 년 전의 커뮤니케이션 방식으로는 이러한 목적을 달성하기 어렵다. 리더십 컨설팅사 블레싱화이트Blessing White의 최근 조사에서 응답자들은 '가장 바람직한 리더의 특성'으로 공감 능력, 비즈니스 능력, 신뢰성, 조화와 조율, 내면적 깊이 등을 들었다. 어떤 결정을 내리고 그 결정을 실행하는 데 필요한 사실과 정보를 전달하는 것은 여전히 중요한 리더의 임무다. 리더가 이러한 임무를 수행하자면 논리적인 사고가 필요하다. 즉, 리더는 변화하기 위해 현 상태에서 벗어나 미래로 나아가는 것이 반드시 필요하다는 점을 논리적으로 설명할 수 있어야 한다.

이보다 더 중요한 임무는 어떤 행동을 하자고 주장할 때 그 이유와 목적을 분명하게 전달하여 사람들이 그 행동에 적극적으로 동참하게 하는 것이다. 자원봉사 단체, 기업, 클럽, 극장, 오케스트라, 도시, 국가, 혁명 등을 불문하고 리더가 주장하는 원칙과 행동에는 정신적인 혹은 감정적인 의미가 내포돼 있어야 한다. 그 의미는 리더의 정신 속에 살아 숨 쉬는 것이어야 하며, 따라서 리더 개인의 자기 인식에 바탕을 둔 것이어야 한다. 이러한 요구 사항이 충족된 이른바 '통합적 커뮤니케이션'에는 조직(혹은 행동)의 목표와 전략, 가치 그리고 리더의 가치관이 고스란히 반영돼 있다.

리더십 커뮤니케이션과 도구적 커뮤니케이션의 근본적인 차이는 지시와 교감의 차이에서 비롯된다. 굳이 이러한 차이를 운운하는 이유는 타인에게 단순히 행동의 동기만 부여하는 커뮤니케이션과 타인의 마음을 움직여 실제로 행동을 하게 커뮤니케이션 간에 큰 차이가 있음을 강조하기 위해서이다. 조사 결과 사람들은 보상이나 처벌을 통해 특정 행동에 대한 동기를 부여받았을 때보다 감화를 받았을 때, 즉 마음이 움직였을 때 훨씬 더 효과적으로 행동하는 것으로 드러났다. 사실, 굳이 연구 결과를 들먹이지 않더라도 누구나 이러한 차이점을 직관적으로 알고 있다. 조지프 캠벨의 말처럼 감화의 본질은 '삶의 의미' 뿐 아니라 '삶의 경험'에서 비롯된다. 행하는 것과 되는 것 간의 간극 그리고 꿈과 행동(그 꿈을 현실로 만드는 행동) 간의 간극을 메우는 것은 리더의 몫이다. 이 정서적 간극은 참여와 헌신 그리고 열정으로 극복할 수 있다.

어쨌거나 참여와 열정 모두 정신적 차원의 개념들이다. 두 가지 다 오롯이 신체적인 차원의 것도 아니고 그렇다고 심적인 차원의 것만도 아니다. 요컨대 이는 마음과 정신을 포함하여 우리의 전체 자아와 관련된 통합적 행동이자 심적 현상이다. 참여는 열정을 낳고 명분은 추진력을 낳는다. 열정은 의미와 목적을 실현하는 원동력이자 우리를 흥분케 하는 힘이다. 세상을 변화시키는 일을 할 수 있다는 생각이 들 때 우리는 진정한 흥분을 느끼게 된다. 자원봉사 활동만 해도 그렇다. 봉사 활동을 한다는 것은 우리가 가치 있다고 믿는 일에 참여하는 것이고, 우리의 삶을 의미 있게 하는 대의명분에 헌신하는 것이다. 그렇다면 국가 혹은 기업 차원에서는 어떤가? 이러한 열정과 헌신을 논하기는 좀 부담스러운가? 전혀 그렇지 않다. 그것이 국가든 기업이든 간에 훌륭한 리더십이 바탕이 된 조직은 그러한 부분을 표출할 기회를 많이 제공한다.

열정과 헌신은 어디에서 비롯되는가? 이는 감화, 즉 '마음이 움직여지는 상태'에서 나온다.

어떻게 하면 이러한 상태에 도달할 수 있을까? 무형적인 혹은 형이상학적인 목표라는 것이 대개 그렇듯이 직접적으로는 그 실체에 도달하기 어렵다. 감화와 같은 '정신적 고양 상태'역시 직접적 접근을 통해서는 그 실체를 파악할 수 없다. 그러나 올바른 방향성을 유지한다면 가능성은 있다. 즉, '정답'은 집어내지 못해도 적어도 무엇이 '오답'인지는 알아낼 수 있다. 이렇게 오답을 피해가며 간접적인 방식으로 목표에 도달하는 것은 가능하다. 대조적인 두 개념을 평가하여 목표를 달성하는 데 더 적절하다고 생각되는 쪽을 선택하는 것은 간접적 접근 방식 가운데 하나이다. 대조적인 두 개념 가운데 한쪽은 논리적, 디지털적, 직접적인 측면이 강하고 다른 한쪽은 유동적, 아날로그적, 감정적인 측면이 더 강하다.

리더의 성공을 가늠하는 데 중요한 개념 조합으로 특히 두 쌍을 들 수 있는데 하나는 '변화와 진보'고 또 하나는 '순종과 참여'다. 한 조합 내 두 개념은 서로 비슷한 듯 다른 의미를 지니고 있다.

흔히들 리더를 '변화를 주도하는 자'로 표현하지만 사실 리더는 '진보를 이끌어내는 자'에 더 가깝다. 효율적인 커뮤니케이션을 위해서는 이 두 가지를 구분하는 것이 매우 중요하다. 사람들은 너나 할 것 없이 변화를 싫어한다. 이 사실을 뒷받침하는 심리학적 증거도 있다. 변화는 변덕스럽고 혼란스러우며 맹목적인 그 무엇이라는 느낌이 든다. 변화가 반드시 긍정적인 방향으로 진행되는 것도 아니다. 변화라는 명목으로 일상의 틀을 벗어나게 하고는 아무런 결실도 안겨주지 않을 때도 있다. 또 현 상황을 통제할 수 없는 상태일 때 변화가 발생하기도 한다. 자연 발생적으로 변화가 일어나는 것이 아니라 우연히 혹은 어떤 기관이나 권력으로 인해 변화가 일어나기도 하는데, 그 변화가 낳은 결과는 불쾌하게 느껴질 수밖에 없다. 또한 변화라는 단어 속에는 단기적이고 일시적인 상태라는 의미가 내포돼 있다. 많은 이가 '변화'를 부정적으로 느끼는 이유이다.

사람들은 변화를 싫어하는 딱 그만큼 진보를 좋아한다. 진보를 새롭고 바람직한 환경이나 조건을 향해 나아가는 것으로 파악하고, 변화의 긍정적 결과물이 바로 진보라고 보는 것이다. 리더라면 '바람직한 미래'와 '가치관'이라는 관점에서 변화 개념을 이해하고 변화와 진보의 진정한 차이점을 사람들에게 이해시켜야 한다. 그런 연후에야 두 번째 개념 조합인 '순종과 참여' 부분으로 순조롭게 넘어갈 수 있다.

물론 순종 개념에는 복종을 강요하는 외부적인 힘이라는 의미가 내포돼 있다. 이러한 부분이 다소 껄끄럽게 들릴 수도 있다. 그러나 상사, 부모, 경찰, 세무 당국 등 우리에게 순종을 원하는 주체가 누구든 간에 순종 또한 필요한 일을 하게 하는 동력 가운데 하나이다. 순종은 '외적으로 동기가 부여된 행동'이지만 이를 '내적으로 감화된 행동'으로 바꾸는 것은 얼마든지 가능하다. 동기 부여를 통한 '외생적 행동'이 감화를 통한 '내생적 행동'으로 바뀌면 '복종'의 경험은 '헌신'의 경험으로 바뀐다.

자신에게 물어보자. 회사가 추구하는 가치에 진심으로 몰입하고 있는가? 자신에 대한 부모의 판단을 존중하는가? 법치 원칙에 대한 확신이 있는가? 따라서 그 원칙을 위해 자신의 자유를 어느 정도 포기할 의향이 있는가? 공동체의 이익을 위해 우리가 뽑은 정치인의 손에 우리 재산을 맡기는 이른바 대의민주주의 원칙을 지지하는가? 악의적 정치인이나 공무원 때문에 세금이 낭비될 수 있다는 사실을 알더라도 그러한 신념을 유지할 수 있는가? 이러한 질문에 대해 '그렇다'고 답할 수 있는가? 그렇다면, 당신은 권력에 '복종'하는 것이 아니라 원칙에 '순종'하는 것이라 말할 수 있다.

효율적인 커뮤니케이션을 통해 어떤 가치를 추구할지 명확히 규정하고 가치 추구를 위한 행동에 사람들을 동참시키는 것이 바로 리더가 할 일이다. 그리고 지켜야 할 원칙과 함께 달성해야 할 목표를 효과적으로 전달하는 것이 바로 효율적 커뮤니케이션이다. 이와 관련해 리더는 자신의 개인적 가치관이 조직의 대의명분과 조화를 이루는지 고민해야 한다. 리더가 이러한 부분을 모두 고려했을 때, 순종하도록 동기를 부여하는 수준을 넘어 자발적으로 참여하도록 마음을 움직일 수 있다. 그러나 이러한 수준에 도달하려면 리더 스스로 피나는 성찰이 필수적이다.

2010년 3월에 미국 작가이자 문학 비평가인 윌리엄 데레저위츠 William Deresiewicz 전(前) 예일대 교수가 미 육군사관학교 신입 생도들 앞에서 연설한 적이 있었다. 데레저위츠는 이 연설문에서 리더십과 구별해야 할 것에 관해 이야기했다. "리더십과 재능, 리더십과 성과, 심지어 리더십과 탁월함은 같은 것이 아닙니다. 이상의 것들을 혼동하면 안 됩니다. 리더십은 그런 의미가 아닙니다." 더 나아가 우리 사회가 리더를 '스스로 정한 목표는 그것이 무엇이든 해낼 수 있는 사람'으로 인식하는 것은 바람직하지 않다고 봤다.

데레저위츠의 말마따나 이것은 분명히 바람직한 리더의 특성이 아니다. 그는 진정한 리더십이란 신중하게 생각하는 훈련 그리고 옳다고 믿는 것을 주장하는 용기와 윤리적 차원의 기백이라고 생각했다. 또한 자기 인식은 철저한 자기 성찰을 통해서만 가능하며 자기 성찰에는 때로 고독이 필요하다고 주장했다. 나는 그의 의견에 전적으로 동의한다. 데레저위츠가 주장하는 바를 간단히 말하면 이렇다. ―이메일을 주고받는 것보다는 책을 읽는 데 더 많은 시간을 할애하고, 남과 대화를 나누는 것만큼 자기 성찰에도 신경을 쓰라. 또 우리가 누구인지 또 무엇을 추구하는지를 알아내려면 얼마간의 고독과 집중력이 필요하다. 그래야만 무엇을 하며 어떻게 살아갈지 결정할 수 있다. 또 그래야만 자기 자신에 대한 분별력이 생기고 남에 대한 분별력도 생긴다. 이러한 분별력 없이는 참여와 헌신의 마음은 생기지 않는다.

'변화와 진보' 그리고 '순종과 참여'의 의미를 구분하는 것은 '동기 부여'와 '감화'를 구분하는 것과 같은 맥락이다. 이외에도 의미 구분이 필요한 개념 조합은 여러 가지가 있다.

예컨대 기업의 전략을 명확히 규정하여 직원들에게 전달할 수는 있다._전략 그러나 그것으로 전략의 기본 바탕이 된 조직의 가치까지 명확히 전달할 수 있을까?_가치 우리가 어디로 가고 있는지 자세히 설명할 수는 있다._명료성 그러나 그것으로 우리가 무엇을 추구하고 있는지까지 명확히 전달할 수 있을까?_깊이 우리가 성취하려는 것이 무엇인지를 설명할 수는 있다._목적 그러나 그러한 목표를 성취하는 것이 어떤 의미인지까지 설명할 수 있을까?_의미 즉, 그러한 목표를 달성하는 것이 우리 삶의 질을 얼마나 높여주는지 또 그러한 노력이 다른 사람에게도 똑같은 의미를 지닌다는 점을 충분히 설명할 수 있을까? 제도적 차원에서 우리의 행동 목표를 정할 수는 있다. _조직의 목표 그러나 그러한 목표를 달성하도록 타인에게도 동기를 부여할 수 있을까? _동기 부여 무엇을 해야 하는지를 논리적으로 정확히 규정할 수는 있다. _논리 그러나 그 행동이 감정적 혹은 정신적 보상과 조화를 이룰 수 있을까? _감성 다시 말해 그러한 행동의 결과에 정신적으로 만족할 수 있을까? 마지막으로, 리더는 다른 사람이 행동에 참여하는 장면을 보며 만족감을 느낄 수 있다. _만족감 그러나 과연 그들이 리더가 내세운 대의명분에 진심으로 동조하며 충성할 수 있을까? _충성도

변화와 진보, 전략과 가치, 명료성과 깊이, 목적과 의미, 조직의 목표와 개인적 동기 부여, 논리적 보상과 정서적 및 정신적 보상, 만족감과 충성도 등 각 개념의 차이를 분명히 이해해야 한다. 리더십 커뮤니케이션의 기본 특성은 이러한 개념 차이를 이해하는 데서 출발한다. 이상의 각 요소를 통합하는 방향으로 커뮤니케이션을 이루어 낼 수 있을 때 리더로서 신뢰를 얻을 수 있다. 리더는 이를 통해 타인에게 동기를 부여하는 수준을 넘어 타인을 감화시킬 수 있고 더불어 순종이 아닌 참여를 이끌어낼 수 있게 된다.

이어지는 PART 1에서는 진정성 있는 리더십 커뮤니케이션을 위한 네 가지 기본 원칙을 설명할 것이다. 1~3장에서는 리더로서 내면 계발의 기초를 다지고, 4장에서는 단순한 달변을 넘어 사람을 움직이는 말과 글의 기본, '리더십 커뮤니케이션 가이드' 작성 과정을 설명할 것이다.

1
자기 인식
_자신을 정의하라

인간으로 치자면 리더십 커뮤니케이션의 핵심은 '뼈와 살'이 아닌 '정신'에 있다고 비유할 수 있다. 타인을 감화시키려면 주어진 분야의 업무 수행 능력을 키우는 것만으로는 부족하다. 여기서 더 나아가 타인의 참여와 헌신을 이끌어내는 내적 반응 패턴과 성격적 기질, 습관을 키워야 한다. 이 일을 제대로 해내는 사람이 두각을 나타내는 법이다.

　나는 1980년대 초에 어느 수련회에서 개리 피델Gary Fiedel을 처음 만났다. 대화를 나누면서 개리가 브루클린 출신이고 지금은 내 고향과 아주 가까운 곳에서 회계사로 일하고 있다는 사실을 알게 됐다. 개리가 나고 자란 곳은 코니 아일랜드에서 그리 멀지 않은 저층 아파트 밀집 지역이었다. 십 대 때는 인생에 대한 고민 따위 접어둔 채 아무 생각이 없이 사는 친구들과 어울렸다고 한다. 계속 그런 식으로 살았더라면 브루클린의 단골

당구장이나 길거리에서 폭력이나 일삼으며 인생을 마감했을지도 모른다.

위험천만했던 그 시기에 천만다행으로 개리는 그 동네를 떠나 로스앤젤레스에 정착한 친구를 한번 찾아가 보기로 했다. 그 친구는 회계사가 돼 있었다고 한다. 스스로 인정하듯 개리는 '정말 천운으로' 그 친구 밑에서 회계 일을 배울 기회를 얻었다. 몇 년 후에는 북캘리포니아로 가서 작은 회계사 사무소를 차렸고 결혼해서 아들 하나를 뒀다. 그러나 안타깝게도 결혼 생활은 끝이 났고 이를 계기로 중년의 인생에 대해 고민하기 시작했다. 그 결과 샌프란시스코의 어느 교회 지하실에서 열린 수련회에서 우리 두 사람이 만날 수 있었던 것이다.

나와 피델은 비슷한 좌절을 겪었다는 점에서 공통점이 꽤 있었다. 이혼한 것도 같고 당시 작은 사업을 막 시작한 상황이라는 것도 같았다. 한 가지 다른 점이 있다면, 개리와는 달리 당시 나는 하루하루 먹고사는 일을 걱정해야 할 정도로 경제적으로 어려운 처지였다. 이틀에 한 번은 자동인출기 앞에 서서 20달러라도 계좌에 들어와 있으면 숨통이 트이겠다고 생각할 정도였다. 재정적인 부분에 있어서 완전히 통제 불능 상태에 빠진 기분이었다.

수련회가 끝나고 일주일이 지난 어느 날 연락도 없이 개리가 불쑥 내 사무실로 찾아왔다. 그는 서랍 하나짜리 캐비닛에서 서류 몇 장을 꺼내더니 일주일 안에 그 서류를 돌려주겠다고 말했다. 약속한 날짜에 나는 내 사업에 대한 첫 번째 재무보고서를 받아볼 수 있었다. 개리는 현금 영수증과 수표책 사용기록부 그리고 신용카드 대금 청구서를 매달 자신에게 보내라고 말했다. 내게 여유가 생기면 그때 대금을 청구하겠다는 말도 덧붙였다.

개리가 보여준 이러한 호의는 여간한 신뢰가 없으면 하기 어려운 행동이었기에 나는 이 일을 결코 잊을 수가 없다. 나는 고마운 마음을 표하려고 개리의 집에 전화를 걸었다가 아주 특별한 경험을 했다. 전화기 저편에서 '구식' 자동응답기가 '최신식' 메시지를 내보내고 있었다.

"안녕하세요, 개리입니다. 이것은 응답기가 아닙니다. 질문기입니다! 자, 두 가지 질문을 하겠습니다. '당신을 누구인가요?' '당신이 원하는 것은 무엇인가요?'"

그리고 잠깐 쉬었다가 다시 이렇게 이어졌다.

"쓸데없는 질문이라고 생각하나요? 그렇다면, 전체 인구의 95퍼센트가 이런 질문에 대한 답을 고민해보지도 않은 채 그냥 살아간다는 사실을 생각하세요."

살면서 여러 사람의 자동응답기 메시지를 들었지만 내게 큰 감명을 줬던 것은 개리의 이 메시지뿐이었다. 30여 년이 지난 지금까지도 이 메시지는 여전히 명언이라는 생각이 든다. 나 역시 인생 경험을 충분히 했고, 그 두 가지 질문에 대한 답을 열심히 찾고 있다고 생각했는데 막상 드러내놓고 답을 구해본 적은 없었다. 그 질문이 내 인생에 얼마나 큰 영향을 미쳤는지를 깨닫고 움찔하지 않을 수 없었다.

지금 리더의 역할을 하는 사람이든 앞으로 리더가 될 사람이든 간에 이들을 고객으로 하는 것이 내 일이다. 그런 만큼 내 고객(리더)과 소통하려면 이러한 질문에 답을 구하는 것이 반드시 필요하다고 생각한다. 리더가 다른 사람의 마음을 움직이고 싶다면 먼저 자신이 추구하는 가치가 무엇인지부터 알아야 한다. 이러한 관점에서 개리의 이 '질문기'는 계속해서 나를 일깨우는 중요한 도구였다.

첫 번째 질문 : 당신은 누구인가?

나는 샌프란시스코에 있는 IBM에서 직장 생활을 시작했고 그곳에서 데이비드 게이스포드David Gaisford라는 아주 정직하고 유능한 매니저를 만나는 행운을 누렸다. 데이비드는 부하직원들에게 꽤 심오한 질문을 할 때가 종종 있었다. 물론 아직 스물여섯밖에 안 된 새파란 신참자가 보기에는 쓸데없이 심각한 질문이라는 생각밖에 들지 않았지만 말이다. 영업부 직원들은 일주일에 한 번 대회의실에 모여 이전 주에 있었던 일들에 대해 의견 교환을 하는 시간을 가졌다. 마침 그 회의가 있던 어느 날 데이비드가 이런 질문을 던졌다.

"당신은 누구인가?"

그리고 그 답을 종이에 쓴 다음, 내용을 발표하라고 했다. 사람들이 하나둘 답을 쓰는 모습이 보이자 괜히 진땀이 나기 시작했다. 우리 조에서 나이가 가장 어렸던 나는 제일 먼저 발표하게 될까 봐 걱정이었다. 다행히 내 앞에 예닐곱 명이 먼저 발표한 덕분에 나는 내 차례가 올 때까지 다른 사람들의 말을 들으면서 생각할 시간을 벌었다. 문제는 내 바로 앞의 발표자였다. 그는 에드 맥더넬이라는 사람이었는데 마흔 살쯤 된 고참 직원이었다. 에드는 미 해군 소속으로 베트남전에 참전했으며 이때 메콩 강 삼각주에서 있었던 중요한 군사 작전에도 참여했다고 한다.

앞사람들의 발표 내용을 보니 크게 거슬리는 것 없이 대체로 무난한 말이 이어지고 있었다. 영업 사원들은 한 명씩 '자신이 누구인지'에 관한 답들을 내놓았다. 인생사에서의 자신의 역할이라든가 취미 같은 것에 초점을 맞춘 것이 대부분이었다. 예컨대 이런 식이었다.

"나는 남편이다."

"나는 아버지다."

"나는 야구광이다."

"나는 사랑받는 아들이다."

여기까지 들었을 때는 크게 걱정하지 않아도 되겠다 싶어 마음이 놓였다. 그런데 에드가 등장하면서 상황이 달라졌다.

에드는 좌중을 둘러보더니 분명하고도 단호한 어조로 이렇게 말했다. "나는 자유로운 사람이다."

순간 회의장이 조용해졌고 내 손에서 땀이 나기 시작했다. 에드의 말을 듣는 순간 머릿속이 하얘져서 무슨 말을 어떻게 해야 할지 생각이 나질 않았다. 에드가 한 말 때문에 다음 발표자인 내 답변에 대한 기대 수준이 엄청나게 높아져 버렸다.

그러나 내가 당황한 것은 준비한 답변 자체가 너무 빈약해서가 아니었다. 처음부터 질문의 의미를 잘못 이해했다는 사실을 뒤늦게 깨달았기 때문이었다. 중요한 것은 인생에서 자신이 어떤 역할을 하느냐가 아니라 어떤 가치관을 가지고 사느냐다.

두 번째 질문 : 당신이 원하는 것은 무엇인가?

내가 윌리엄 밀러William Miller를 처음 만난 것은 IBM에서 나오고 나서 한참 후이자 개리를 만나고 나서 2년쯤 지난 뒤였다. 당시 윌리엄은 스탠퍼드연구소Stanford Research Institude, SRI 혁신 프로그램의 타임 매니저(시간 관리자)였다. 그 이후 윌리엄은 혁신과 창의성에 관한 저서를 여럿 발표했고 지금은 인도에 있는 자택에서 가치 기반 혁신과 관련한 컨설팅에 전

넘하고 있다.

작은 카페에서 커피를 마시며 이야기를 나누던 중 윌리엄이 이런 말을 했다.

"'원하는 것이 무엇이냐?'는 질문은 사실 '여기서 무엇을 하고 있는가?'라고 묻는 것과 같습니다."

나는 윌리엄이 무슨 말을 하려는지 곧바로 알아챘다. 성인이 된 이후 줄곧 샌프란시스코 만 지역에서 살았던 나는 오래전 〈샌프란시스코 크로니클San Francisco Chronicle〉에 실린 에릭 호퍼Eric Hoffer의 칼럼을 매우 감명 깊게 읽은 적이 있었다. 부두 노동자이자 철학자였던 에릭 호퍼는 다음과 같은 명언을 남긴 것으로 유명하다.

"지금 가진 것만으로도 충분히 행복해질 수 있다."

윌리엄의 말을 들으면서 나는 호퍼의 이 명언을 떠올렸다. 리더로 성공하는 사람은 자신의 개인적 필요를 충족시키는 일에만 관심을 두지 않는다. 자신은 물론이고 다른 사람의 삶 혹은 조직이나 단체의 미래까지 아울러 생각한다.

윌리엄은 자신이 고객을 시험할 때 주로 쓰는 방법이 하나 있다고 했다. 처음 고객을 대면할 때 서류 가방에서 책을 세 권 꺼내 책상 위에 올려놓는다고 한다. 이 중 두 권은 고객의 활동 분야와 관련이 있는 것(예: 경영 혹은 행정)이고 나머지 한 권은 인간의 본성에 관한 것(예: 심리학, 철학, 영성)이다. 윌리엄은 이렇게 말했다.

"나는 책이 어떤 순서로 놓여 있든 상관없이, 자신의 분야가 아닌 다른 분야의 책에 관심을 보이는 사람하고만 일합니다."

즉, 리더의 자질이 있는 사람은 기술적 부분만이 아니라 가치 부분에 관심을 보인다는 이야기였다. 진정한 리더는 자신이 활동하는 분야에서 어떻게 하면 더 나은 성과를 올릴 수 있는지에만 신경 쓰는 사람이 아니다. 그보다는 인간의 기본적 인성을 바탕으로 변화와 진보를 이끌어내는 일에 관심을 보인다.

변화를 이끌어내는 리더가 되려면 자신이 추구하는 것이 무엇인지에 관해 뚜렷한 가치관을 지니고 있어야 한다. 삶의 성숙도와 경험의 깊이에 따라 자신의 정체성을 찾아내고 표현하는 능력에 차이가 생긴다. 리더에게는 경영 서적을 많이 읽는 것이 아니라, 보다 진지한 '자기 성찰'이 필요하다.

진보를 향한 비전은 허공에서 난데없이 나타나는 것이 아니다. 또 타인의 신념이나 가치관에서 나오는 것도 아니다. 변화에 대한 열정은 개인의 인생 경험을 토대로 정립된 가치관에서 나온다. 이러한 가치관은 개개인에게 중요한 의미가 있다. 그 가치관이 사회적으로 용인될 수 있는 것이라서 중요한 것이 아니다. 또 멋지게 써서 벽에 걸어두고 감상하면 근사할 것 같아서 그런 것은 더더욱 아니다. 가치관이 중요한 이유는, 그것이 우리가 경험을 통해 정립한 진실이기 때문이다.

리더십 연구의 대가 워렌 베니스Warren Bennis는 변화를 이끌어내는 유능한 리더가 되려면 '자기 인식'이 바탕이 돼야 한다는 점을 거듭 강조한다. 워렌은 신시내티대학 총장으로 있으면서 거둔 성과를 되돌아본 결과, 자신이 원하는 것이 무엇인지를 확실히 알고 있었을 때 가장 좋은 성과를 냈다는 사실을 깨달았다. 바로 이러한 이유로 그는 리더의 자질 가운데 '관심 관리management of attention'를 첫손에 꼽는다. 워렌은 개인의 가치관을 피력하는 것이 매우 중요하다는 점을 거듭 강조했다.

"자신을 제대로 표현하고 싶다면 '관점'이라는 것이 있어야 합니다. 관점이나 시각이 없는 리더십은 진정한 리더십이 아닙니다. 그리고 물론 여기서 말하는 관점은 자신의 관점, 자신의 시각이어야 합니다. 다른 사람의 눈을 빌릴 수 없듯이 다른 사람의 관점을 빌릴 수도 없는 법이지요. 그 관점은 진정성 있는 것이어야 합니다. 그것이 정말 진정성 있는 관점이라면 그것은 분명히 자신만의 고유한 관점일 것입니다. 왜냐하면, 여러분 자신이 고유한 존재이기 때문이지요. 그 고유한 존재에서 나온 관점은 당연히 독창성을 지닌 고유한 것일 수밖에 없습니다."

현직에서 리더 역할을 하다가 은퇴한 사람들과 대화하다 보면 안타까운 생각이 종종 든다. 리더로서 왕성한 활동을 할 당시 자신을 돌아볼 시간을 충분히 갖지 못했다고 한탄하는 사람이 꽤 있기 때문이다. 은퇴한 리더만이 아니라 현직에 있는 리더 중에도 '충분히 생각하고 성찰하고 반성하는' 데 시간을 별로 할애하지 못한다는 사람이 많다. 전자 매체의 발달로 하루 24시간 상시 활동 체제가 일상화되면서 이러한 현상이 더욱 심해졌다.

개인적으로, 새로운 리더를 뽑을 때면 활용하는 두 가지 원칙이 있다. 먼저, 단순히 일자리를 구하는 사람은 아닌지 혹은 돈을 더 많이 벌고 싶어 하는 사람은 아닌지부터 확인한다. 내가 찾는 사람은 무언가 하고 싶은 일이 있고, 그 일을 실제로 할 수 있는 곳을 찾는 그런 사람이다. 그다음에는 이것을 묻는다.

"리더십 계발을 위해 지난 12개월 동안 어떤 일을 했습니까?"

처음부터 자신이 만든 조직에서 리더 역할을 하는 사람은 많지 않다. 대다수가 다른 사람이 설립한 조직에 들어가 리더의 역할을 한다. 그래서인지 자신이 그 조직에 미칠 영향을 생각해보지 않고, 또 확고한 가치관에 바탕을 두지도 않은 채 그저 전개되는 주변 상황에 자신을 맞춰나간다. 그들은 일단 조직의 기존 가치나 원칙부터 먼저 수용한다. 그런 다음에야 리더 자신이 개인적으로 중요하게 생각하는 것이 무엇인지 찾아 나가는 과정을 밟게 된다. 그것도 아주 조금씩, 아주 천천히 말이다. 그러나 이처럼 시행착오를 거치는 방식으로는 일관성 있는 메시지를 전달할 수 없고 조직원의 참여와 헌신을 이끌어내기 어렵다.

조직의 기존 가치관을 수용하는 데서 그치느냐 아니면 여기서 벗어나 자신의 신념이 반영된 새로운 가치관에 따라 조직을 운영하느냐에 따라 리더의 운명이 결정된다. 새로운 가치관을 정립하지 못한 리더는 기껏해야 임시 관리자의 역할밖에 하지 못한다. 이런 사람들은 조직이 심각한 위기에 처하면 곧바로 그 자리를 다른 사람에게 내주는 신세가 되고 만다.

이러한 관점에서 볼 때 애플의 존 스컬리John Sculley는 성공적으로 리더의 역할을 수행했다. 그러나 후임자인 마이클 스핀들러Michael Spindler와 길 아멜리오Gil Amelio는 그렇지 못했다. 스핀들러는 재정 위기를 극복해야 했고 아멜리오는 새로운 비전에 따라 애플을 이끌어야 했다. 안타깝게도 아멜리오는 애플의 리더가 되기를 그토록 갈망했으면서도, 정작 자신이 애플의 리더가 됐을 때 정말 하고 싶은 일이 무엇인지에 대해서는 별로 생각해보지 않은 채 덜컥 그 자리에 앉아버렸다. 그래서인지 근 1년이란 시간을 허비하고 나서야 비로소 자신의 생각을 전달하기 시작했다. 그러나 그때는 새 리더에 대한 환호와 기대를 바탕으로 헌신을 다짐하던 직원들의 열의가 이미 다 잦아든 터였다. 이러한 배경에서 애플의 정신적 지주라 할 스티브 잡스의 귀환이 이루어진 것이다.

잡스는 적어도 자신이 누구인가에 대한 인식이 분명한 사람이었다. 애플 복귀 이후 몇 년이 지나 스탠퍼드대학교 대학원생들에게 한 연설에서 잡스는 다음과 같이 말했다.

"하고자 하는 바를 흔들림 없이 계속할 수 있었던 이유는 내가 하는 일을 정말로 좋아했기 때문이라고 생각합니다. 여러분도 자신이 정말로 좋아하는 일이 무엇인지를 찾아야 한다고 봅니다."

잡스의 귀환이 성공적일 수 있었던 이유는 돈을 더 많이 벌어들이는 것이 아니라 자신의 가치관에 따라 조직을 운영하는 것을 좋아했기 때문이었다.

또 다른 성공 사례로 IBM의 루 거스너Lou Gerstner를 들 수 있다. 그러나 전임자인 존 애커스John Ackers는 그렇지 못했다. 거스너는 IBM을 근본적으로 변화시키는 데 성공했다. 즉, IBM을 하드웨어 전문 기업에서 통합 시스템 구축 및 서비스 전문 기업으로 변화시켰다. 거스너가 IBM의 다른 CEO들과 같은 길을 걸었다면 그러한 근본적 변화를 이뤄내지 못했을 것이다.

미국 대통령 중에는 로널드 레이건과 빌 클린턴이 성공적 행보를 보였다. 그러나 레이건의 후임자이자 클린턴의 전임자였던 조지 부시 시니어는 그렇지 못했다. 능력도 있고 인간적으로 꽤 괜찮은 사람이었는지는 몰라도 부시는 그저 '레이건 흉내쟁이'에 불과했고 사람들도 대부분 그렇게 느꼈다.

잡스와 마찬가지로 리더로 성공한 사람들은 자신의 신념을 자주 그리고 매우 효과적으로 전달하는 경향이 있다.

지난 30년 이래 미국 정치인 가운데 가장 뛰어난 커뮤니케이터를 꼽으라면 전(前) 뉴욕 주지사 마리오 쿠오모Mario Cuomo를 들 수 있다. 쿠오모는 직접 편집한 연설집《말 그 이상의 것More Than Words》에서 자신이 언제 어떤 이유로 말하게 되는지를 설명했다.

"중요한 것은 내게 말하고 싶은 무언가가 있다는 사실이다. 여기에 실을 연설문을 고르면서 새삼 깨달은 사실인데, 내가 말하고자 했던 것들은 대부분 성인이 된 이후 내 삶 속에서 정립된 몇 가지 기본적 사고 범주에서 크게 벗어나지 않았다."

이러한 기본적 생각(법치, 책임감, 다문화주의를 잡다한 문화와 인종의 혼합으로 보는 일차원적 시각에 대한 거부, 복지보다 일자리가 더 중요하다는 신념, 경제성장이 아메리칸 드림의 원동력이라는 생각 등)이 쿠오모 연설의 핵심 주제였다. 쿠오모의 비공식 커뮤니케이션 장면에서도 이러한 기본 원칙이 그 바탕을 이루고 있다. 이러한 원칙과 생각이 쿠오모를 진정한 리더로 이끌었다고 할 수 있다. 그리고 이것이 바로 '목적을 가진 자서전'이라 칭한 '리더십 커뮤니케이션 가이드'의 기본 특성이기도 하다.

여러분 또한 기본적인 몇 가지 생각이 자신의 철학 혹은 사상의 근간이라는 사실을 알게 될 것이다. 이러한 기본적 생각(혹은 원칙)은 단순한 관점 이상의 것을 의미한다. 요컨대 이는 커뮤니케이션의 기본 원칙일 수도 있고, 머리와 가슴으로 고민해야 하는 문제일 수도 있고, 각자의 삶에서 부딪히는 시련과 관련된 것일 수도 있다. 그러나 그 모습과 패턴은 달라도 본질은 같다.

그러므로 자신의 관점을 정립하는 것이야말로 진정성 있는 커뮤니케이션을 향한 첫걸음이라 할 수 있다. 미사여구를 동원하여 멋들어진 연설문을 쓰는 것이 능사가 아니다. 중요한 것은 자기 자신의 특성이 잘 반영된 메시지를 만들어내는 것이다.

이러한 기본 가치관은 PART 2에서 설명할 '리더십 커뮤니케이션 가이드'와 관련해 특히 중요하다. 요컨대 '당신은 누구인가?' '당신이 원하는 것은 무언인가?'를 고민해보지 않은 사람은 절대로 리더가 될 수 없다. 변화가 자신에게 의미하는 바가 무엇인지 생각해보지 않은 상태에서 변화의 메시지를 만들어봐야 아무 소용이 없다. 그러한 메시지는 자기 자신조차 감화시키지 못할 것이다. 자신마저 움직이지 못하는 메시지로 다른 사람을 어떻게 움직이겠는가! 이러한 질문에 대한 답을 찾으려 할 때 굳이 외부로 눈을 돌릴 필요는 없다. 해답은 바로 자기 안에 있기 때문이다.

자신에 대해 깨닫는 결정적 순간

우리가 열성적으로 고수하는 '생각'은 전부 개인적 경험에서 비롯된다. 예측심리학의 두 가지 기본 원칙 가운데 첫 번째가 '현재의 신념은 과거에 얻은 교훈의 산물'이라는 사실이다. 두 번째는 '추상적 탐구를 통해 얻은 사실보다 개인의 실제 경험과 직접 관찰을 통해 배운 사실이 미래 형성에 더 큰 영향을 미친다'는 점이다.

사람마다 각기 다른 인생행로가 있다는 생각은 고대 민담에 그 뿌리를 두고 있다. 그리스인들은 수호신daimons이 우리의 생명줄을 쥔 채 우리의 운명을 결정한다고 생각했다. 그리스인들은 우리가 살면서 어떤 경험을 하는 것은 수호신 덕분이고 더 발전할 수 있도록 다른 사람으로부터 우리를 지켜주고 보호해주는 것도 수호신이라고 믿었다. 저명한 원형심리학자인 고(故) 제임스 힐먼James Hillman은 그리스인의 이러한 믿음을 다른 문화권에 존재하는 이와 비슷한 개념들과 비교했다.

"힌두교에는 카르마karma(업)라는 개념이 있고, 로마인들은 이와 같은 정령을 지니어스genious라고 불렀다. 그리고 근대에 와서 이는 '수호 자아(守護 自我)의 형태'를 의미하는 칼 융의 '늙은 현자'라는 개념으로 재탄생했다."

심층심리학에서는 우리의 인생 경험, 특히 신경증을 유발하는 사건들에 대해 이를 반드시 치료해야 할 대상이라기보다는 우리를 더 나은 미래로 이끄는 길잡이로 인식한다. 그런데 이와는 정반대로 프로이트학파는 가장 영향력이 크고 가장 강력한 과거 경험 대부분을 잊어야 할 혹은 극복해야 할, 치료해야 할 대상으로 간주한다. 프로이트 학파의 관점에서 보면 신경증은 백해무익한 것으로 치료 대상일 뿐이다.

치료가 필요한 경우도 물론 있다. 그러나 좋은 것이든 나쁜 것이든 과거의 모든 경험은 우리의 감정, 연민, 신념, 학구열을 한층 강화하는 역할을 한다. 극단적으로 말하자면 개인적 비극, 중독 경험, 빈곤과 같은 시련을 겪어봐야만 타인의 마음을 어루만질 수 있는 훌륭한 상담사가 될 수 있다. 마찬가지로 현상 유지의 부정적 결과와 이에 따른 변화의 강력한 힘을 경험한 사람만이 강한 리더가 될 수 있다.

스티브 잡스는 스탠퍼드대 대학원생들을 대상으로 한 연설에서 대학 중퇴, 해고, 암 선고 등을 자기 삶의 '결정적 순간'이었다고 말했다. 되돌아보니 그 세 가지 순간 모두가 자신이 좋아하는 일을 하는 것과 맞물려 있었고, 이 세 가지 중 적어도 두 가지는 일반적으로는 부정적인 사건으로 간주하는 것이었음을 깨달았다고도 했다.

지난 300년 동안 심리치료사와 영성치료사들은 최면, 퇴행, 상담 등 다양한 방법을 통해 환자의 '결정적 순간'을 찾아내려 했다. 분석 과정은 매우 복잡할지 몰라도 기억 속을 들여다보는 과정은 매우 간단하다. 자신의 행동과 태도에 영향을 미친 것이 무엇이었는지 생각해보라. 중요하다고 생각되는 인생 경험을 찾아낸 다음, 그러한 경험에서 어떤 가치관이 형성됐는지 생각해보라. 이 과정을 정직하게만 수행한다면 이러한 훈련 과정을 통해 리더십 계발과 메시지 구성의 기본 토대를 마련할 수 있을 것이다.

하워드 슐츠Howard Schultz가 일곱 살일 때, 아버지가 직장에서 일하다 다리가 부러졌다. 어쩔 수 없이 슐츠의 어머니가 남의 집 빨래를 맡아 하며 대신 생계를 꾸려가야 했다. 슐츠가 보기에 아버지는 사회 제도가 낳은 희생자였다. 슐츠의 아버지는 이 직장에서 저 직장으로 옮겨 다녀야 했기에 변변한 건강 보험도 없었다. 이런 상태에서 부상을 당해 일할 수 없게 되자 가족의 생계가 막막해졌다. 이런 환경에서 자란 슐츠는 스타벅스의 창업자가 됐고, 훗날 자서전에서 아버지에 대해 이렇게 썼다.

> 아주 오랜 시간이 흘렀어도 깁스를 한 채 소파에 널브러져 있던 아버지, 그래서 일할 수도 돈을 벌 수도 없었던 아버지의 모습이 너무도 생생하다. 지금도 생각하면 가슴이 아프다. 돌이켜보면 아버지가 새삼 존경스럽다는 생각이 든다. 아버지는 고등학교도 마치지 못했지만 정직한 사람이었고 직장에서도 열심히 일했다.
>
> 1988년 1월, 아버지가 폐암으로 돌아가신 그날이 내 인생에서 가장 슬픈 날이었다. 아버지는 저축한 돈도 없었고 연금도 없었다. 더 안타까운 것은 아버지가 의미 있다고 생각했던, 그래서 열심히 일했던 그 직장에서 아무것도 이룬 것이 없었고 존경도 받지 못했다는 사실이었다.
>
> 어렸을 때는 나중에 커서 회사를 운영하는 사람이 되리라는 생각은 한 번도 해본 적이 없었다. 그러나 나중에 내가 중요한 일을 할 수 있는 위치가 되면 아무도 소외시키지 않는 그런 사람이 되자는 생각은 했다.

슐츠의 어린 시절 경험에서 어떤 가치관이 탄생했을까? 그것은 바로 아무도 소외시키지 않는 진정한 공동체 문화를 만들겠다는 생각이었다.

슐츠는 구성원 모두가 성장할 수 있는 조직을 만들기로 마음먹었다. 이러한 가치관 덕분에 슐츠는 스타벅스에서 시간제로 일하는 직원에게도 스톡옵션을 부여하고자 증권거래위원회를 설득하여 허가를 받아내는 데 성공했다. 스타벅스 매장 아무 곳이나 들어가서 계산대 뒤에 있는 직원에게 그곳에서 일하는 것이 좋은지, 좋으면 왜 좋은지 물어보라. 그러면 소파에 쓰러진 아버지의 모습에서 안쓰러움을 느낀 슐츠의 마음이 이들에게서도 고스란히 느껴질 것이다. 스타벅스 직원 대부분이 소속감을 느끼고 있으며 소외감을 느끼는 사람의 거의 없다. 이러한 원칙을 바탕으로 슐츠는 2009년에 CEO로 복귀할 수 있었고, 흔들리던 스타벅스를 더 단단한 반석 위에 올려놓는 데 성공했다.

당신은 가치관을 가진 리더인가

타인의 마음을 움직일 수 있는 커뮤니케이션을 하려면 '중요한 것이 무엇인지'를 찾아내는 것만으로는 부족하다. 최고위경영자 과정 수강자들에게 시대를 불문하고 타인의 마음을 움직이는 데 능했던 리더를 꼽아보라고 하면 신기하게도 다들 비슷한 대답을 내놓는다. 넬슨 만델라, 마틴 루터 킹, 잔 다르크, 존 케네디, 마거릿 대처, 에이브러햄 링컨, 안와르 사다트 등이 바로 그들이다. 더불어 간디, 무함마드, 예수, 석가모니(부처) 등과 같은 영적 지도자나 종교 지도자도 꾸준히 거론된다.

그들의 공통점은 무엇일까?

이 질문에 대해 수강자들은 대뜸 열정, 헌신, 자기 인식이라고들 답했다. 그들은 자신의 신념을 바탕으로 다른 사람과 소통하려는 의지가 있었고 그럴만한 능력도 갖춘 사람들이었다. 연설할 때나 대의명분을 주장할 때, 메모를 적을 때나 공식적인 대화를 나눌 때 등 어떤 상황에서든 자신의 가치관을 토대로 용기 있게 타인과 소통하려고 했다. 어떤 장소에서의 소통이든 간에 그들의 진심 어린 '말'이 사람들의 마음을 움직였다.

세상 사람들은 그들의 신념에 대해 '운명'이니 '소명'이니 하는 단어를 갖다 붙이기 좋아한다. 그러나 그러한 소명은 누구에게나 있다. 개중에는 다른 것보다 크고 확실한 소명도 있고 다른 것에 묻혀 잘 들리지 않는 소명도 있을 뿐이다. 우리의 수호신은 우리 앞에 삶을 던져주고 우리 자신을 표현하라고 부추긴다. 우리는 그러한 수호신의 부추김에 응해야 한다.

당신의 가치관은 경험에서 비롯된 것인가

최고위경영자 과정 수강생과 리더십 커뮤니케이션 과정을 수강하는 대학원생들에게 나는 메시지 구성의 중요성을 강조한다. 그러다 보니 학생들 역시 메시지 하나를 만드는 데도 아주 공을 들인다. 나는 학생들에게 아래와 같은 질문을 토대로 메시지 주제를 선택해보라고 주문하곤 한다.

- 결정적 순간 그리고 그 결정적 순간과 연관된 가치관을 고려했을 때, 현재 자신이 몸담은 분야에서 변화시키고 싶은 것이 무엇인가?
- 공동체(세계, 국가, 주 등)와 관련한 문제 중 우리가 반드시 다뤄야 하는 중요한 사회적 문제는 무엇인가? 그 문제를 어떻게 해결해야 하는가?
- 인류애를 실현한다는 차원에서 시간과 자원, 재능을 바쳐 추구할 만한 대의(大義)나 이상이 있는가?

그리고 학생에게 각 질문과 관련된 개인적 경험을 근거로 각자 메시지 주제를 선택하게끔 한다. 이러한 과정을 통해 각자의 '리더십 커뮤니케이션 가이드'를 만들어내는 것이다.

이 가이드를 만드는 동안 개개인의 확고한 신념이 드러나게 된다. 이 프로그램이 끝나갈 무렵이면 최고위과정 수강생이나 대학원생이나 마찬가지로 주제 선택을 위해 제시했던 질문들이 서로 연결돼 있다는 사실을 깨닫는다. 즉, 가치관에서 신념이 나온다는 사실을 알게 된다.

특정한 가치 자체에 관한 신념이든 아니면 그 가치를 기업이나 사회에 적용하는 것에 관한 신념이든, 그것이 가치관에서 비롯된다는 사실에는 변함이 없다. 예를 하나 들어 보자. 롭 니콜슨Rob Nicholson이라는 학생은 환경 보호 문제를 커뮤니케이션 주제로 선택하고 천연자원 보존에 앞장서자는 내용의 메시지를 전하기로 했다. 캘리포니아에서는 환경 보호 문제가 자주 거론된다. 이 지역 사람들, 특히 대학가를 중심으로 많은 사람이 환경 문제에 관심을 보이고 있기 때문이다. UC 버클리 역시 예외는 아니었다. 그러므로 이 사람들에게 환경 보호를 위해 움직여 달라고 호소하기가 더 어려웠다. 환경 문제를 충분히 인식하고 있고 또 나름대로 환경 보호를 위해 이미 노력하고 있다고 생각하는 사람들에게 무언가를 더 요구하는 일이 쉬울 리 없다.

그러나 니콜슨은 여느 환경론자와는 달랐다. 캐나다 출신인 그는 고향마을 인근 호수에서 산성비 때문에 물고기가 줄어드는 현상을 직접 관찰했고 그때의 경험을 사람들에게 들려줬다. 그리고 우주 공간에서 지구를 봤을 때 보이는 것이 딱 두 가지라고 말한 우주 비행사의 말도 인용했다. 그 두 가지 중 하나는 중국의 만리장성이고 또 하나는 니콜슨의 고향인 캐나다의 거대한 모두베기 지역이었다고 한다. 니콜슨은 학부 때 환경 공학을 공부했고 또 개인적 경험상 환경 문제에 관해서는 확고한 신념을 갖고 있었기 때문에 그의 메시지에 진정성이 있었고 그래서 그 말에 크게 신뢰가 갔다.

니콜슨은 자신의 이 같은 경험을 경제적 혹은 정치적 문제에도 연결시켰다. 환경과 관련한 개인적 경험에서 비롯된 확고한 신념을 바탕으로 자원 보존, 부산물의 효율적 이용, 공익을 위한 개인의 책임 등과 같은 주제들도 풀어낼 수 있었다. 그의 메시지가 그토록 강력한 힘을 발휘할 수 있었던 이유는 니콜슨이 하나의 질문에 집중하여 그 질문에 대한 답을 찾으려 애썼고, 그렇게 찾은 답을 토대로 메시지를 구성했기 때문이다. 처음으로 자신의 '리더십 커뮤니케이션 가이드'를 만들고 나서 15년이 지난 지금도 니콜슨은 여전히 그때의 가치관을 전달하는 데 여념이 없다. 현재 그는 토론토에서 살고 있으며 샌프란시스코, 뉴욕 더 나아가 세계 각지의 투자 은행 관련 업무에서 수완을 발휘하고 있다. 니콜슨이 진행하는 프로젝트 중에는 대체 에너지와 관련된 것이 많다. 또 그 자신의 생활 방식도 그렇고 거주지나 회사를 선택할 때도 돈보다는 협력과 공조에 대한 신념이 우선이다.

최근에 니콜슨과 대화를 나눌 기회가 있었다. 그의 고객 중에는 아주 오래전부터 관계를 맺어온 사람이 많다고 한다. 그들과 계속 관계를 유지하면서 두터운 신뢰가 쌓였기 때문이다. 이 또한 UC 버클리에서 공부하던 시절에 형성된 니콜슨의 가치관 가운데 하나였다.

초판과 개정판에서 소개했던 사례자들도 그렇고 이번 판에 새로 실린 사례자들 역시 '리더십 커뮤니케이션 가이드'가 자신의 진로를 결정하는 데 매우 유용했다고 말한다. 2002년 당시 조시 길야드Josie Gaillard가 만든 '커뮤니케이션 가이드'는 미국의 에너지 독립 촉구 및 이를 위한 실행 계획에 관한 것이었다. 경영학 석사 과정을 마친 길야드는 태양 전지판 제조 회사에 들어갔고 지금은 남편과 함께 에너지 절약형 주택을 짓고 있다. 또 생태친화적인 선물 포장재와 환경친화적인 기타 제품을 제공하는 가상 점포 리빙에토스Living Ethos: www.livingethos.com를 운영 중이다. 레베카 사울 버틀러Rebekah Saul Butler는 학생 시절에 형성된, 임종 환자의 자기 결정권에 관한 신념이 의료 비용에 대한 관심으로 이어진 경우다. 현재 버틀러는 한 자선 단체의 프로그램 디렉터로서 의료 비용에 관한 업무를 담당하고 있다.

학생이든 한참 떠오르는 기업의 임원이든 혹은 노련한 정치인이든 간에 지나온 인생을 되돌아보면 자신이 추구하는 가치를 여럿 발견할 수 있고, 또 각각의 가치에도 우선순위가 있어서 각 가치를 중요한 순서대로 구분할 수 있다는 사실을 깨닫게 된다. 그래서 나는 내 고객인 기업인이나 정치인에게 자서전을 써보라고 권한다. 자서전을 쓰는 것이 진정성 있는 커뮤니케이션의 첫 단계라고 생각하기 때문이다. 그리고 자서전을 쓸 때 인생의 전환점이라 생각되는 과거의 사건에 특히 주목하라고 주문한다. 여러 가지 생각이나 일, 행동 중에서 더 중요하고 덜 중요한 것을 정하는 데 결정적 영향을 미친 사건들이 여기에 해당한다. 그리고 이러한 과거 사건을 토대로 자신이 정말로 관심 있어 하는 주제를 중심으로 자신만의 '커뮤니케이션 가이드'를 완성한다.

1994년 말쯤 테일러메이드 오피스 시스템즈Taylor-Made Office Systems라는 한 작은 회사의 경영팀과 일한 적이 있다. 구체적으로 말하면 회사의 '가치와 비전 재정립' 작업을 돕는 것이 내 임무였다. 그 과정에서 이 회사의 창립자이자 CEO인 배리 테일러Barry Taylor와 아주 친한 사이가 됐다. 나는 테일러가 어렸을 때 고아가 됐고 젊은 나이에 중고 트럭으로 고객에게 제품을 배달하는 일을 시작으로 사업의 세계에 뛰어들었다는 사실을 알게 됐다. 테일러는 두 번이나 이혼했고 십 대 아들을 사고로 잃는 아픔도 겪었다. 살아오면서 겪은 굵직굵직한 사건들 그리고 이러한 사건에 대한 생생한 기억들이 그의 가치관을 형성하는 데 결정적 역할을 했다.

내가 테일러를 만났을 당시 그의 회사는 직원이 300명에 이르렀고 매출 규모도 1억 5천만 달러에 육박했다. 그러나 기본적 가치관에는 거의 변화가 없었다. 테일러는 여전히 끈끈한 가족애, 독립심, 고객을 최우선으로 생각하는 마음을 중요하게 생각했다. 이러한 가치관은 유명 경영 서적에서 터득한 것이 아니라 그 자신의 인생 경험에서 비롯된 것이었다. 그런 만큼 그의 가치관에는 열정과 신념이 고스란히 반영돼 있었다.

이후 테일러는 이 회사를 매각했고 역시 이전과 같은 가치관을 토대로 다른 회사 두 곳을 더 운영했다. 그리고 아내 엘라인과 함께 소아암 환우를 위한 여름 캠프를 운영했다. 이 또한 어린 시절의 경험과 이 경험에서 나온 가치관에서 비롯된 행동이었다.

배리 테일러, 에드 멕더넬, 데이브 게이스포드, 마리오 쿠오모, 하워드 슐츠, 롭 니콜슨, 스티브 잡스, 윌리엄 밀러, 개리 피델, 레베카 사울 버틀러, 조시 길야드 등 효과적으로 변화를 이끌어낸 리더들처럼 우리에게도 각기 고유한 무언가가 있으며, 때로는 멋진 때로는 끔찍한 인생 경험이 그 바탕을 이루고 있다. 진정성 있는 커뮤니케이션을 원한다면 우선 자신의 수호신을 찾아 인생 경험을 되돌아보면서 자신에게 가장 중요한 주제들을 찾아내야 한다.

사실 인생 경험이라는 샘은 깊고도 깊다. 그러나 그 깊은 샘을 파고 또 파는 수고가 하나도 아깝지 않을 만큼 '경험'은 매우 가치 있는, 보물 중의 보물이다. 더구나 의미 있는 일로 이 세상에 영향을 미치고 싶다면 더욱 그러하다. 그런 경지에 오르겠다고 20년 동안 동굴 속에 머물며 수련하는 따위의 수고를 할 필요는 없다. 그러한 '보물' 중 적어도 몇 가지 정도는 일상 속에서도 충분히 얻을 수 있다. 일단 자신에게 가장 중요하다고 생각되는 주제들을 찾아낸다면 이것을 다른 사람의 마음을 움직이는 도구로 활용할 수 있을 것이다. 그러나 이를 위해서는 용기와 훈련 그리고 감정적 동조가 우선돼야 한다.

2
감성 지능
_공감하고 반응하라

개인의 가치관을 찾아내서 정립한다고 커뮤니케이션 기술이 저절로 터득되는 것은 아니다. 당연한 말이지만, 타인을 이끄는 능력이 자연스럽게 따라오는 것도 아니다.

리더십이란 단순히 무언가를 해내는 능력과는 전혀 다른 성질의 것이다. 리더가 되리라 결심한다고 다 리더가 될 수 있는 것은 아니다. 훌륭한 화가 혹은 설득력 있는 작가가 되겠다고 결심할 수는 있다. 개인적으로 뛰어난 통찰력을 지닌 사람도 있고 어떤 분야에서 탁월한 성과를 내는 사람도 물론 있다. 이런 능력으로 위대한 철학자가 되기도 하고 뛰어난 비평가가 되기도 한다. 그렇다고 이런 사람들이 모두 다 리더가 될 수는 없다.

사람들에게 직접적으로 자신의 가치관을 피력하지 않고도 일을 훌륭히 해내는 사람이 있다. 설사 커뮤니케이션이 이루어지는 상황이라고 해도 목적을 달성하기 위해 해야 할 일이 무엇인지 사람들에게 알려주거나 어떻게 행동해야 할지에 관한 조언을 해주는 선에서 그치는 경우가 많다. 심리학자, 뛰어난 기업인, 정치 자문가, 관리자, 사상가 중에 이러한 부류에 속하는 사람들이 꽤 있다. 물론 이렇게 하는 것도 중요하기는 하다. 그러나 이것을 리더십으로 보기는 어렵다. 리더십이란 어떤 일을 하는 데 다른 사람을 단순히 '활용'하는 차원이 아니라 그 사람들을 '참여'시키는 능력을 의미한다. 그저 기발한 생각을 해내는 사람 혹은 어떤 결과를 만들어내는 사람을 리더라고 하지는 않는다. 진정한 리더라면 타인의 마음을 움직여 어떤 일을 하게 하는 능력이 반드시 필요하다.

　논리적 사고는 합의를 이끌어내는 데 매우 유용한 도구다. 그러나 논리적 사고만으로는 조직원 간의 강한 결속력을 만들어내기도, 조직원의 참여를 이끌어내기도 어렵다. 그래서 '리더십 커뮤니케이션 가이드'를 만들 때 두 번째로 필요한 작업이 바로 자신의 감성적 지각 능력을 평가하는 일이다. 최근에 와서야 개인의 감성 지각 능력은 얼마든지 계발할 수 있다는 사실을 알게 됐다. 감성적 지각 능력이나 감정을 활용하는 능력은 나이나 성별, 혹은 문화를 기준으로 그 정도를 판단할 수 있는 것이 아니다. 리더가 되고 싶다면 우선 감성 지각 능력의 중요성을 인식하고 이러한 능력을 계발하는 데 힘써야 한다.

인식, 공감, 조절, 반응

1995년에 다니엘 골먼Daniel Goleman은 이른바 '감성 지능emotional intelligence: EI'이 리더십의 기본 자질이라는 주장을 폈다. 그 이후로 수많은 연구자가 감성 지능에 관한 연구에 참여했다. 일반인을 대상으로 감성 지능을 연구한 사람도 있었고, 리더십 관점에서 감성 지능을 연구한 사람도 있었다. 일단 두 분야를 개략적으로 살펴보기는 할 것이다. 그러나 이 책에서는 어디까지나 리더십 커뮤니케이션의 관점에서 감성 지능을 논하는 것에 주안점을 두려고 한다. 커뮤니케이션 관점에서 감성 지능 연구는 사람들이 좀 더 창의적으로 일상 업무를 수행하기를 바랄 때, 좀 더 효율적인 팀워크를 바랄 때, 비전을 설정하려고 할 때, 다른 사람의 행동을 유발할 수 있도록 작업의 속성과 속도를 정하려 할 때 특히 유용하게 활용될 수 있다.

2011년에 스탠퍼드대학에서 강의한 적이 있다. 이때 인류학자 폴 에크만Paul Ekman의 연구 내용을 언급했었다. UC 샌프란시스코에서 퇴직한 에크만은 지금도 연구에 몰두하고 있으며, 표정으로 사람의 감정 상태를 파악하는 것과 관련한 컨설팅 업무에 종사한다. 애초에 에크만이 현장 조사 작업을 수행한 이유는 '표정은 문화의 산물'이라는 마거릿 미드Mararet Mead의 논제를 증명하기 위해서였다.

그런데 조사 결과 미드의 이론을 뒤집는 결과가 나왔다. 에크만은 우리 인간에게는 다른 사람의 감정 상태를 알아내는 능력이 있는데, 이것은 생래적이고 보편적인 능력으로서 특정 문화와는 관계가 없다고 주장한다. 그에 따르면 우리는 거의 '무의식적으로' 다른 사람의 감정 상태를 알아낸다. 그러나 이러한 무의식적 감정 지각 능력과는 별개로 표정이나 기타 해부학적 단서를 관찰함으로써 '의식적으로' 타인의 감정 상태를 인식하는 훈련을 할 수 있다. 이러한 훈련은 감성 지능이라는 차원에서 이해할 수 있다.

이러한 능력을 계발하는 것은 생각보다 어렵지 않다. 어떤 장소, 어떤 환경에서든 감성 능력을 계발하는 것은 매우 가치 있는 일이며 초(超) 문화적 환경에서 활동하는 사람들에게는 특히나 중요하다. 단, 감성 능력을 계발한다는 것은 '새로운 기술을 배운다'는 차원이 아니라 '무의식을 인식한다'는 차원이라는 점을 이해할 필요가 있다. 감성 지능은 모든 인간에 공통된 타고난 능력에 바탕을 둔다. 따라서 감성 지능이 활성화되면 언어의 장벽이라든가 문화적 관습의 벽을 넘어설 수 있다.

나는 에크만이 강연자라는 사실은 몰랐는데 아주 우연히 그것도 두 번이나 그와 마주친 덕분에 에크만이 강단에 서기 전 몇 분 동안 개인적으로 이야기를 나눌 기회가 있었다. 표정에서 감정을 읽어내는 것이 인간의 보편적 능력이라는 점도 물론 중요하다. 그러나 에크만을 가장 흥분시킨 사실은 훈련을 통해 이러한 능력을 얼마든지 계발할 수 있다는 부분이었다. 우리가 식별력을 더 키우려고 애쓰면 실제로 대뇌가 새로운 신경 경로를 만들어낸다. 이 과정을 신경가소성 혹은 뇌가소성neuroplasticity이라고 한다. 이러한 기제를 통해 나이와 역할에 관계없이 실제로 감성 지능을 향상시키는 일이 가능하며, 감성 지능이 향상되면 실로 엄청난 보상이 따른다.

단순히 우리 자신과 타인의 감정을 인식하는 수준을 넘어 감성 지능의 핵심인 공감(공명) 능력, 감정 조절 능력, 반사적 반응이 아닌 감응적 반응 능력을 계발할 수 있다. 과거에는 유전자 및 아동기의 성장 환경에 따라 감성 지능이 결정된다고 봤다. 그러나 지금은 이러한 기질적 특성도 새로운 경험을 통한 신경적 피드백과 연습을 통해 얼마든지 바뀔 수 있다고 본다.

경험상으로 봐도 감성 지능 이론은 그럴듯해 보인다. 중요한 결정을 할 때 논리만 따지는 사람은 거의 없다. 또 그렇게 논리만 내세웠다가 감정적으로 후회하게 되는 일도 적지 않다. 골먼이 감성 지능에 관한 저서를 발표한 이후로 골먼 자신을 비롯한 여러 연구자가 신경생물학적 연구를 통해 감성 지능의 중요성을 입증하려 했고, 그러한 노력이 얼마간 성과를 냈다.

토머스 루이스Thomas Lewis, 패리 애미니Fari Amini, 리처드 레넌Richard Lannon 등이 쓴 《사랑을 위한 과학General Theory of Love》은 변연계 공명limbic resonance과 공감에 관한 골먼의 이론을 다룬다. 아동기에 형성된 정서적 애착의 효과, 공감의 본질, 더 이해심 많고 더 신뢰할만하고 더 수용적인 성격으로 바꾸는 작업을 이보다 더 상세하게 다룬 책도 없으리라 생각된다. 이 책에서 암묵적 혹은 패턴화된 기억 부분을 담당하는 대뇌 변연계에 관한 내용을 읽을 때는 그야말로 눈앞에 신세계에 펼쳐지는 기분이 들 정도였다.

변연계는 일종의 전달자 역할을 하는 편도선을 통해 정서적 자극에 반응하게 한다. 그런데 변연계는 대뇌의 사고 영역보다 정보 처리 속도가 8만 배나 빨라서 무슨 일이 일어나는지 우리가 알아채기도 전에 일 처리를 끝내버린다. 따라서 긴박한 혹은 긴장이 고조된 상황에서는 반응이라기보다는 반사에 더 가까운 행동을 하게 되고 이것이 원치 않는 결과로 이어질 때가 종종 있다. 이럴 때 우리의 '의식'은 억제되고 자연적 공감 능력도 제 기능을 발휘하지 못하게 된다.

리더들은 자신이 반사적 반응을 하고 있다는 사실을 거의 의식하지 못한다. 그래서 자신의 반사적 반응에 대해 상대가 왜 대응하지 않는지를 계속 궁금해한다. 혹은 자신의 반사적 반응에 대해 상대가 부정적 반응을 보일 때 당황하는 일이 종종 있다.

2010년에 나는 미국계 다국적기업의 제너럴 매니저 한 명(편의상 이 사람을 A로 칭함 —옮긴이 주)을 소개받은 적이 있다. A는 기술 사업부를 글로벌 체계로 재편하는 일을 담당하고 있었다. 이 과정에서 A는 전 세계 직원을 대상으로 한 화상 회의를 통해 혁신을 강조하면서 특허가 '사업의 생명줄'이므로 특허 출원에 신경을 써 달라고 당부했다. 이 말이 끝나자 미국 남부 지역에 있는 직원 한 명이 질문했다.

"회사 간부 한 명이 이제는 특허를 보호하는 데 많은 돈을 쓰지 않을 것이라고 하던데요. 지금 하신 말씀과 다르지 않나요? 어느 장단에 춤을 춰야 할지 모르겠습니다."

그러나 A는 조금도 망설이지 않고 대뜸 이렇게 말했다.

"실제로 이 일은 하는 사람은 그 임원이 아니라 우립니다!"

이 말에 사람들은 박수갈채를 보냈고 회의는 그렇게 끝이 났다.

그 후에 나는 이 고객(A)과 그때 했던 답변이 어떤 결과를 냈는지 그리고 달리 대답할 수는 없었는지 생각해보기로 했다. 그때 A는 신중한 반응이 아닌 반사적 행동을 했다. 변연계 내 편도선이 작동한 결과였다. 그 회사는 각 부서의 경계를 넘어 모든 직원이 협력하는 문화가 조성돼 있던 곳이었다. A는 세 명의 제너럴 매니저 중 한 명이었고 이 세 명 모두 CEO 그리고 특허 보호 비용 이야기를 했던 그 임원과 매우 친한 관계였다. 당시는 긴축 재정기였고 모두가 허리띠를 졸라맨 채 한 푼이라도 아끼려 하던 차에 그러한 말이 나온 것이었다.

A가 회의석상에서 했던 말이 그 임원의 귀에 흘러가리라는 것은 불 보듯 뻔한 일이었다. 그렇게 되면 A의 평판에 크게 금이 가거나 제멋대로 구는 사람이라는 낙인이 찍힐 수도 있다. 또 회사 차원의 방침을 고려하지 않고 특정인을 비난하는 사람이라는 인상을 줄 수도 있다. 어쨌거나 A는 직원들에게 그 임원의 말과 배치되는 메시지를 전한 셈이었다. 그렇다면, 질문한 사람도 만족시키면서 회사의 방침에도 걸맞은 메시지를 전달하려면 어떻게 대답해야 했을까?

우리 두 사람은 함께 고민한 끝에 다음과 같은 대안을 생각해냈다.

왜 그런 말이 나왔는지는 정확히 모르겠지만, 그 이유를 짐작해 볼 수는 있겠네요. 다들 아시겠지만 지금은 비용 절감을 위해 모두가 노력하는 상황입니다. 아마도 그 임원은 오래된 특허를 보호하는 데 비용이 엄청나게 들어간다는 사실을 알고 이 비용을 줄여보자고 생각한 것 같습니다. 사실, 너무 오래돼서 보호해봤자 회사로서는 별로 실익도 없어 보이는 특허가 수천 개는 될 겁니다. 그런 특허를 보호하는 데 아까운 돈을 계속 쏟아붓는 것이나, 신기술 개발에 대한 지원을 끊는 통에 시장에서 앞서나갈 기회를 놓치는 것이나 정신 나간 행동이기는 마찬가지라고 생각합니다.

대뇌 변연계가 속사포와도 같은 반사적 반응을 쏟아내고 난 다음에는 이처럼 이성적이며 공감적인 반응을 하기가 훨씬 쉬워진다. 훈련을 통해 순간적 반응을 조절하는 것이 가능하기는 하다. 그러자면 감정에 대한 인식과 조절이 필요한데 이 또한 자각과 연습의 산물이다. 요컨대 A는 자신이 어떤 감정 상태(초조, 혼란, 당황)인지를 즉각 알아채고(인식), 순간적으로 사실 판단을 하고(이러한 반응을 나타내는 데는 200밀리초밖에 걸리지 않음), 질문자와 임원이 어떤 기분일지 생각하고(공감, 동조), 자신의 감정을 다스리고(조절), 반사가 아닌 반응을 보였어야 했다. 지금은 이 모든 것이 가능하다는 사실을 잘 안다. 실상 우리는 어렸을 때부터 거의 무의식적으로 이러한 기술을 훈련해왔다고 할 수 있다. 그렇다면 이제는 인식, 동조, 조절, 반응에 대한 의식적인 훈련 부분을 고민해야 한다.

승려들은 꾸준한 정신 수양 덕분에 자신의 감정을 조절하고 이성적인 반응을 하는 데 매우 능하다. 명상 중인 스님 옆에서 코를 골며 자는 사람이 있다고 하자. 명상하던 스님이 코 고는 소리가 신경 쓰이기 시작한다. 슬슬 짜증이 나고, 그러한 감정 상태를 자신도 인식하고 있다. 그러나 스님은 마음속에서 싹튼 짜증이 더 커지지 않게 자신의 마음을 다잡는다. 코를 골며 자는 이 사람은 전날 밤에 잠을 이루지 못했고 그래서 정신이 몽롱한 상태일 테니 이해를 해줘야 한다고 애써 마음을 달랜다. 그러고 나서는 자신의 감정을 다스리고 더 나아가 상대방을 이해하고 배려하는 마음 상태로까지 발전한다. 명상이 끝나고 나면 그 사람에게 저녁 식사를 대접하는 경지에까지 이르게 된다.

거울의 마법

공감의 신경생물학적 기초에 관한 첫 번째 연구로는 1990년대 초 이탈리아 파르마대학에서 지아코모 리촐라티Giacomo Rizzolatti와 그 동료가 수행한 연구를 들 수 있다. 원숭이의 대뇌에 탐침을 삽입하여 반응 자료를 수집한 결과 원숭이가 특정 과제를 수행할 때 활성화됐던 뉴런이 다른 원숭이가 같은 과제를 수행하는 모습을 지켜볼 때도 똑같이 활성화된다는 사실을 발견했다. 다른 원숭이를 지켜보는 원숭이의 대뇌에서도 직접 과제를 수행하는 원숭이의 대뇌에서 일어난 것과 똑같은 반응이 일어난 것으로 보인다.

이러한 실험 결과에는 매우 중요한 의미가 담겨 있다. 즉, 다른 사람을 관찰하여 그 행동을 모방하는 것에서 학습이 이루어진다고 생각할 수 있다. 이는 인간을 포함한 포유동물한테는 매우 자연스러운 현상이다. 엄마가 아기를 보고 웃으면 그 아기도 곧 엄마를 보며 웃게 된다. 아기의 대뇌는 엄마의 대뇌를 마치 거울처럼 모방한다. 아기는 이런 방식을 통해 행동하는 법을 배우고 이러한 모방이 잘 이루어지면 엄마와 아기 모두 긍정적인 피드백을 얻게 된다.

이와 관련한 새로운 연구를 다 소개하자면 한도 끝도 없을 것이다. 그래서 여기서는 대표적인 연구 몇 가지만 소개하는 것으로 그칠 생각이다. 지금 우리가 해야 할 일은 이 같은 과학적 연구 결과를 바탕으로 다른 사람의 마음을 움직이는 방법을 알아내는 것이다.

'기능성 자기공명 영상FMRI' 기술이 개발된 덕분에 연구자들은 신체 침습적인 탐침을 사용하지 않고도 특정 자극이 주어졌을 때 인간의 대뇌에서 어느 영역의 뉴런이 활성화되는지 확인할 수 있게 됐다. 따라서 동물 실험에서 나온 결과로 인간 실험의 결과를 유추하지 않아도, 대뇌 영역 중 자신과 타인에 대한 인식을 관장하는 영역이 어디인지 알 수 있다.

특히 연구자들은 인간이 사회적 행동을 어떻게 학습하는지에 초점을 맞췄다. 그 결과 사회적 행동은 주로 모방을 통해 학습되며 모방에 관여하는 것이 바로 대뇌에 있는 '거울 뉴런'이었다.

최근에 리처드 데이비드슨Richard Davidson, 댄 세이겔Dan Seigel, 매튜 리베르만Matthew Lieberman, 마르코 이아카보니Marco Iacaboni 등을 포함한 학자들의 연구 결과, 학습을 도와주는 뉴런을 새로 생성시킬 수 있다는 사실을 알게 됐다. 다른 사람이 특정한 과제를 수행하는 모습을 관심 있게 지켜볼 때도(물론 그 행동에 주목하면 할수록 자신의 대뇌 뉴런이 더 강하게 활성화됨) 자신이 직접 그 과제를 수행할 때 활성화되는 바로 그 뉴런이 똑같이 활성화된다. 그뿐만 아니라 이렇게 활성화된 뉴런은 과제를 수행하는 사람이 경험하는 것과 똑같은 감정적 반응을 나타낸다. 요컨대 다른 사람의 행동을 지켜보는 것만으로도 같은 부위에 있는 자신의 대뇌 뉴런이 활성화되어 다른 사람이 느끼는 것과 똑같은 감정을 느끼게 되는 것이다. 공감이란 '관찰 대상에 자신의 자아를 투사하여 그 대상을 완벽하게 이해하는 힘'이라고 정의할 수 있다.

그러나 인간은 성장할수록 대뇌 피질의 활동성이 강해지고 이것이 우리의 공감 능력을 억제하게 된다. '이성' 혹은 '논리'라는 이름의 잡음(?)이 다른 사람의 감정을 의식하는 능력을 방해할 때가 종종 있다. 우리가 '이성'에 의지하면 할수록 '감정'과는 점점 더 멀어지게 된다.

골먼과 레넌이 말하는 '공명resonance'은 단순히 '머리로 이해하는 상태'만을 의미하는 것이 아니다. 이들이 말하는 공명이란 감정적으로 이해하고, 같은 꿈을 꾸고, 같은 결과를 기대하는 것을 의미한다. 불안감이나 위기감이 느껴질 때는 그러한 감정을 드러내고 또 한편으로는 기쁨과 두려움, 희망, 좌절, 사랑 등의 감정까지 전달하는 것을 의미한다. 이 기술은 아마도 대인 관계에서 가장 필요하지 않을까 싶다. 관계가 꼬인다고 느껴질 때일수록 상대에게 조금만 더 관심을 기울여 보라.

앞서 언급했듯이 나는 1982년에 아내와 이혼했다. 다섯 살이었던 딸아이는 아내가 데려갔지만, 두 아들에 대한 양육권은 내게 있었다. 당시 큰아들은 열세 살이었고 둘째는 열한 살이었다. 같이 살면서 우리 세 사람은 서로에게 솔직하게 마음을 터놓는 것이 얼마나 중요한지를 점점 배워나갔다.

어느 날인가 아들이 자기 방에서 짐을 꾸려 나오더니 당장 집을 나가겠다고 했던 기억이 지금도 생생하다. 아들 녀석은 나가서 친구와 함께 살든가 아니면 우리 집에서 80킬로미터 정도 떨어져 있던 엄마네 집으로 가겠다고 했다. 우리 두 사람은 본질적인 문제에서 분명 의견이 달랐다. 그러나 그냥 두면 정말 나갈 것 같았고, 아이가 나중에 자신이 좀 성급했다는 생각에 다시 돌아오고 싶은 마음이 들어도 쉽게 돌아올 수 없으리라는 생각이 들었다. 작은 짐 가방을 들고 서 있는 아들 녀석을 보니 나중에 분명히 후회할 것이라고 말하며 어디 마음대로 해보라고 할까 싶은 마음도 없지 않았다. 그러나 내 안에서 그런 감정이 복받쳐 오를수록 아이가 내 곁을 떠나는 것은 기정사실이 돼버릴 것이다. 나는 아이에게 우리 둘 사이에 의견 차이도 있고 너만큼이나 나도 화가 많이 난 상태이지만 어떻게 든 이 문제를 잘 극복해나가야 하지 않겠느냐고 말했다. 사랑하고 있고 또 떠나지 않기를 바란다고도 했다. 아직 화가 가라앉지는 않았으나 우리 둘이 잘못된 선택을 하지는 않을지 몹시 두려웠다. 나는 아들과의 관계를 망치고 싶지 않았다.

잠시 후 아이도 나와 진짜로 관계를 끊고 싶었던 것은 아니라며 집을 나가겠다는 고집을 꺾었다. 이후로도 비슷한 사건을 여러 번 겪으면서 서로 감정을 공유하는 것이 얼마나 중요한지를 계속 배워나갔다. 이러한 과정을 겪으면서 우리 셋은 자신의 감정을 솔직하게 털어놓는 것이 매우 중요하다는 사실을 확실히 알게 됐다.

부모에게는 자녀와의 관계가 풀어야 할 숙제이듯, 리더에게는 추종자나 선거구민, 팀원들과의 관계가 큰 숙제이다. 그러나 어떤 관계든 그 관계는 커뮤니케이션을 통해 다져지는 법이다. 따라서 리더가 되고 싶다면 타인의 감정을 인식하고 이에 동조하며 자신의 감정을 조절하고 적절한 반응을 내보이는 연습을 충분히 하여 감정적으로 교류하는 기술을 배워야 한다.

이 시점에서 〈12인의 성난 사람들Twelve Angry Men〉이라는 고전 영화 한 편을 살펴보도록 하자. 영화에서 주인공 역의 헨리 폰다는 유죄 의견을 낸 나머지 열한 명의 배심원이 그 의견을 번복하도록 설득했다. 그는 검사와 피고 측 변호사, 피고, 목격자, 심지어 살인 사건의 피해자에 이르기까지 재판에 임한 모든 당사자의 마음에 호소하는 방법으로 평결을 뒤집으려고 애썼다. 이러한 관점에서 보면 주인공은 단순히 가장 설득력 있는 배심원 혹은 토론자의 모습은 아니었다. 그는 재판이 시작되고부터 끝날 때까지 공감이 무엇인지를 제대로 보여준 감성 지능 고수였던 셈이다.

반사적 반응은 감정적 몰입을 방해하는 가장 큰 걸림돌이다. '커뮤니케이션 가이드'를 작성하는 단계에서 우리는 타인이 감정적으로 어떻게 반응할지를 예상해보고, 또 자신은 어떻게 반응할지를 머릿속으로 그려본 다음에 그에 따라 적절한 행동 계획을 수립해야 한다. 그리고 피할 수 없는 도전에 반사적으로 행동하기보다 적절하게 반응하는 훈련을 하기 시작할 것이다. 감화시키고 싶은 사람들이 있다면 일단 그들의 감정을 이해해야 한다. 더불어 자신의 감정 상태를 인식하고 이를 드러내야 한다. 이것이 바로 리더의 핵심 자질이다.

앞서 특허 비용과 관련한 사례에서 언급했던 내 고객 A는 시간적인 여유를 가졌어야 했다. 즉, 변연계가 내보내는 반응을 그대로 노출하는 것이 아니라 대뇌 피질이 작용하여 적절한 반응을 내보낼 때까지 기다렸어야 했다. 이렇게 시간을 벌려면 남을 비난하기 전에 심호흡을 한번 하는 정도로는 부족하다. 자신의 대뇌에서 그리고 타인의 대뇌에서 무슨 일이 벌어지는지를 알고 상호 커뮤니케이션을 통해 감정을 적절히 조절해야 한다. 타인의 감정 상태가 어떨지 생각해보고 그 부분에 관해 서로 의견을 나누는 것이야말로 사람의 마음을 얻을 수 있는 가장 이상적인 방법이다.

풀이 과정 보여주기

앞서 언급한 고객 A의 '성급한(?) 반응'은 그 임원이 왜 그런 말을 했는지 상상한 후 그것을 성급하게 말로 표현한 결과라 할 수 있다. 블레싱화이트 시절의 전(前) 동료 주디스 어니스트Judith Honesty는 이 과정을 '풀이 과정 보여주기'라고 부른다. 대수학을 공부해본 사람이라면 이 비유가 얼마나 적절한지 알 것이다. 학생이 수학 문제를 풀 때 답만 달랑 적어 놓는 것보다 풀이 과정을 상세히 적어 놓으면 설사 답이 틀렸어도 그 부분만큼은 어느 정도 인정받을 수 있다. 이와 마찬가지로 마음속에서 이루어지는 감정적 대화 과정이나 어떤 문제에 대해 답을 찾는 과정을 겉으로 드러내면 듣는 사람으로부터 신뢰를 얻을 수 있다. 설사 그 표현이 서툴더라도 혹은 듣는 사람이 그 답이 틀렸다고 생각하더라도 말이다.

신뢰는 공감을 통해 형성된다

상상력을 동원하여 상대의 감정과 반응을 생각해보고, 공감 능력을 키우는 연습을 하고, '풀이 과정을 보여주는' 것이야말로 신뢰 형성의 핵심 열쇠다. 직장인의 애환을 그린 만화 〈딜버트Dilbert〉 그리고 최근 들어 빠르게 확산되고 있는 리더십에 대한 냉소적 분위기 때문인지 사람들은 이른바 리더라는 사람들을 더는 신뢰하지 않는다. 특히 재계와 정계 리더에 대해서는 특히 더 그렇다. 딜버트가 미국 전역에서 한창 인기를 누릴 무렵 인터넷이 등장하면서 사람들은 리더에 대해 혹은 다른 사람에 대해 좋은 소리든 싫은 소리든 마음껏 쏟아놓을 기회와 공간을 얻게 됐다.

　소셜 미디어의 확산으로 그 어떤 것에 관해서든 누구나 자신의 의견을 표출할 수 있게 됐다. 대중 매체라는 것은 본래 새로운 뉴스나 정보라면 물불 안 가리고 덤벼댄다. 대중 매체의 이러한 속성에 덧붙여, 사람들은 사실 여부를 확인하지도 않고 의견이랍시고 쉽게 이런저런 말을 마구 쏟아낸다. 이러한 상황이 사람들 사이의 신뢰를 무너뜨리고 있다. 어떻게 하면 리더가 사람들의 신뢰는 얻을 수 있을까? 또 어떻게 하면 그 신뢰를 잃지 않을 수 있을까? 좀 위험하지 않을까 싶겠지만, '상상력을 동원하여 타인의 감정을 이해하고 감정적으로 공감한 부분을 말로 표현하는' 데서 답을 찾을 수 있다. 이름만 들어도 알 수 있는 세계적인 대기업의 사례를 하나 들어보겠다. 리더에게 공감 능력이 결여됐을 때 어떤 일이 벌어지는지를 분명히 확인할 수 있을 것이다.

인텔은 자사가 개발한 펜티엄칩에 결함이 있다는 사실을 인정하지 않았다. 기술 전문 기자 빈스 에머리Vince Emery는 '그로 인해 인텔은 엄청난 손실을 봤으며 그것도 충분히 피할 수 있었던 손실'이었다고 했다. 인텔은 아이러니하게도 자사가 개발한 기술의 희생자가 됐다. 소수 열다섯째 자리에서 오류가 발생한 것이 문제였다. 인텔의 엔지니어는 이 오류를 경험하는 소비자는 극소수일 것으로 봤고, 그래서 CEO는 칩의 결함 사실을 공표하고 제품을 교체하는 대신에 불만을 호소하는 소비자가 나오면 그때 개별적으로 제품을 교환해주기로 방침을 정했다.

인텔 측이 이 오류를 발견한 것은 1994년 6월이었다. 11월이 될 때까지 문제를 해결하지 않자 인텔은 인터넷상에서 조롱거리가 됐다. 그러자 앤디 그로브Andy Grove 사장은 사태를 수습해보려고 한 인터넷 뉴스그룹에 메시지를 하나 올리기로 했다. 빈스 에머리에 따르면 그로브 사장은 발신인 주소도 없이 메시지를 게재했다. 그 메시지를 읽은 사람들은 '뭐지? 장난하나?' 싶은 기분을 느꼈음에 틀림이 없다. 발신인 주소도 없고 상투적이기 이를 데 없는 내용에다가 제품 결함 사태를 유감스러워하는 구석이라고는 찾아볼 수 없는 메시지였다. 에머리는 이 메시지의 내용은 다음과 같은 짤막한 문장으로 요약된다고 말한다.

"자, 제가 어떻게 된 일인지 상황을 설명하도록 하겠습니다."

그러나 이 메시지를 조롱하는 글이 달리기 시작했다.

"인텔은 품질 제1주의 회사지! 아, 참 제1주의가 아니라 제0.999999998주의였던가!"

"〈카사블랑카〉에 나오는 대사: '용의자를 모조리 잡아들여round up!' 인텔 버전 대사: '용의자를 모조리 반올림해round off!'"

이런 상황에서 인텔과 인텔의 리더인 그로브 사장은 어떻게 대응해야 했을까? 지나 놓고 보면 그때 어떻게 해야 했는지가 분명해진다. 결함이 있는 칩을 계속 생산하는 바람에 그 사실이 외부에 널리 알려지게 됐고 회사는 세간의 비웃음거리가 됐다. 그러나 무엇보다 최악의 결과는 인텔이라는 기업의 이미지가 실추됐고 사장에 대한 신뢰가 땅에 떨어졌다는 점이었다. 그로브는 문제가 확인됐을 때 즉각 나서서 결함 부분을 인정하고 제품을 교환해주는 조치를 했어야 한다.

그런데 왜 이렇게 하지 않았는지 그 이유를 분석하기가 그리 어렵지는 않다. 더구나 이미 지난 일을 돌이켜 보는 것이니 그때 왜 그랬는지 얼마든지 생각해 볼 수 있다. 사실, 인텔 칩을 구매한 소비자 가운데 그 오류를 경험한 사람은 정밀 계산을 하는 극소수에 불과했다. 그러나 문제는 그 결함이 얼마나 많은 소비자에게 얼마나 중대한 영향을 미치는가 하는 부분이 아니었다. 중요한 것은 소비자의 마음을 이해하고 공감하는 부분이 부족했고 따라서 인텔과 사장에 대한 소비자의 신뢰가 실추됐다는 점이다. 제품 자체에 대한 문제가 5%였다면 감정적인 부분의 문제가 95%였다.

여기서 우리는 어떤 교훈을 얻을 수 있을까? 자신이 한 행동의 영향을 받은 사람에 대해 그 감정을 헤아리고 공감해 주면서 자신의 감정을 조절하여 적절한 반응을 해야 한다. 인텔이 겪은 불행은 얼마든지 피할 수 있었고, 더 나아가 이 사태를 잘만 수습했으면 고객의 충성도를 더욱 높이는 기회가 됐을 수도 있다. 그런데 안타깝게도 리더가 고객의 마음을 충분히 헤아리지 못한 탓에 긍정적인 방향으로 반응하지 못한 것이다. 감정적인 부분을 표출하면 당장은 위험할지 몰라도 시간이 가면서 갈등 부분이 점차 해소되고 지난 상처까지 치유될 수 있다.

내 안에서 전개되는 감정의 흐름을 있는 그대로 드러내야겠다고 결심한 덕분에 나는 딸과 화해할 수 있었다. 이혼한 후 오랜 세월 멀리 떨어져 지냈기 때문에 계속해서 소외감을 느꼈을 딸아이와 말이다. 캘리포니아주 페탈루마에 있는 한 작은 식당에서 우리는 대화를 나누기 시작했고 이것은 우리 두 사람의 인생에서 매우 중요한 의미가 있었다. 우리는 상처받지 않은 척 애써 감정을 숨기는 일 없이 '풀이 과정'을 서로에게 보여주었다. 이렇게 20년 가까이 진심을 보인 덕분에 이제 딸아이와 나 사이에는 진정한 사랑이 자리한다.

리더십은 공감을 토대로 한 '행동'이다

공감 능력은 리더십의 필수 요소이다. 위스콘신대 심리학 교수이자 정신의학자인 리처드 데이비드슨Richard J. Davidson은 감정적 성향과 감정적 스타일을 구분한다. 데이비드슨은 사회적 직관social intuition을 논하면서 '리더와 교사는 주변 사람의 감정을 알아낼 수 있는 단서와 사회적 환경에 민감해야 하고 또 그래야만 주어진 상황에 맞는 적절한 반응'을 할 수 있다고 말한다.

감정은 무시한 채 일방적으로 으름장을 놓는 방법도 한동안은 먹힐 것이다. 이건 억지로라도 주어진 과업을 수행하게 만드는 방식이다. 그러나 이런 식으로는 사람들의 자발적 헌신을 이끌어낼 수 없다. 창의성을 중시하는 요즘 같은 환경에서는 더욱 그러하다.

그런데 이것이 리더십과 대체 무슨 상관이 있다는 걸까?

1990년대 중반, 최고위급 임원에게 리더십 코치를 해준 적이 있었다. 그는 내가 만났던 사람 중 몇 손가락 안에 들 정도로 능력이 뛰어난 사람이었다. 그동안 올린 실적과 성과만 봐도 입이 딱 벌어질 정도였다. 대기업 세 곳에서 중요한 사업부를 이끌면서 단 7년 만에 실적을 냈고 맡은 족족 성공적으로 일을 마무리하곤 했다. 국제 경험도 풍부했고 명문대 대학원 출신으로 학벌도 좋았다. 요컨대 그는 내가 만났던 사람 중 가장 똑똑하고 영민한 사람이었다. 자아실현 욕구도 굉장히 강했다. 그런데 아쉽게도 타인을 배려하거나 공감하는 능력은 별로 없어 보였다.

그래서인지 그의 커뮤니케이션에서는 오만이 느껴졌다. 일할 때 표출하는 감정이라고는 불만과 조바심, 분노 외에는 없었다. 성공에 대한 열망이 아무리 크다 해도 막중한 책임을 진 고위 간부인 만큼 감정 조절을 해야 했는데 오히려 아랫사람에게 자신의 부정적 감정을 마구 쏟아냈다. 한창 잘 나갈 때는 사업의 70%, 전체 직원의 80%를 책임지기도 했다. 그런데 그는 직원들에게 희망이 아닌 공포를, 자신감이 아닌 불안감을 심어주기 급급했다.

얼마 후, 그의 팀은 단기간에 전략가들이 내놓은 가장 낙관적인 성과 전망치를 훨씬 웃도는 실적을 냈다. 이와 같은 성과에 고무되어 그는 그 회사 사장 자리에 오르겠다는 야심을 키웠다. 리더로서 자신의 자질과 가능성을 평가해보고 싶었던 그는, 전문가의 도움으로 당사자의 직접 보고를 토대로 한 다면적 평가 도구를 활용하여 그 가능성을 타진해 봤다. 평가 결과가 그리 놀랍지는 않았다. 예상대로 '능력' 부분에서는 최고점을 받았으나 '관계' 부분에서는 최하점을 받았다. 그의 커뮤니케이션 스타일은 사람들에게 공포심을 불러일으키고 사기를 떨어뜨렸다.

그는 평가 보고서를 보고 나서 대뜸 이렇게 물었다.

"성공하려면 내가 좀 바뀌어야 할까요?"

내 동료와 나는 거의 동시에 이렇게 대답했다.

"이 회사에 계속 있을 생각이 아니라면 뭐 굳이 그렇게 할 필요는 없지요. 그게 아니라면 변화가 필요할 겁니다."

그러나 사람이 변하기가 어디 쉽던가! 그는 결국 변하지 않았고, 뛰어난 실력에도 불구하고 신뢰를 얻지 못한 탓에 얼마 못 가 그 회사를 떠나게 됐다. 회사를 나와서는 창업을 했는데, 초기에는 잘 나갔지만 성장이 필요한 시점이 되자 다시 내리막길이었다. 회사가 계속 성장하려면 다른 사람의 헌신적 노력이 필요한데, 그는 다른 사람한테서 그러한 에너지를 이끌어낼 능력이 없었다.

스포츠나 재계, 정계에는 '회생 전문가'로 활약하는 사람들이 있다. 이들은 기울어가는 조직을 정상 궤도로 올려놓는 데 능한 사람들이다. 지금까지 사례로 든 사람이 아마도 이러한 부류에 속할 것 같다. 아직 체계가 잡히지 않은 조직에서는 냉혹한 독재자형 리더가 강압적으로 사람들을 부리는 것이 가능할지 모른다. 그러나 이렇게 강압적인 방법은 오래가지 못한다. 자기 자신의 감정 상태를 지각하고 이해해야만 타인의 감정 상태도 헤아릴 수 있다. 타인의 감정을 이해해야만 조직 구성원과 신뢰 관계를 구축할 수 있으며, 신뢰가 바탕이 돼야 조직원의 지속적인 참여와 헌신도 기대할 수 있다.

감정적 반응을 관리하라

변화를 이끌어낼 때도 감정적 부분이 중요하게 작용한다. 리더가 자신의 내부에서 일어나는 감정적 반응을 인식할 수 있으면 커뮤니케이션의 효율성을 배가시킬 수 있다. 다시 말해, 부정적 효과는 적고, 더 많은 사람의 마음을 움직일 수 있는 그런 커뮤니케이션으로 다듬어 나갈 수 있다.

내 친구이자 고객이었던 찰스슈왑Charles Schwab Corporation의 전(前) CEO 데이비드 포트럭David Pottruck은 저서 《클릭 앤 모르타르Clicks and Mortar》에서 감성 지능의 필요성을 다음과 같이 역설했다.

> 1999년 초에 금융 서비스업에 관심이 있는 월가 증권 분석가들 모임에서 연설할 기회가 있었다. 내 바로 앞의 연설자는 전자상거래 분야 전문 분석가였다. 이 사람은 전자상거래 시장에서의 경쟁은 사실상 끝났다며 할인증권사(discount brokerage)가 '승자' 고 은행은 '패자' 라고 했다. 다음은 내 차례였다. 그래서 처음에 주최 측에 알렸던 대로 제삼자를 위한 뮤추얼펀드 거래 처리와 정기 보험 서비스 제공 등 최근에 추진했던 벤처 사업과 찰스슈왑의 인터넷 부문으로의 사업 확장에 관한 이야기를 했다. 연설이 끝나고 질의응답 시간이 왔을 때 한 참석자가 '그러면 슈왑도 은행처럼 되는 거냐' 고 물었다. 이 질문에 나는 약간 빈정대는 투로 이렇게 답했다. "그럴 리가요. 우리가 굳이 '패자' 의 길을 갈 이유가 있을까요?"

> 그냥 농담처럼 한 말이었고 좌중도 웃고 넘어갔지만, 이 말을 입 밖으로 내뱉는 순간 그 자리에 참석한 기자가 이를 신문에 대서특필하는 장면이 머릿속에 그려지면서 '아차' 싶은 생각이 들었다. 계속해서 이어진 질문에는 좀 더 신중하게 답변하려고 했다. 그렇게 질의응답 시간이 끝나고 나서 나는 기자를 찾아가 아까 농담처럼 했던 그 답변은 적절치 못했고 괜히 말했다 싶어 영 찜찜하다고 말했다. 고맙게도 그 기자는 알았다고 했고 그 이야기를 기사로 쓰지는 않았다. 이 일을 계기로 리더라면 더 신중하게 처신해야 한다는 사실을 다시 한 번 깨달았다.

포트럭은 나중에 슈왑의 커뮤니케이션 팀과 이때의 일을 이야기한 적이 있다고 한다. 최고커뮤니케이션책임자는 팀원들을 향해 이 일화에서 배워야 할 점을 이렇게 정리했다.

"기자들 앞에서 말할 때는 특히 조심해야 합니다."

포트럭은 이렇게 덧붙였다.

"그렇습니다. 기자들 앞에서는 말조심해야지요. 그런데 내가 그때 그런 말을 하지 말았어야 한다고 생각한 진짜 이유는 따로 있습니다. 그 이유는 언론하고는 상관이 없어요. 내가 다른 사람이나 다른 회사를 두고 '패자' 운운하는 말을 누군가 듣는다고 생각해보세요. 그러면 그 사람은 아마도 자신에 대해서도 뒤에서 내가 그런 말을 하고 다닌다고 생각할 겁니다. 생각이 여기까지 미치면 도저히 나 자신을 돌아보지 않을 수 없지요. 이후로 내 감정을 조절하고 인격을 고양하는 일에 신경을 쓰게 됐습니다."

포트럭의 반응에서 공감과 인격은 밀접한 관계가 있다는 사실을 확인할 수 있다. 이에 관해 골먼과 동료 연구자들이 한 말을 살펴보자.

> 인간의 기본적 윤리관은 감정을 조절하고 제어하는 능력에서 비롯된다는 사실을 입증하는 자료가 점점 증가하고 있다. 일례로 충동은 감정의 매개체이며 행동으로 표출되는 내부적 '감정'이 바로 모든 충동의 근원이다. 자제력 없이 충동에 휘둘리는 사람은 도덕성 결핍 현상을 겪게 된다. 충동을 통제하는 능력이야말로 의지와 인격의 기본 토대다. 같은 논리로 이타주의는 다른 사람의 감정을 헤아리는 능력, 즉 공감에서 나온다. 다른 사람이 절망감을 느끼는지 어떤지 혹은 뭘 원하는지를 모르면 그 사람을 배려하거나 도와주는 것 자체가 불가능하다.

2002년에 엔론Enron의 임원들이 미 의회에서 증언하는 모습을 지켜본 사람이라면 참 똑똑한 사람들인데 감정을 표현하는 능력은 많이 부족하구나 싶은 생각이 들었을 것이다. 1998년에 담배 회사 임원들의 증언에서도 마찬가지 느낌을 받았을 것이다. 이들은 흡연이 암을 유발한다고 보기 어렵다고 아주 당당하게 주장했다. 좀 더 최근 사례로는 미상환 모기지 채권으로 구성된 파생상품을 판매하여 금융 질서를 교란시켰던 월가 임원들의 증언도 있다. 이처럼 냉혹하고 무정해 보이는 리더들은 자기 인식을 등한시할뿐더러 공감 능력도 없었다. 자신들이 저지른 일을 후회하지도 않았고 책임감 따위는 더더구나 느끼지 않았다. 한 마디로 이들은 인격적으로 미숙한 사람들이었다.

좋은 리더를 넘어 훌륭한 리더로

자신의 감정을 인식하고 다른 사람의 감정을 헤아리려고 노력하다 보면 자신의 이기심이랄까 남에게 인정받고 싶은 욕구가 눈에 보이게 된다. 사람들은 누구나 남에게 인정받고 싶어한다. 그러나 짐 콜린스Jim Collins는 '그냥 괜찮은 수준의 기업을 위대한 수준의 기업으로' 키워낸 리더를 대상으로 한 연구에서 이러한 특성 또한 리더십의 한 측면임을 강조했다.

"마음껏 진실을 말하고 또 받아들이기 어려운 사실조차 피하지 않고 받아들이는 분위기의 조직 문화를 만드는 것이야말로 리더가 할 일이다. '말하는' 기회와 '듣는' 기회는 엄연히 다르다. 좋은 리더를 넘어 훌륭한 리더가 된 사람들은 이 둘 사이의 차이점을 분명히 인식하고 조직구성원에게 듣는 기회를 많이 제공하여 진실을 접할 기회가 많은 그런 조직 문화를 만들었다."

이러한 조직 문화를 만들려면 높은 수준의 감성 지성이 요구되며, 또 독불장군이 되지 않겠다는 의지도 필요하다.

2000년, 톰 머피Tom Murphy는 플로리다 주 마이애미에 있는 로열캐리비안크루즈Royal Caribbean Cruises Ltd.에서 최고정보책임자로 일하고 있었다. 머피는 기울어가는 회사를 주로 찾아다니며 그 회사를 살려 놓고 또 다른 회사로 가서 같은 과정을 반복하는 특이한 이력의 소유자였다. 어려움을 겪는 조직을 단기간 내에 정상 궤도로 올려놓았고 그런 다음에는 또 여지없이 다른 곳으로 자리를 옮겼다. 그는 메리어트 호텔과 옴니 호텔에서 최연소 임원까지 하면서 승승장구하다 1999년에 로열캐리비안크루즈로 자리를 옮긴 것이었다. 로열캐리비안크루즈에서도 같은 과정이 반복됐다. 오자마자 IT팀을 재정비했고 이내 성과를 내기 시작했다. IT팀은 1999년도 '올해의 부서'에 선정됐고 2000년, 2001년 연속 '가장 일하기 좋은 IT팀'으로 뽑히는 영광을 안았으며 혁신과 우수 웹 부문에서도 많은 상을 받았다. 한 마디로 톰 머피는 전형적인 '기업 회생 전문가'였다.

다른 회생 전문가와 달리 머피는 감성 지능이 많이 떨어지는 사람은 아니었다. 머피는 꽤 사교적인 사람이었고 일에 대한 열정도 강해서 고객의 기대치를 웃도는 성과를 내고자 열심히 일에 몰두했다. 그런데 나중에야 깨달은 사실이지만, 모든 일의 초점은 항상 자신에게 맞춰져 있었다. 즉, 모든 것의 중심에 자기 자신이 있었던 것이다.

나는 마이애미 사무실에서 가치 명료화, 리더십, 기업 문화 구축 등을 중심으로 한 최고위자 과정을 진행하면서 머피를 처음 만났다. 2001년 초에는 그의 팀원들을 위한 리더십 훈련 프로그램을 진행했는데, 이 훈련은 몇 가지 원칙을 토대로 팀의 결속력을 높이는 데 목적이 있었다. 훈련의 효과가 극대화되려면 참가자들 모두가 높은 수준의 감성 지성을 보유하고 있어야 한다. 나는 참가자들에게 자신의 약점을 말해보라고 했다.

또 자신이 느끼는 조직의 문제에 관해서도 허심탄회하게 의견을 교환하라고도 했다.

머피는 굉장히 똑똑하고 독설가다운 면모도 보였지만 그래도 사람들의 참여를 이끌어내는 능력은 매우 뛰어났다. 나는 그가 매우 마음에 들었고 재능과 열정이 많은 사람이라고 느꼈다. 그러나 머피는 지성적 측면에서는 리더로서의 위치를 유지하고 있을지 몰라도, 개인적으로는 팀에 몰입하지 못하고 좀 겉돌고 있는 듯 보였다.

머피는 당시 리더십 훈련의 효과에 대해 다음과 같이 말했다.

내 리더십 스타일을 한마디로 표현하면 하버드대학의 에이브러햄 잘레즈닉(Abraham Zaleznik)이 말하는 '조직 동일시' 혹은 '피뢰침' 스타일이라고 할 수 있다. 이러한 스타일은 IT팀이 사업 초기에 직면하는 내부적 문제와 사업에 대한 부정적 지각을 극복하는 데 도움이 됐다. 팀원으로 하여금 리더와 자신을 동일시하게 하면 어떤 일을 할 때 혹은 어떤 생각을 할 때 늘 그 리더를 떠올리게 된다. 이러한 동일시는 조직원을 하나로 결속하게 하는 힘이 있다. 그리고 이러한 힘은 전염성이 있어서 그 힘이 조직 전체에 미치게 된다.

그런데 이러한 접근법에 팀의 리더와 경영진 그리고 IT 사업부의 전반적 실적에 악영향을 미칠 수 있는 부분도 있다는 사실을 그때는 깨닫지 못했다. 한 집단이 단 하나의 원천에서 비롯된 열정, 에너지, 비전에만 의존하는 상황인데 만약에 그 유일한 원천이 사라지면 그 집단은 어떻게 될까? 그동안 이 회사 저 회사를 전전하던 내 이력을 들어서 잘 알고 있을 것이다. 사실, 나는 내가 정상 궤도에 올려놓은 회사가 내가 떠난 다음에 다시 흔들리기 시작했다는 말을 들으면 '그럼 그렇지!' 라는 생각에 회심의 미소를 지을 때도 있었다. 좀 비열해 보일지 몰라도 내 능력에 대해 그런 식으로 자부심을 느꼈던 것이다.

이러한 깨달음 덕분에 머피는 로열캐리비안크루즈에 남기로 마음을 정했고, 다른 사람들과 더불어 일하는 분위기를 조성하고자 직원들의 발전을 위해 힘쓰기도 했다. 이렇게 자신의 팀에 진심으로 헌신하게 되면서 좀 더 진정성 있는 커뮤니케이션이 가능해졌고 그의 말마따나 '전에는 감히 꺼낼 수 없었던 문제도 이제는 얼마든지 논할 수 있는' 분위기가 조성됐다. 머피는 이렇게 덧붙였다.

"전과는 다른 관점에서 팀원들을 대하게 됐고 그러면서 팀원 간에 신뢰도 깊어졌다. 개인적으로도 사람들끼리 훨씬 친해졌다."

머피가 훌륭한 리더 자리로 성큼 더 다가갈 수 있었던 것도 감성 지능 향상을 위해 노력한 덕분이었다.

나중에 로열캐리비안크루즈을 떠난 머피는 펜실베이니아 주에 있는 아메리소스베르겐 코퍼레이션AmerisourceBergen Corporation의 혁신을 주도할 인사로 발탁됐다. 이 프로젝트는 아웃소싱과 물류 체계의 완벽한 전환을 통해 경쟁력을 더욱 공고히 하려는 목적에서 추진됐다. 이 프로젝트에 대해 머피는 자신이 그동안 맡았던 임무 중 가장 까다로운 일이었다고 말했다. 이 일을 위해 그는 로열캐리비안크루즈에서 몇 사람을 데려왔고, 자신의 측근 중에서 몇몇을 새로 뽑았다. 그리고 직원들의 자기 계발과 실력 향상을 위해서도 힘썼다. 이사회에서도 혼자 나서지 않고 다른 사람에게 기회를 줬다.

어떤 일이든 100% 만족이란 없다. 머피는 이 프로젝트가 거의 완료될 무렵에 아메리소스베르겐 코퍼레이션을 떠났다. 그는 만약 '함께하는' 리더십 스타일을 취하지 않고 계속해서 '피뢰침' 스타일을 고집했다면 개인적으로는 최고위 경영자로서 더 큰 성공을 거뒀을지 모른다고 생각할 때가 더러 있다고 내게 털어놨다. 리더 중에는 공감이니 이해니 감화니 하는 것은 무능함의 다른 표현일뿐이라고 생각하는 사람이 있는 것도 사실이다. 그러나 머피와 내가 11년 노력의 결과물을 분석해본 결과, 성과와 목적에만 초점을 맞추는 리더는 이처럼 복잡하고 거대한 프로젝트를 수행하지 못한다고 확신했다. 머피는 대규모 IT 사업부에서 기대 이상의 성과를 낼 수 있도록 팀원들을 움직였고 그 과정에서 자기 인식과 공감 능력이 기술 못지않게 중요한 역할을 했다.

좋은 리더는 사람들이 자신을 위해 일하게 만든다. 그러나 훌륭한 리더는 더 큰 명분을 위해 그리고 결과적으로는 그러한 명분 아래 서로를 위해 일하게 만든다. 머피는 자기 성찰과 진정성에 초점을 맞추는 쪽으로 리더십 스타일을 바꿨고 덕분에 눈에 보이는 실적 이상의 것을 만들어낼 수 있었다. 요컨대 머피는 혼자서는 절대로 성취할 수 없는 일을 해내고자 서로 협력하는 '팀원'을 만들어낸 것이다.

머피의 이야기는 '중요한 것이 무엇인지 알아내고 감정적 지각 능력을 향상시키는 것'에 대한 좋은 사례 가운데 하나다. 즉, 훌륭한 리더가 되려면 자신이 누구인지 혹은 어떤 사람인지 정확히 인식하고 자신의 약점을 인정하고 드러내며 다른 사람의 감정을 헤아리고 자신의 감정을 조절하여 반사적 반응이 아니라 감응적(感應的) 반응을 해야 한다.

사람들은 개인적으로 이러한 능력을 배우기도 하는데 경우에 따라서는 엄청난 노력을 기울여야 할 때도 있다. 또 개인적으로 큰 시련을 겪은 탓에 경험의 강도가 셀 때는 다른 사람보다 훨씬 먼저 배우는 사람들도 있다.

2000년, 나는 NBC 〈투데이쇼The Today Show〉의 프로듀서 조 데콜라Joe DeCola를 만났다. 책 출간에 관해 이야기하는 자리인 줄 알았는데 나중에 보니 교육과 관련한 이야기가 주를 이루었다. 진정성의 본질에 관해 이야기하는 중에 데콜라가 자신의 열여덟 살짜리 딸 레베카 이야기를 꺼냈다. 당시 레베카는 매사추세츠 주 윌리엄스타운에 있는 사립 고등학교 벅스톤스쿨을 졸업하고 오벌린대학교 입학을 앞두고 있었다. 그런데 벅스톤스쿨에는 졸업식장에서 졸업생들이 자신의 인생에 대해 짤막하게 이야기하는 전통이 있었다.

독자 여러분의 이해를 돕고자 이 시점에서 데콜라 가족에 관한 이야기를 잠시 해야 할 것 같다. 데콜라와 전(前) 부인은 1960년대에 정치 활동을 열심히 했고 레베카가 아직 어렸을 때인 1980년대에 이혼했다. 그러나 부모로서는 여전히 좋은 관계를 유지하고 있었다. 평범한 여느 부부도 그렇게 하기가 쉽지 않은데, 데콜라가 스스로 동성애자라고 밝힌 이후에도 그렇게 했다는 점에서 대단하다는 생각이 들었다.

데콜라는 딸의 졸업 연설을 매우 자랑스러워했다. 나는 연설문을 복사해서 하나 달라고 했고 그는 흔쾌히 그러마고 했다. 처음에 그 연설문을 읽었을 때 나 역시 눈물이 핑 돌 정도로 감동적이었다. 지난번 개정판에 이 연설문의 전문을 실었는데 그 이후에 레베카에 관한 이야기를 좀 더 들을 수 있었다. 본인의 허락하에 이번 판에도 자기 자신에 대해 그리고 앞으로의 희망에 관해 레베카가 한 말을 여기에 소개하겠다. 레베카의 졸업 연설문은 자기 인식과 감성 지능의 좋은 예다. 이처럼 감정적 성숙도가 높으면 자신과 의견이 같지 않은 사람과도 큰 갈등 없이 관계를 유지해나갈 수 있다.

나는 어렸을 때 여러 차례 시위행진에 참여했다. 낙태 권리, 여성의 평등권, 동성애자의 권리, 에이즈 기금 모금 등을 위한 행진이었다. 기아를 위한 기금을 마련하려고 엄마와 함께 콘서트장에도 갔고 노숙자 쉼터에 가서 사람들에게 수프를 나눠주는 봉사활동도 했다. 우리 아빠 같은 동성애자들은 다 지옥 불에 떨어질 것이라고 악다구니를 쓰는 사람들에게 꾹 참고 요정의 꽃가루를 뿌려주기도 했다.

좀 더 커서는 환경 보호 단체에 가입하여 재활용을 외치고 다녔다. 르완다와 코소보 그리고 뉴욕 빈민가 사람들을 위해 책과 옷가지, 통조림을 모았다. 여름에는 모호크족(북미 인디언 부족 중 하나 ―옮긴이 주)을 위한 자원봉사 활동에 나섰고 지적 장애인을 돕는 일도 했다. 무미아(Mumia Abu-Jamal : 백인 경찰 살해 혐의로 종신형을 선고받고 복역 중인 흑인 민권 운동가 ―옮긴이 주)의 석방을 위한 모금 활동에도 참여했고 기업이 제 잇속을 차리는 일에 내가 보탬이 되지 않으려고 애를 쓰기도 했다. 갭(Gap), 도미노(Domino's), 엑슨(Exxon), 쉘(Shell), 홈데포(Home Depot) 등의 제품 불매 운동에도 참여했다. 도보 여행도 많이 했고 최소한의 영향(minimum impact : 인간이 자연에 미치는 영향을 최소화하자는 것―옮긴이 주)이라든가 지속 가능한 생활(sustainable living)이 어떤 의미인지도 알고 있다. 자급자족을 추구하는 유기농 농장에서도 일했고 에너지 절약형 자동차를 타고 국토 횡단도 해봤다. 벌목, 노동력을 착취하는 공장, 인종 차별 정책, 증오 범죄, 교도소 운영 체계, 유해 물질 불법 투기, 사형 제도, 상업적 낚시 등에 반대하는 편지도 썼다.

이러한 행동은 매우 중요하다. 이는 타당하고 가치가 있으며 실질적인 행동이었다. 이러한 행동을 통해 아는 것도 많아졌고 능력도 향상됐으며 도덕관도 좀 더 확고해졌다고 생각한다. 그런데 이제는 생각이 좀 달라졌다. 나는 이 세상에는 옳다고 혹은 그르다고 확실하게 말할 수 있는 것이 여전히 존재한다고 생각한다. 그러나 옳고 그름이 명확한 것들이 점점 줄어들고 있다. 옳고 그름의 경계는 모호해졌고 내가 대답할 수 없을 정도로 크고 복잡한 문제가 너무 많다. 요즘 들어 어떤 것이든 자신 있게 혹은 확실하게 말하기가 점점 어려워지고 있다는 사실을 깨달았다. 그래서인지 요즘은 뭔가를 말하기 전에 한참 생각하는 편이다.

그리고 내가 너무 순진하고 모르는 것이 많다는 생각도 든다. 이런 생각이 들 때면 뭔가 자극이 되기도 하지만 한편으로는 기운이 빠지기도 한다. 먼저 그것이 왜 자극이 되는지부터 말하겠다. 모르는 것이 많다는 것은 앞으로 배워야 할 것이 많다는 의미이기 때문이다. 나는 더 많이 배워서 정말로 영향력 있는 사람이 되고 싶다.

또 기운이 빠진다고 말한 것은, 모르는 것이 많으면 행동 능력이 상실되기 때문이다. 막상 닥치면 다 할 수 있으리라 생각해왔다. 그러나 지금은 더 조심스럽고 겁도 더 많이 난다. 자신감도 떨어졌고 이 세상에 절대불변의 진리가 있기나 한 것인지 의심스럽기도 하다. 그래서인지 지금은 언제 어떻게 행동해야 하는지 혼란스럽다.

간단히 말해서 이 세상은 참으로 복잡하고 혼란스러운 곳이다. 이러한 사실을 조금이나마 깨닫는 데 18년이나 걸렸다. 나는 이러한 깨달음과 현실 사이에서 적절한 타협점을 찾으려고 한다. 내가 가야 할 곳이 어디인지 정하려고 한다. 나는 단순한 삶을 살고 싶지는 않다. 현자들이 말하는 행복의 십계명 같은 것을 무턱대고 따르고 싶지도 않다. 이런저런 명분을 맹목적으로 따르거나 리더라고 해서 무턱대고 추종하고 싶지는 않다. 그렇다고 다 포기한 채 방관자가 돼서 악이 판치는 세상을 혀를 끌끌 차며 바라보고 싶은 것도 아니다. 나는 다만 내가 정말로 말하려는 것이 무엇인지 정확히 안 다음에 그것을 자신 있게 주장하고 싶을 따름이다.

이 글을 여기에 실은 이유는 특정한 관점을 지지하기 위해서가 아니라 '성장'이라는 차원에서 감정 지능의 '발달'을 이해할 필요가 있기 때문이다. 레베카는 열여덟 살 때 인간의 다양한 감정적 반응과 경향성을 인식하면서 자신이 항상 옳다는 확신에 의문을 품기 시작했다. 그리고 자신의 관점과 감정이 확고부동한 것이라고 고집하는 대신에 현실의 어두운 면을 바라보았다.

당연한 말이지만 레베카는 열여덟 살 때 얻은 깨달음에 걸맞게 사는 것같았다. 오벌린대학교를 졸업한 다음에는 학업을 계속할까도 생각했었다. 그러다 모교인 벅스톤스쿨에서 9학년과 12학년 학생들을 가르쳤고졸업반 학생들이 대학 진학용 에세이를 준비하는 것을 도와줬다. 에세이를 쓸 때면 자신의 신념을 그 안에 반영하는 것이 중요하다고 가르쳤다. 그런 다음에는 가족이 있는 뉴욕으로 돌아갔고 그곳에서 교사가 됐다. 브루클린에 있는 라이언스 커뮤니티 스쿨에서 전임 교사로 일하면서 지역 대학원에서 석사 과정을 이수 중이다. 레베카는 라이언스 스쿨의 공동 교장이자 자신의 멘토인 테코 오니시Taeko Onishi의 포용형 리더십에 대해 칭찬을 아끼지 않는다. 학생들이 이러한 환경에서 성공하도록 도우려면 레베카와 테코 오니시를 비롯한 전 교직원에게 높은 수준의 감성 지능이 요구될 것이다.

한 번은 레베카에게 공공정책 부문의 일을 하고 싶어 하지 않았느냐고 물었다. 그녀는 아니라고 대답하며, 같은 이유로 학문적 연구도 피했다고 덧붙였다.

"다 큰 어른들과 우리가 뭘 해야 하는지를 의논하는 데 시간을 허비하고 싶지 않아요. 그럴 시간에 행동하는 편이 훨씬 낫죠. 다른 사람의 현실적 삶에 계속 초점을 맞추면서 변화를 위해 노력하고 싶어요."

이처럼 자신이 전달하고자 하는 메시지에 감성 지능 요소를 포함하면 타인과 교감하는 일이 훨씬 수월할 것이다. 리더가 되려면 자신의 감정을 올바로 인식하고 그 감정을 적절하고 표현하여 타인과 공감대를 형성하려는 마음가짐이 필요하다. 이에 관해서는 다음 장에서 상세히 다룰 것이다. 특히 정서적 교감에 도움이 되는 커뮤니케이션 도구에 초점을 맞추려고 한다.

3
교감 능력
_감정에 침투하라

감정은 참여하려는 의지, 헌신하려는 의지 그리고 충성심과 신뢰를 구축하려는 의지에 큰 영향을 미친다. 리더로서 사업적으로 탁월할 성과를 내고 싶은 욕구도 중요하지만, 타인과 정서적으로 교감하는 능력도 그에 못지않게 중요하다. 문제는 감정적 교감을 위한 메시지를 어떻게 전달할 것인가 하는 부분이다. 요컨대 사실, 자료, 논리적 주장과 같은 좀 더 객관적인 자료를 심리적 충동과 연계시키려면 어떻게 해야 하는가? 실상 진정한 감화는 이러한 충동에서 비롯된다. 이러한 과정은 자기 자신과 교감하게 하는 역할도 한다. '타인의 마음을 움직이는 것'은 말 그대로 '타인에게 행동의 활력을 불어넣는 것'을 의미한다. 그러므로 자기 자신 안에 그 '활력'이 없으면 타인에게 불어넣을 활력도 없고, 따라서 그들의 마음을 움직이기 어렵다.

앞서 레베카 데콜라의 고교 졸업 연설문을 소개했었다. 레베카는 열여덟 살 때 이 내적 충동에 접근하는 방법을 발견했다. 그리하여 자신의 감정적 충동을 인식하고 자신의 신념이나 확신이 진리가 아닐 수도 있다는 가능성을 인정하기 시작하면서 전과는 다른 방식으로 타인과 관계를 맺는 방법을 배워나갔다. 무조건 반대하거나 기분을 맞춰주려고만 해서는 안 된다. 세상의 이치가 그리 단순하지만은 않다는 사실을 인식하고 복잡함 속에서 형성된 관계를 고려하여 타인과 관계 맺기에 임해야 한다. 레베카가 자신이 깨닫고 배운 것을 어떻게 활용하느냐에 따라 타인과 교감하고 진보와 발전을 위한 행동에 동참하는 능력이 향상될 수도 혹은 그러한 능력이 결핍될 수도 있다.

훌륭한 리더는 바로 이러한 능력이 탁월하다. 까다로운 문제를 다룰 때도 마찬가지다. 낙태 문제를 한 번 생각해보자. 낙태는 예외적인 경우에만 허용돼야 한다는 데는 이견이 별로 없다. 그러나 그 예외적인 경우가 구체적으로 언제냐 하는 문제에 이르면 이야기가 달라진다. 낙태 찬반론은 생명 존중의 가치를 인정하느냐 마느냐의 차원에서 비롯된 것이 아니라, 다양한 정서적·신체적 요소가 복합적으로 작용한 데서 비롯된 것이다. 레베카가 세상의 이치가 그리 단순하지 않다는 사실을 깨달은 것처럼 어떤 변화든 단순하게 정의할 것이 아니다. 공정, 성실, 성장, 생존, 자기 책임, 충성, 공동체 의식 등 인생에서 추구하는 가치가 무엇인지를 표현하는 사람들이 변화의 목소리를 높이게 된다. 요컨대 변화는 이런 사람들의 몫이다.

가치관이 중요하다는 사실은 누구나 알고 있다. 그러나 변화를 위해 이러한 가치를 적용하는 일은 점점 복잡해지고 있고, 그 방법론에 대한 갑론을박이 계속되고 있다. 그러므로 중요한 일을 성취하려면 고도의 자기 인식 능력과 커뮤니케이션 능력을 갖춰야만 한다.

레베카가 깨닫기 시작했듯이 이러한 가치관을 가장 잘 표현하는 방법이 무엇이냐에 관해서는 사람마다 생각이 다 다르다. 사람들에게 세부적인 사항이나 지엽적인 사실이 아니라 자신이 말하고자 하는 핵심 가치를 전달하려면 어떻게 해야 하는가? 설사 세부적인 부분에서 의견 차이가 나더라도 각자의 의지와 온전성을 존중하면서 교감하는 방법은 없을까? 이러한 질문에 대한 답이 자신만의 '커뮤니케이션 가이드'를 완성하는 데도 도움이 될 것이다.

대뇌를 자극하는 커뮤니케이션

금세기 이후 새롭게 발견한 과학적 사실들이 이 까다로운 질문의 답을 찾는 데 도움이 될 것이다. 최근에 이루어진 대뇌와 그 기능에 관한 연구 결과는 우리에게 많은 사실을 알려 준다. 대다수 연구자가 기존의 삼위일체 대뇌 모형(대뇌를 대뇌 피질, 뇌간, 변연계 등 크게 세 영역으로 구분함 —옮긴이 주)이 너무 단순하다고 생각한다. 삼위일체 모형이 확실히 단순하기는 해도 진화론적 관점에서 뇌의 기능을 설명하는 방법은 여전히 쓸모가 있다.

파충류의 뇌로 불리는 '뇌간'은 싸울 것인지 아니면 도망칠 것인지와 같은 충동적 반응을 관장하고, '대뇌 피질'은 사고하고 판단하는 능력을 관장한다. '변연계'는 의식적 및 무의식적 기제를 통해 정보를 받아 이를 해석하고 필요한 기관으로 전달하는 기능을 한다. 변연계는 암묵적 기억implicit memory의 창조자와 같은 역할을 하며 비슷한 패턴의 과거 기억에 의존하여 주로 정서적 자극을 토대로 순식간에 판단하고 신속하게 결정을 내린다.

감각의 매개체라 할 변연계는 초당 1천만 비트의 정보를 처리하는 놀라운 능력을 지니고 있다. 일단 변연계는 추상적 개념은 처리하지 않는다. 대신 이미지, 소리, 이야기, 기타 주관적 감각 정보를 처리한 다음에 이것을 암묵적 기억 속에 같은 형태로 저장된 과거 경험과 비교한다. 그리고 적절한 신경 스위치로 신호를 보내고 이 신호가 산출한 '감정'을 관리한다. 이러한 기능을 하는 변연계 덕분에 우리는 타인에 대해 그 사람이 신뢰할 수 있는 사람인지 아닌지를 거의 무의식적으로 판단할 수 있다. 또 그것을 의식하기도 전에 우리 주변에서 일어나는 사건이나 행동의 속뜻을 감지할 수 있다. 이를 통해 우리 인간은 다른 사람과 교감하며 서로 동질감을 느낄 수 있게 된다. 이를 '변연계 공명'이라고 한다.

요컨대 변연계 공명이란 불쾌감이나 호감 신호를 통해 타인의 감정과 의도를 감지하고 상호 간에 생리적 및 정서적 적응을 통해 '교감'에 이르게 하는 것을 말한다. 생물학적 눈으로만 볼 때보다 이러한 공명이 일어날 때 경험의 강도가 훨씬 세진다. 토마스 루이스Thomas Lewis와 그 동료는 '사랑의 생리'에 관한 연구를 통해 다음과 같은 사실을 입증했다.

"변연계 덕분에 타인과의 교감이 가능해졌다. 엄마와 아기, 어린아이와 강아지, 식당에 마주 앉아 서로 팔을 뻗어 탁자 위에서 두 손을 맞잡은 연인 등 이러한 교감은 주변에서 늘 관찰할 수 있고, 우리는 이를 당연한 것으로 받아들인다."

여기에 덧붙여 리더 그리고 그 리더가 마음을 움직이려고 하는 사람들 사이에도 이러한 교감이 존재한다.

그러나 이것은 아무 때나 선택적으로 사용할 수 있는 기능이 아니다. 이 기능은 항상 무의식적으로 작동하면서 주변 환경 속에서 위험 요소와 이득 요소를 계속 탐지해낸다. 이러한 기능 덕분에 우리는 거의 무의식으로 어떤 사람과는 가까이하게 되고 또 어떤 사람은 멀리하게 된다. 2장에서도 언급했듯이, 더 놀라운 사실은 이러한 공명이나 교감은 다른 문화에 속한 사람들 사이에서도 이루어질 수 있다는 것이다. 변연계 활동을 통해 감지한 상대방의 감정이나 의지를 어떻게 해석하느냐에 따라 그 사람이 자신의 배우자나 친구, 동료, 리더가 될 수도 있고 또 생판 모르는 남이 될 수도 혹은 적이 될 수도 있다.

그렇다면 리더는 이 복잡 미묘한 문제를 어떻게 풀어야 할까? 일단, 일이 되게 하는 것이 중요하다! 애니 머피 폴Annie Murphy Paul은 2012년 3월에 〈뉴욕타임스〉에 '허구적 이야기를 대하는 인간의 대뇌Your Brain on Fiction'란 제목으로 변연계를 자극하는 실감 나는 이야기가 무미건조한 사실보다 더 설득력 있다는 취지의 글을 게재했다. 사실, 리더가 주목해야 할 커뮤니케이션 도구가 바로 이러한 '이야기'다. 폴은 다음과 같은 결론을 내렸다.

"이야기는 대뇌를 자극하고 심지어 행동 방식까지 변화시킨다."

언뜻 보면 당연한 말처럼 들리겠지만, 이러한 발견은 우리가 듣는 이야기의 기본 속성을 좀 더 명확히 이해하는 데 큰 도움이 된다. 이야기를 할 때 우리가 선택하는 단어에 따라, 특히 그 단어에 감각적 속성이 얼마나 많이 부여돼 있느냐에 따라 활성화되는 대뇌 영역이 달라진다. 이를테면 '라벤더'와 '계피', '수프' 같은 단어는 언어를 처리하는 대뇌 영역에서뿐 아니라 후각과 관련된 대뇌 영역에서도 반응을 일으킨다. 이 경우 의자나 열쇠 같은 단어를 그냥 보기만 했을 때보다 훨씬 더 풍부한 반응을 이끌어낸다.

은유도 마찬가지다. 그 은유가 단순한 묘사가 아니라 재질과 촉감과 관련된 것일 때 그것이 감각 피질에서도 반응을 이끌어낸다. 마지막으로, 2장에서 설명했던 거울 뉴런과 마찬가지로 대뇌는 듣거나 읽은 경험과 직접 체험한 경험을 잘 구분하지 못하는 것 같다. 듣거나 읽은 경험이든 실제 경험이든 상관없이 두 경우 모두 같은 대뇌 영역의 뉴런을 자극한다. 폴은 토론토대학교의 키스 오틀리Keith Oatley가 한 말을 인용했다.

"이야기도 실제 경험처럼 대뇌를 자극한다. 더 나아가 타인의 생각과 감정 안으로 깊이 들어갈 기회를 제공한다."

자신의 커뮤니케이션 가이드를 만들기 시작했다면 변연계에 호소하는 커뮤니케이션 방법을 찾아야 한다. 이를 통해 타인에 대한 판단이나 평가가 아니라 교감에 초점을 맞춰야 한다. 자신의 객관적 지식보다는 주관적 자아를 표현하는 데 도움이 되는 언어와 형식에 초점을 맞춰라. 이러한 유형의 커뮤니케이션 도구로는 이미지, 상징, 유추, 은유, 이야기, 신화 그리고 개인적 경험의 감정적 요소 등을 들 수 있다. 그런데 이러한 도구는 그 기능도 제각각이고 호소하는 부분도 다 다르다.

리더의 커뮤니케이션 도구 : 이미지와 상징

'이미지'와 '상징'이라는 단어를 혼동하는 경우가 많으므로 두 단어를 함께 생각해보는 것이 이해에 도움이 될 것 같다. '이미지'가 하나의 '상징'일 수는 있으나, 항상 그런 것은 아니다. 엄밀히 말해 상징과 이미지는 다르다.

칼 융의 설명대로 이미지는 '어떤 것을 상징하는 의미로 붙여진 이름일 수는 있으나 그 이미지에는 대상물을 지칭하는 것 이상의 의미는 없다.' 기계 장치, 자신이 속한 집단, 집 등을 나타낸 그림이 이 범주에 해당한다. 더 자세한 설명을 보자.

> 거꾸로 말하면 어떤 용어나 이름이 '상징'으로 사용될 수 있다. 더 나아가 일상생활에서 흔히 접하는 친숙한 그림도 상징으로 사용될 수 있다. 그런데 상징에는 일반적으로 통용되는 분명한 의미 외에 함의, 즉 숨은 의미가 내포돼 있다. 요컨대 상징에는 모호한, 알려지지 않은, 숨겨진 무언가가 담겨 있다.

함축된 의미가 담긴(따라서 하나의 상징이 된) 이미지는 우리의 의식 속에서 세부적인 사항까지 생생하게 기억된다. 그리고 우리가 이 이미지를 떠올리면 처음에 그 이미지와 연합됐던 감정이 덩달아 되살아난다. 적십자나 올림픽 로고에는 이와 관련된 경험에서 비롯된 감정이 담겨 있다. 대체로 적십자 로고에는 자비와 인정이 그리고 올림픽 로고에는 국제 친선의 정서가 담겨 있을 것이다.

유명 상표 또한 하나의 상징으로 취급된다. 그러나 우리의 정신에 훨씬 더 강력한 영향을 미치는 이른바 '보편적 상징'이라는 것이 존재한다. 모든 종교가 상징적 언어나 이미지를 사용하는 것도 이러한 이유에서다. 십자가, 성배, 불상, 별과 초승달 등이 여기에 해당하며 이러한 보편적 상징물에는 실제 모습 그 이상의 의미가 내포돼 있다.

제임스 조이스James Joice는 상징과 이미지 개념을 사용하여 '완전한 예술proper art'과 '불완전한 예술improper art'을 설명하려 했다. '불완전한 예술'이 더 일반적이며 때로는 이것이 우리를 행동하게 한다. 오늘날 광고가 대부분 이 범주에 속한다. 이와는 정반대로 '완전한 예술'은 이면의 감정과 생각을 들여다보기 위한 심적 고요 상태를 요한다.

이와는 대조적으로 단어와 개념은 그것이 감정적 개입을 유발하지 않는 한 그냥 '생각'으로만 남아 있게 된다. 그러므로 파워포인트 슬라이드에 나타난 수치나 표로는 사람들의 감정을 건드리기 어렵다. 이러한 기술적 장비나 도구를 사용하면 시각적 효과도 좋고 직접 접촉에 대한 두려움이나 실수의 부담감을 덜어준다는 점에서는 도움이 된다. 그러나 이러한 도구를 사용하면 리더와 청중 간에 직접적 접촉의 기회가 박탈된다. 우리가 생생하게 기억하는 이미지는 클립아트 속 이미지나 화면상에 보이는 복잡한 이미지가 아니다. 가장 생생하게 떠오르는 이미지는 일상생활에서 본 이미지 혹은 효율적 커뮤니케이션을 통해 생성된 이미지다.

우리가 보고 느끼는 것은 우리의 '상상력', 즉 '이미지를 만들어내는 능력'을 통해 타인에게 전해질 수 있다. 시인 윌리엄 블레이크William Blake는 '한 알의 모래에서 우주를 보고, 찰나 속에 영원을 담아라!'라고 했다. 효율적 커뮤니케이션을 위한 리더의 관점을 제대로 묘사한 구절이라고 생각된다. 효율적 리더십 커뮤니케이션의 구성 요소에는 '기억하기 좋은 이미지'도 포함된다. 기억하기 좋은 이미지가 되려면 적어도 상징의 힘에 버금가는 이미지 혹은 실제로 상징의 힘을 지닌 이미지 정도는 돼야 한다.

예를 하나 들어보겠다. 어떤 회사가 오렌지에 사용하는 농약 사용량을 최소화하겠다는 방침을 정하고 이를 널리 알리려 한다고 하자. 이를 위해 다음 중 어느 쪽을 선택하겠는가? 첫째, '오렌지에 사용하는 농약을 최소화하자!'라고 쓴 문구를 보여주기. 둘째, 농약을 검출하는 기계 그림을 보여주기. 셋째, 건강한 어린아이가 오렌지를 베어 무는 모습을 보여주기. 크게 고민할 필요도 없이 답은 분명하다. 뻔뻔한 허위 광고라며 이 생각에 반대하는 사람도 있겠으나, 이것이 충분히 진정성 있는 메시지로 느껴질 수 있으며 그렇게 되면 (구매를 부추기는) 매우 강력한 동기 요소로 작용할 수 있다.

이와 관련한 극적인 실제 사례 하나를 소개하겠다. 2012년 3월에 다음과 같은 내용의 뉴스가 보도됐다. ―워싱턴의 연방 법원 판사가 몇몇 담배 회사가 제기한 집단 소송에 대해 판결을 내렸다. 담뱃갑에 경고 그림을 삽입하라는 내용의 법원 명령 파기를 청구하는 소송이었다. 총 9개의 도안 중에는 목에 난 구멍을 통해 담배 연기를 내뿜는 남자, 흡연으로 엉망이 된 폐와 건강한 폐가 나란히 있는 그림, 암 때문에 다 헐어버린 입, 흉부에 절개 흔적을 지닌 채 탁자 위에 누워 있는 시체 그림 등이 포함돼 있었다. 담배 회사들은 '표현의 자유'를 보장하는 미국 수정 헌법 제1조를 근거로 이 명령의 철회를 요구했다. 그런데 담뱃갑에 경고 문구를 삽입하라는 명령에 대해서는 1965년에 이미 합헌 결정이 내려졌었다. 당시에는 담배 회사들도 경고 문구 삽입이 부당하다는 주장은 하지 않았다. 오히려 경고 그림에 표현된 질환이나 증상을 포함하여 흡연이 암, 기형아 출산, 기타 끔찍한 질병을 유발한다는 점은 인정했다.

이 사건을 담당했던 리처드 레온Richard Leon 판사는 경고 문구와 경고 그림 간의 차이점을 지적하며 담배 회사 쪽에 유리한 판결을 내렸다.

"이 경고 그림은 '소비자가 경고 내용을 혼동하거나 오해하지 않게 하려는 목적에서 또 흡연의 위험성에 대한 경각심을 더욱 높이려는 목적에서 제작된 것이 아니다. 그보다는 보는 사람에게 강한 정서적 반응을 유발하여 금연하거나 아예 흡연을 시작하지 않겠다는 마음이 들게 하려는 목적에서 만들어졌다."

이에 대해 반대 측에서는 판사가 과학적 및 법적 오류를 범했다고 주장했으나, 레온 판사는 '사실에 기초한' 논리적 문장과 감정에 호소하는 자극적인 그림(이미지)은 그 영향력에서 차이가 있다는 점을 분명히 밝혔다.

그렇다고 해서 단어 대신 이미지만 사용해야 한다거나 이미지 외에 사실이나 수치 자료는 필요하지 않다고 주장하는 것은 절대 아니다. 사실, 이러한 것도 분명히 필요하다. 그러나 타인의 이성뿐 아니라 감성에도 호소하고 싶다면 이미지와 상징이 지닌 놀라운 힘을 인식하고, 타인의 마음을 움직이는 감성적 커뮤니케이션 도구로 이 힘을 활용해야 한다.

리더의 커뮤니케이션 도구 : 유추와 은유

은유metaphor는 어원적으로 '바꾸어 전하다carry across'는 의미를 지닌다. 유추와 은유는 기지(既知)에서 미지(未知)로, 주관(主觀)에서 객관(客觀)의 세계로 우리를 인도한다. 1990년대의 정보 초고속도로 구축과 1950년대의 자동차 고속도로 구축이 같은 의미인가? 직원 해고 사태를 피하고자 기업의 운영 비용을 줄이는 것과 자녀의 대학 등록금을 대려고 생활비를 줄이는 것을 같은 차원으로 볼 수 있는가? 국민건강보험제도를 마련하는 것과 사회보장제도를 마련하는 것이 같은 것인가? 이렇듯 이미 아는 사실과 모르는 사실이 있을 때 양자의 유사점과 차이점을 비교하여 그 의미를 파악하는 방식을 유추analogy라고 한다. 유추 덕분에 설명을 통한 학습이 아니라 과거 경험을 통한 학습이 가능해진다.

'은유와 유추'의 관계는 '상징과 이미지'의 관계와 같다. 상징과 마찬가지로 은유는 단어가 지닌 어원적 의미 그 이상의 것을 전달한다. 은유는 '○○와 같은'이라는 수식어 없이 직접적으로 특정 단어의 숨은 의미를 다른 단어로 바꿔 표현하는 것이다. 그래서 은유는 시인들이 많이 쓰는 단골 소재이기도 하며 피상적인 단순 비교보다 듣는 이에게 더 강렬한 인상을 남긴다. 사랑을 꽃이나 새 혹은 수렁으로 표현하기도 한다. 물론 엄밀히 따지면 사랑은 꽃도 아니고 새고 아니며 수렁도 아니다. 그러나 이런 단어로 사랑을 표현하면 사랑의 의미가 더 생생하게 다가와 오래도록 기억에 남을 것이다.

그리고 은유를 통해 사랑의 본질을 더 확실하게 배울 수도 있다. 사랑은 (꽃처럼) 활짝 피어나며 아름답고 부드럽다. 사랑은 (새처럼) 하늘 높이 붕 솟아오르는 느낌이 들게 하고 매일 아름다운 노래를 하고 싶은 생각이 들게 한다. 그런데 또 한편으로 사랑은 (수렁처럼) 갑자기 사람을 위험에 빠뜨리기도 하고 꼼짝 못 하게 가두기도 하며 큰 상처를 입힌다. 사랑을 꽃이나 새 혹은 수렁으로 표현할 때 우리는 이러한 감정을 좀 더 생생하게 느낄 수 있다.

기지(旣知)의 것을 토대로 미지(未知)의 것을 알게 해준다는 점에서는 은유나 유추나 둘 다 마찬가지다. 그런데 은유는 이외에도 주관적 감정의 본질까지 이해하게 해준다. 유추를 사용할 때는 '시장에서 경쟁하는 것은 전쟁과 같다'고 표현한다. 그런데 은유는 '경쟁은 전쟁이다'라고 표현한다. 유추는 '비교'를, 은유는 '개입'을 유발한다.

리더십 커뮤니케이션과 관련하여 은유는 다음과 같은 네 가지 쓰임새가 있다.

1 리더의 비전을 청중의 것으로 승화시킨다

은유적 표현은 리더가 주도하려는 활동이나 리더가 이끄는 조직의 비전을 자신의 것으로 받아들이게 하는 데 도움이 된다. 1996년에 길 아멜리오Gil Amelio가 애플의 CEO가 됐을 때 그는 자신의 비전을 다음과 같이 은유적으로 표현했다.

"애플이 컴퓨터 업계의 맥라이트Maglite가 될 것이다."

맥라이트는 유명한 손전등 전문 제조사이다. 아멜리오로서는 수천 명의 애플 직원들에게 신임 CEO인 자신의 이미지를 강하게 각인시켜야 했다. 또한 외부사람들에게 큰 수익, 높은 신뢰도, 매력적인 디자인 등의 기업 이미지를 심어주고 싶었다. 그러나 안타깝게도 맥라이트를 사용한 은유는 실패로 끝났다. 애플 직원들이 맥라이트를 잘 몰랐기 때문이다.

이에 반해 오랫동안 선마이크로시스템즈Sun Microsystems를 이끌었던 이른바 '장수' CEO 스콧 맥닐리Scott McNeeley는 '먹지 않으면 먹힌다'라는 기치를 내걸고 회사를 성공으로 이끌었다. 비록 막판에는 장기적 적자로 고전하기는 했지만 말이다. 맥닐리 역시 숙적 마이크로소프트와의 경쟁을 '전쟁'으로 표현했다. 살벌한 표현이기는 해도, 일상생활에서 매일 쓰다시피 할 정도로 현대인들에게는 익숙한 표현이다. 이러한 은유는 조직의 정체성과 조직이 원하는 인재 특성을 전달할 때도 유용한 도구가 된다.

2000년, 찰스슈왑의 사업 개발 담당 책임자였던 캐런 창Karen Chang은 휘하 직원 500명 앞에서 고객 관리에 관한 연설을 했다. 창은 미국 경제계에서 가장 존경받는 여성 기업인 가운데 한 명이었다. 여담이지만 내 개인적인 생각으로는 아마도 가장 옷 잘 입는 사람으로도 꼽히지 않을까 한다. 창은 고객 개개인의 니즈를 충족시킬 수 있는 좀 더 융통성 있는 조직 문화가 필요하다는 취지의 메시지를 전달하기 위해 다음과 같이 말했다.

"우리도 노드스트럼을 닮아야 합니다. 노드스트럼에는 아르마니 정장이 필요해서 오는 사람도 있고 도나 카란 드레스를 사러 오는 사람도 있습니다. 또 개중에는 그냥 티셔츠를 사려고 오는 사람들도 있지요."

창은 유추를 활용하여 간단명료하게 메시지를 전했고 듣는 사람도 창이 무슨 말을 하려는지 바로 알아들었다. 그래도 못 알아들었을지 모르는 사람들을 염두에 두고 이렇게 덧붙였다.

"제가 무슨 말을 하는지 못 알아듣는 사람도 있을 거예요. '아르마니'가 이탈리아 음식 이름인가 싶은 사람도 있을 것이고, '도나 카란'이 누구인지 모르는 사람도 있을 테죠. 그렇지만, 흔히 사용하는 스포츠 은유는 너무 식상해서 이제 싫군요!"

2 리더의 전략과 전술에 집중력을 더한다

은유를 사용하면 전략이나 전술을 제시할 때 조직구성원으로 하여금 자신이 해야 할 역할이나 일에 더 집중하게 할 수 있다. 은유나 유추를 사용할 때 비교 대상물로 어떤 것을 선택하느냐에 따라 커뮤니케이션의 결과가 크게 달라진다. 다음과 같은 선택 상황을 한 번 생각해보자. 소극적인 태도에서 벗어나 좀 더 능동적으로 행동하자는 취지의 메시지를 전달하려 한다고 하자. 어떤 은유가 사람들의 공감을 불러일으킬까?

"이제 참호에서 나가 저 고지를 점령하자!"

"수비는 그만하고 이제 공격에 나서서 골을 넣자!"

"미술관에 가서 남의 그림만 보다 오지 말고 이제 우리가 직접 멋진 그림을 그려보자!"

위의 세 가지 예시 모두 설득력은 있다. 문제는 이 말을 듣는 사람들이 동일시를 통해 그 은유 상황을 자기 것으로 받아들이느냐 하는 것이다. 군사 은유를 사용하는 경우라면, 기업(산업)은 '전쟁'이고 리더는 '장군'이며 직원은 '병사'인 셈이다. 그리고 이들에게는 사느냐 죽느냐가 핵심 문제가 된다. 그러나 '장기적인' 기업 활동이라는 차원에서 보면 이러한 은유는 적합하지 않다. 물론 단기적 프로젝트를 추진하는 경우에는 쓸모가 있을 것이다.

스포츠 은유는 중요한 경기를 치르는 상황으로 이해하면 된다. 리더는

'감독'이고 직원은 '선수'이며 여기서는 '이기고 지는 것'이 관건이다. 대다수 사람이, 목숨을 잃을 위험을 감수하고 전쟁에 임하는 상황보다는 시합에 '질' 위험을 감수하고 경기에 임하는 상황을 더 편하게 생각하기 때문에 스포츠 은유가 흔하게 사용되는 것이다.

세 번째는 창의적 분야에 해당하는 은유다. 창의성을 존중하고 창의적 결과물을 생성하는 데 주안점을 두는 조직이 여기에 해당할 것이다. 이 경우 리더는 위대한 화가 혹은 큐레이터이고 직원은 창의적인 화가이며 기업은 혁신의 산실이다. 이는 소프트웨어 연구 개발 부문에 적절한 은유다.

은유와 유추 기법을 사용하는 경우에는 비교 대상물 선택에 신중을 기해야 한다. 사람들은 이러한 메시지에 즉각 동화되고 이것이 변연계 공명의 토대가 되기 때문에 잘못된 은유나 유추가 오해를 불러일으키는 일이 적지 않다. 이러한 오해 수준을 넘어 최악의 경우 듣는 이가 자신이 말하고자 했던 사실과 정반대로 이해하는 상황이 연출되기도 한다.

2012년 대선에 출마했던 미트 롬니Mitt Romney는 예비 선거 때와 본선 때의 전략이 같을 수 없다며 전략 수정의 필요성을 언급했다. 이때 롬니의 수석 보좌관이었던 에릭 페른스트롬Eric Fehrnstrom은 전략 전환의 필요성과 사고의 유연성을 강조한다는 차원에서 '에치 어 스케치Etch A Sketch(흔들면 지워지는 그림 그리기 장난감 —옮긴이 주)'를 비유 대상물로 이용했다. 그러나 이는 적절치 못한 비유였다. '에치 어 스케치' 은유를 사용한 메시지는 롬니 후보가 앞으로도 계속 정책이나 전략을 바꾸겠다는 의미로 들렸을 뿐 아니라 우유부단하다는 이미지를 만들어냈다. 이 잘못된 은유는 결국 예비선거 때 내놓은 전략의 진정성을 의심케 하며 예비 및 본 선거 전략 모두에 치명상을 안겼다. 요컨대 이 은유는 전략 전체에 치명상을 안기는 발언이었다.

3 미래비전을 제시할 때 효과적이다

리더십 커뮤니케이션과 관련한 네 가지 은유 활용 중 이 세 번째 것이 가장 중요하지 않을까 한다. 이 경우에도 은유 혹은 유추의 대상으로 어떤 것을 사용할지 신중하게 생각해야 한다. 은유가 적절치 못하면 그것을 듣는 사람은 메시지를 전하는 사람의 의도와는 정반대로 받아들이는 등 역효과를 낼 수 있기 때문이다. 예를 하나 들어보겠다. 처음에 유전자 변형 식품의 개발이 가시화됐을 때 생명 공학 전문가들은 이를 현대 의학에서 사용하는 단일 클론 항체의 개발에 비유했다. 양자가 다를 바 없다는 취지였다. 물론 이 두 가지의 개발 과정은 비슷할지 몰라도 식품과 약품을 같은 것으로 취급하고 싶어 하는 사람은 별로 없을 것이다. 그래서인지 한 임원은 이렇게 빈정댔다.

"몇 년 후에는 냉장고와 구급약 상자에 똑같은 것이 들어 있겠군!"

이러한 이미지는 애초에 이 은유를 사용했던 의도에 어긋난다.

듣는 사람에게 더 강렬한 인상을 남겨서 현실적 문제의 심각성을 강조하고자 의도적으로 부정적 은유나 유추를 사용할 때도 물론 있다. 예컨대 조직범죄, 재정 적자, 치솟는 물가 등을 흔히 '전염병'이나 '암'에 비유한다. 문제가 점점 악화하는 상황 혹은 죽음에 이를 수 있는 폐해라는 점을 강조하는 차원에서 '전염병'이나 '암' 같은 극히 부정적인 은유를 사용하는 것이다.

변화의 '물결'이라거나 변화의 '바람'이라는 말을 들어봤을 것이다. 이처럼 변화를 흔히 물결 혹은 바람에 비유한다. 변화란 우리가 통제할 수는 없으나 필요나 목적에 맞게 활용할 수는 있다는 의미가 담겨 있다. 은유는 구체적인 이미지를 만들어냄으로써 추상적 개념에 구체성을 부여하는 역할을 한다.

몬산토Monsanto(다국적 농업 및 생명공학 기업 —옮긴이 주)의 전(前) 회장이자 CEO 리처드 마호니Richard Mahoney는 미국외교협회에서 혁신에 관한 연설을 할 때 다음과 같이 이미지를 적절히 사용했다.

"다음 해 파종을 위해 옥수수 종자를 비축해 놓지 않고 옥수수를 다 먹어버리는 것과 같은 식의 세금 및 투자 정책 때문에 혁신의 의지와 자유가 굶주리고 있습니다."

이러한 구체적인 비교는 다음과 같이 사실을 추상적으로 설명하는 것보다 훨씬 효과적이다.

"투자 자본을 허비하는 정책들이 혁신의 자유를 방해하고 있습니다."

4 리더가 의도하는 결론으로 청중을 이끈다

효과적인 유추나 은유는 듣는 사람으로 하여금 화자가 처음에 의도했던 결론에 이르게 하는 데 도움이 된다. 1992년에 나사(미국항공우주국)의 대니얼 골딘Daniel Goldin 국장이 우주탐사자협회에서 미국이 화성 탐사를 해야 하는 이유에 관한 연설을 했다. 골딘은 자신의 주장을 설득력 있게 전달하기 위해 콜럼버스 항해 시대의 예를 유추의 소재로 삼았다.

"오직 이사벨라(여왕)만이 자국의 현안이 쌓여 있음에도 멀리 내다보며 미래를 위해 투자하는 것이 크게는 득이 된다고 봤습니다. 콜럼버스의 항해는 스페인 탐험가들에게 큰 자극이 됐고 덕분에 탐험에 나서는 사람들이 점점 늘어났지요. 이들 덕분에 스페인은 중세 유럽을 호령하는 최강국이 될 수 있었습니다. 지금의 남미 대다수 지역이 스페인 문화권이 될 수 있었던 것도 다 이러한 이유에서입니다.

그러나 지구 반대편에 있던 중국(콜럼버스가 가려고 했던 곳)은 상황이 달랐습니다. 중국의 왕들은 세계로 향하는 문을 굳게 닫아걸었죠. 중국의 탐험가들은 콜럼버스가 미 대륙을 발견했던 1492년보다 6년이나 앞서 저 멀리 아프리카까지 갔었습니다. 그러나 새로 즉위한 황제는 그러한 항해는 돈만 낭비하는 사치스러운 행위라고 생각했습니다. 그 이후 중국 황제들은 항해를 막고자 배를 불태웠고 자국민이 중국을 떠나는 것을 완전히 금지했습니다. 중국을 떠나려다 발각된 사람은 사형에 처했죠.

탐험을 금지했던 15세기 때의 결정이 오늘날에까지 그 영향을 미치고 있습니다. 한때 세계에서 가장 혁신적이고 선진적이었던 문명국이 지금은 안으로만 움츠러드는 폐쇄적인 국가가 됐습니다. 세계에서 인구가 가장 많은 국가임에도 국제 문제에서 주도적인 역할을 하지 못하고 있는 것입니다."

골딘이 이 연설을 한 이후로 많은 일이 있었다. 지금은 중국을 그때와 같은 폐쇄 국가로 치부할 수는 없을 것 같다. 그렇지만 이 비교는 여전히 적절하다고 본다. 그때나 지금이나 이러한 비교를 통해 도출했던 결론의 타당성에는 문제가 없기 때문이다. 요컨대 우주 탐사에 눈을 돌릴 정도로 선견지명이 있는 국가는 이외 다른 분야에서도 앞서 나갈 것이다. 미국으로서는 화성 탐사가 논리적으로 옳지 않은 결정일 수도 있다. 그러나 미국이 화성 탐사에 나서지 않으면 다른 국가가 꼭 화성이 아니더라도 우주 탐사에 나설 것이다. 이렇게 되면 손 놓고 있던 다른 국가들은 탁월한 선견지명과 용기를 바탕으로 먼저 우주 탐사에 나선 국가를 계속해서 따라가야만 하는 신세가 될 것이다.

비전을 제시하기 위해서든 전략이나 전술을 제시하기 위해서든 아니면 미래 비전을 제시하기 위해서든 재앙적 사태를 경고하기 위해서든 간에 은유와 유추를 커뮤니케이션 도구로 사용하고자 하면 비교 대상을 신중하게 선택해야 한다. 그것이 전체 조직에 영향을 미치기 때문이다. 리더가 은유와 유추를 사용하여 메시지를 전달한다고 할 때 듣는 사람이 그 은유와 유추 대상에 대해 잘 알고 있는지 혹은 그러한 대상에 대해 긍정적으로 반응하는지 부정적으로 반응하는지에 따라 커뮤니케이션의 결과가 달라진다.

또한 은유는 일반적 속성보다는 개별적 속성을 지닌다. 캐런 창은 은유를 적절히 사용했다. 그러나 길 아멜리오는 이 부분에서 좀 아쉬운 경우였다. 아멜리오가 은유 대상으로 맥라이트를 선택했을 때, 맥라이트에 관해 좀 더 설명했다면 혹은 맥라이트가 아니라 애플 직원들에게 좀 더 친숙한 다른 것을 선택했다면 결과가 달라졌을지도 모른다. 그러나 아멜리오는 맥라이트에 관한 설명을 하지 않았고 그래서 그 은유를 사용한 메시지는 직원들의 공감을 얻지 못했다.

리더의 커뮤니케이션 도구 : 신화, 이야기, 경험

20세기 정치 사상가이자 철학자인 한나 아렌트Hannah Arendt는 '이야기는 개념 정의의 오류에 빠질 위험 없이 의미를 전달할 수 있는 도구'라는 사실을 알았다.

전 세계 수많은 가정에서 밤마다 가장 많이 하는 말을 꼽자면 단연 '이야기 좀 해주세요'일 것이다. 우리는 성공담이나 영웅담 혹은 비극적인 이야기를 듣고 싶어 한다. '잠자기 전에 개념 몇 가지만 좀 읽어 주세요'라고 말하는 아이는 거의 없을 것이다. 개념을 읊조리는 것으로는 감정적 공명이 일어나지 않는다. 그러나 이야기는 공명을 일으킨다. 리더십 커뮤니케이션의 화두는 '성장'과 '진보'이며 이는 과거와 현재, 미래를 아우르는 이야기라 할 수 있다.

'시간은 하나의 환상'이다. 이러한 명제를 입증하는 과학적 증거도 있고 인간의 집단적 직관으로도 그렇게 느끼고 있음에도 좀처럼 바뀌지 않고 끈질기게 유지되는 것이 바로 이 시간이라는 환상이다. 아인슈타인도 '시간은 가장 끈질긴 환상'이라 하지 않았던가! 설사 시간이 환상 혹은 착각에 불과한 것이라 할지라도 우리는 시간과 공간 속을 여행하는 존재다. 그러므로 그 시간과 공간의 여행이 남기는 이야기가 중요할 수밖에 없다.

이야기는 문화를 초월하여 모든 인간의 실존이 담긴 그 무엇이다. 물고기에게 물이 중요하듯 인간에게는 이야기가 중요하다. 모든 인간의 삶은 '옛날 옛적에'부터 '그 후로도 오랫동안 아주 행복하게 살았다' 사이의 어딘가에 머물게 된다.

이야기는 우리 인생에 관한 것이기 때문에 우리 자신과 동떨어진 것이 아니다. 언제든 자신에게 일어날 수 있는 일임을 인식하고 있으므로 이야기에 동조할 가능성 또한 높아진다. 리더의 메시지도 마찬가지다. 리더가 성장과 진보를 촉구하는 메시지에 이야기를 활용하면, 듣는 사람들은 발전적 변화를 위해 자신이 들은 이야기를 그 자신에게 맞은 버전으로 재가공할 가능성이 크다.

1 신화 : 모든 사람의 무의식에 깃들어있는 은유

이야기 유형 중 가장 독특한 것이 바로 신화다. 신화는 '실체적 진실'이 아니라 '은유적 진실'을 이야기한다. 신화의 본질은 상징성이다. 따라서 황당무계하고 터무니없는 이야기로 여겨지기도 한다. 이러한 특성 때문에 초문화적 커뮤니케이션이라는 차원에서 신화는 중요한 의미가 있다. 또 인간의 실존적 의미를 찾는 등의 형이상학적 작업에서는 극한의 상징성을 띤 신화가 매우 중요한 의미를 지닌다.

조지프 캠벨은 신화의 기능으로 다음 네 가지를 들었다.

첫째, 우리가 실제로 본 것을 이 세상의 본질로 이해하고 그것에 자신의 삶을 맞춰간다. 지구를 중심으로 모든 별이 돈다는 이른바 천동설에 관한 신화가 여기에 해당한다. 이러한 유형의 신화는 고대인들이 (인간의 삶과 죽음을 포함하여) 물리적 세계를 이해하는 데 도움이 됐다. 각종 자연현상과 관련된 신화 역시 이와 비슷한 역할을 했다. 인간은 자연의 에너지혹은 현상을 신(神)으로 의인화하는 경우가 많았다.

또 어떤 신화는 보편적 삶의 원칙에 맞춰 자신의 가치관을 조정하는 데도움을 준다. 이러한 맥락에서 〈스타워즈〉, 〈해리포터〉 시리즈, 〈반지의 제왕〉의 창작자들은 우리 의식 속에 늘 함께했던 신화를 다시 일깨우고자 선과 악, 마법과 현실, 영웅과 악당을 구체화한 인격을 만들어냈다.

캠벨이 말하는 신화의 두 번째 기능은 '경외감을 불러일으키는' 우주의이미지를 만들어내고, 자연과 우주에 대한 이러한 '존경과 경외감을 계속유지해나가는' 것이다. 우리는 아직도 인간과 삶의 본질을 이해하지 못한다. 단지 우리의 지식수준에서 우주와 인간과 삶에 대해 그럴듯하게 설명하려 할 뿐이다. 과학자 중에 우주의 기원과 궁극적 운명을 논리적으로 정확히 설명할 날이 오리라 기대하는 사람은 거의 없다.

아이들이 어렸을 때 나와 두 아들은 마당에 큰대자로 누워 하늘에 총총히 박힌 별을 바라보거나 매년 떠나는 몬태나 낚시 여행지에서 넓게 펼쳐진 광활한 하늘을 바라보면서 이 우주가 얼마나 넓은지를 새삼 느끼곤 했다. 나도 마찬가지지만, 밤하늘을 바라보던 아이들로서는 그것이 수십만 아니 수백만 전에 생성된 것이었다는 사실이 쉽게 이해되지는 않았을 것이다. 이러한 경험을 통해 우리는 우주의 크기가 헤아릴 수조차 없이 광대하다는 사실을 실감하게 된다.

영원한 미스터리에 관한 이야기도 경외감을 일으키기는 마찬가지다. 신화는 이 영원한 미스터리를 설명하기 위해 만들어낸 이야기다.

신화의 세 번째 기능은 '옳고 그름이나 적절함과 부적절함 같이 특정 집단의 존재 배경이 되는 사회학적 가치 체계에 정당성을 부여하고 이러한 가치 체계를 유지하는' 것이다. 예컨대 자본주의 본질에 관한 신화 혹은 인간이 자연의 관리자인지 단순한 참여자인지 아니면 자연의 지배자인지에 관한 신화들이 여기에 해당한다. 미국 독립선언서에 명시된 '우리는 이러한 사실을 자명한 진리로 받아들인다'라는 구절도 신화에 바탕한다.

신화의 네 번째는 기능은 심리학적 차원에서 이해할 수 있다. 신화는 개인이 태어나서 자라고 노인이 되고 죽음에 이르는 인생의 각 단계를 잘 완수하게 해준다. 이때 신화는 해당 사회 집단이 구축한 질서와 체계에 어긋나지 않는 것이어야 한다. 캠벨은 이러한 기능을 수행하는 신화를 '현존하는 기괴한 미스터리'라 칭했다.

나는 신화와 원형archetype(인간의 집단 무의식에 존재하는 공통적 사유 형태 ─옮긴이 주)의 보편적 특성을 이해하기 위해 2004년에 다시 대학원 공부를 시작했다. 이 부분을 이해하는 것이 효율적 리더십 코칭에 도움이 될까 싶어서였다. 이런 유형의 이야기는 대부분 인간의 무의식 영역에서 작용한다. 서구와 이슬람 세계 사람들의 무의식 속에 유대-기독교 신화가 자리하고 있듯이, 어느 사회이든 다른 문화권의 종교와 신화 체계가 그 사회 안에 '녹아' 있다. 성경이나 코란 속에 등장하는 이야기는 힌두교 문명권의 대서사시 마하바라타Mahabharata와 라마야나Ramayana에 나오는 이야기와 매우 흡사하다. 또한 불교, 유교, 신도(神道, 일본의 민간 종교─옮긴이 주)의 구전 서사시 그리고 아프리카 고대 종교를 비롯한 숱한 이야기 속에는

'원숭이'가 등장한다.

초문화적 리더가 되려면 이러한 이야기의 원형에 관한 이해가 필수적이다. 문화나 배경이 제각각인 사람들을 대상으로 그들의 마음을 움직이는 커뮤니케이션을 하고 싶다면 역시 이 부분에 대한 이해가 필요하다. 그러면 자신이 말하고자 하는 이야기의 핵심을 포착하는 데 도움이 된다. 이 또한 자신만의 '리더십 커뮤니케이션 가이드'를 만들 때 반드시 고려해야 하는 부분이다.

2 이야기 : **일상 속으로**

신화는 문명과 관련된 이야기인 만큼 아주 천천히 변화하기 때문에 그냥 일상과 관련된 현실적인 이야기가 쓰기는 더 쉽고 편하다.

리더의 임무는 현재 상태에서 좀 더 진보한 상태로 나아가게 하는 것이다. 내가 하는 일은 심층심리학(융, 아들러 그리고 최근 인물로는 제임스 힐만의 심리학)과도 관련이 있기 때문에 신화와 이야기를 치유 도구로 활용하는 것과 관련한 심리 치료 프로그램에 자주 참가하는 편이다. 이러한 프로그램에서 조너선 영Jonathan Young을 만났는데, 이때 영이 아주 흥미로운 주장을 했다. 환자가 심리 치료사들에게 정말로 기대하는 역할은 유능한 '편집자'라는 것이다. 영은 이렇게 말했다.

"환자들은 여러분에게 이렇게 말할 겁니다. '내 이야기가 도통 마음에 들지 않아요. 이 이야기를 좀 바꿔주실 수 없나요?'"

이를 조직 차원에 대입해보면, 리더가 심리 치료사 역할을 하게 된다. 따라서 조직의 '이야기'를 편집하고, 결말을 바꾸고, 재미없고 무의미하고 김빠진 줄거리에 생동감 있는 이야깃거리를 새로 집어넣는 것이 바로 리더의 몫이다. 몇 사람을 해고하고 또 몇 사람을 새로 뽑고 직원 배치를 다시 하는 정도로는 충분하지 않다. 7장에서 다루겠지만, 새로운 미래 비전을 제시하는 것 외에도 '이야기'로 할 수 있는 일은 많다. 이야기를 통해 조직 구성원으로 하여금 새로운 행동을 하게 할 수 있고 또 새로운 조직 문화를 구축하거나 기존의 조직 문화를 보존하게 할 수도 있다. 경영서적들을 보면 유명 브랜드의 성공담이 많이 소개돼 있다. 배송 일정을 맞추려고 자비로 헬리콥터를 전세 내서 고객과의 약속을 지켰던 페덱스 직원의 이야기도 있고 UPS 배달원이 배송할 그림이 손상된 것을 발견하고 이것을 고쳐서 크리스마스 때까지 늦지 않게 배송한 이야기도 있다. 그러나 이러한 성공담 중에서도 압권은 아마도 노드스트롬 직원의 이야기가 아닐까 한다.

어느 노부인이 자신의 전 남편이 지금의 노드스트럼이 세워지기 전 그 자리에 있던 곳에서 타이어를 샀는데 그 타이어가 불량이라며 교환해 달라고 찾아왔다고 한다. 그러자 노드스트럼 직원이 그 타이어를 교체해준 것이다. 이러한 이야기는 사람들로 하여금 변화의 필요성을 절실히 느끼게 하고, 변화에 동참할 때의 짜릿한 흥분감을 맛보게 해준다. 그러므로 타인에게 뭔가를 주장하고 싶다면 그 주장을 뒷받침하는 근거로서 이야기를 '커뮤니케이션 도구'에 포함할 필요가 있다.

3 다른 사람에 관한 이야기 : 리더의 주장을 뒷받침하는 또 다른 증거

어떤 변화가 필요한지, 변화가 왜 필요한지, 변화가 어떤 결과를 낳는지 등을 생생하게 보여주는 이야기는 타인의 공감을 불러일으키는 데 매우 효과적이다. 실제로, 이야기는 자신의 주장을 뒷받침하는 가장 강력한 형태의 증거라 할 수 있다. 조직심리학자인 조앤 마틴Joanne Martin과 멜라니 파워즈Melanie Powers의 연구 결과, 듣는 사람은 리더가 어떤 사실을 주장할 때 관련 자료만 제시하거나 혹은 이야기와 관련된 자료를 함께 제시할 때보다 이야기만 하나 달랑 제시할 때 그 주장을 더 신뢰하는 것으로 나타났다. 해당 연구에서는 실험 집단을 네 개로 나누어 각 집단에 '어떤 회사가 무해고 정책을 줄곧 고수했다'는 내용을 전달하려 했다. 이를 증명하기 위해 첫 번째 집단에는 관련 자료를 제시했고, 두 번째 집단에는 리더의 말만 전달했다. 그리고 세 번째 집단에는 장기근속 직원에 관한 이야기를 들려줬고, 네 번째 집단에는 관련 자료도 제시하고 장기근속 직원에 관한 이야기도 들려줬다. 그 결과 이야기만 들었던 세 번째 집단이 주장을 가장 신뢰한 것으로 나타났다. 이유가 무엇일까?

신경생물학적 지식에서 그 답을 찾을 수 있을 것 같다. 요컨대 이야기 같은 아날로그 정보는 변연계가 받아서 바로 처리하는 데 비해 디지털 정보는 대뇌 피질의 처리 과정을 거쳐야 한다. 디지털 정보가 제시되면 대뇌 피질이 이 정보를 분석하고, 의심해보고, 판단하는 등의 복잡한 처리 과정을 거쳐 올바른 결정에 이르게 한다. 이와는 대조적으로 이야기 같은 아날로그 정보를 처리할 때는 판단이나 결정이 필요하지 않다. 예컨대 야외에서 모닥불을 피워 놓고 둘러앉아 이야기하는데 '나는 그 말에 동의하지 않아' 같은 생뚱맞은 말을 할 사람이 어디 있겠는가!

예를 하나 들어 보겠다. 나는 공동체의 가치를 매우 중시한다. 그래서 공동체에 관한 이야기를 할 때마다 사람들에게 되도록 떠돌아다니면서 살지 말라고 말하며 전(前) 장인의 이야기를 들려주곤 한다.

해리 매그너(Harry Magner)는 1920년대에 고아가 됐다. 당시 해리와 그의 형제는 둘 다 십 대 초반에 불과했다. 두 사람은 시애틀에 살고 있었는데 이들을 돌봐줄 친척은 버펄로에 살고 있었다. 그래서 둘은 중고 포드 자동차를 타고 워싱턴 주를 떠나 저 먼 동쪽에 있는 뉴욕 주 버펄로를 향해 차를 몰았다. 가다가 돈이 떨어지면 중간중간 아르바이트로 음식과 기름값을 충당하면서 그렇게 목적지에 도착하기까지 한 달이 넘게 걸렸다.

버펄로에 도착한 두 형제는 바로 고등학교에 입학했다. 이듬해, 해리는 마지를 만났다. 두 사람은 졸업하자마자 결혼했다. 해리는 지방 은행에 들어갔고 열심히 일한 덕분에 교외에 집을 한 채 장만할 수 있었다. 해리와 마지는 아들 하나와 쌍둥이 딸을 두었다. 이들은 동네 교회에 나가게 됐고 집사가 된 해리는 회계 담당자와 청년부 지도자로 일했다.

이들은 그곳을 떠나지 않았다. 이후 60년 동안 같은 집에서 살았고 세 자녀를 모두 훌륭하게 키워냈다. 친구들과 여행도 다니고 가끔 카드놀이도 하며 지냈다. 그리고 지역사회에 필요한 일이라면 온 힘을 다해 참여하려고 했다. 해리는 40년 넘게 다니던 은행에서 퇴직했다. 그리고 80세에 암으로 생을 마감했다. 그는 마지막 순간까지 밝은 모습을 보여줬고 친구와 가족이 지켜보는 가운데 편안히 눈을 감았다.

내가 아는 한 해리는 가장 행복한 사람이었고 또 매사에 감사할 줄 아는 사람이었다. 해리의 장례식에는 조문객이 수백 명이나 참석했다. 해리는 버펄로에 정착한 이후 그곳을 거의 떠나지 않았다. 그가 역사책에 기록될만한 무슨 대단한 일을 한 것은 아니었다. 그러나 가족과 지역사회에 대한 헌신과 사랑은 내 인생에 좋은 귀감이 됐다. 장례식에 참석했던 해리의 친구 중에는 70년 이상 함께한 사람도 있었다.

각종 기록을 보면 이사를 많이 다닌 청소년이 비행이나 범죄를 저지르는 비율이 높은 것으로 나타났다. 또한 조사 결과 한 곳에서 오랫동안 산 사람들이 더 행복하게 산다고 한다. 자주 이사 다니지 말고 한 곳에서 오래 사는 것이 좋다고 주장할 때는 이러한 자료가 도움이 될 것이다.

그러한 이러한 자료보다는 해리 매그너의 이야기를 들려주는 것이 백 번 낫다. 해리의 이야기를 읽으면서 뭔가 공감되는 부분이 분명히 있었을 것이다. 이사를 많이 다녀본 사람이라면 그 결과가 어땠는지, 머릿속에 떠올랐을지도 모른다. 한 곳에서 오래 살았던 부모님이나 친구가 생각났을 수도 있다. 대부분은 그런저런 생각을 떠올릴 뿐, 내가 말한 수치 자료가 정확한지 따져 보거나 정보의 출처가 어디인지 궁금해하지는 않았을 것이다.

대다수 사람에게 이야기는 곧 진실로 받아들여진다. 사람들은 개념이나 자료, 지식 같은 것보다 이야기를 더 신빙성 있는 것으로 여긴다. 따라서 이야기를 커뮤니케이션 도구로 사용하면 타인과 공감대를 형성하는 데 큰 도움이 된다.

다른 누군가가 아닌, 자신의 이야기로 접근하라

앞서 말한 것처럼 자신이 아는 다른 사람의 이야기를 들려주는 것도 타인과 교감하는 데 도움이 되긴 한다. 그러나 아는 사람이 아닌 바로 자신의 경험을 이야기하는 것만큼 효과적이지는 않을 것이다.

은유는 인화된 사진처럼 두 단계를 거친 것이고, 이야기는 음화(陰畫)처럼 한 단계를 거친 것이다. 우리가 직접적으로 소통하는 사람의 개인적 경험은 실제 사실이니 사진으로 치자면 '피사체'인 셈이다. 리더십은 개인적 차원의 것이라고 한 바 있다. 그러므로 리더의 인생 경험은 타인의 공감을 불러일으켜 진정성 있는 관계를 맺기에 가장 좋은 커뮤니케이션 도구다.

이쯤에서 내 개인적 경험을 말해보겠다.

나는 자기 자신을 표현하는 능력과 그것을 표현할 수 있는 자유가 매우 중요하다고 생각해왔고, 평소에도 이 주제에 관심이 많았다. 이는 아마도 학창 시절의 경험에서 비롯된 것 같다. 학교 다닐 때 나는 반에서 가장 작은 아이였다. 그래서인지 다른 아이들보다 더 크게 말해야 사람들이 내 말을 알아들을 것 같다는 생각이 들었다. 자기표현을 중시하는 내 가치관 형성에 영향을 준 또 한 요소는 바로 내 형이었다. 나보다 덩치가 훨씬 컸던 형은 내가 좀 성가시게 굴거나 말썽을 부린다 싶으면 말로 타이르기보다 '까불면 죽어!'라는 식으로 나를 윽박지르는 쪽이었다. 물론 우리 두 사람은 항상 사이가 좋았지만, 이러한 어릴 때의 기억이 나 자신을 말로 표현하고 싶은 욕구에 영향을 미쳤다. 요컨대 어린 시절의 이 몇 가지 경험이 '자기표현'이라는 화두에 몰두하게 한 것이다.

성인이 된 후에는 사업을 꾸리고 리더십 컨설턴트 일도 하면서, 다른 사람을 키우고 가르쳐 그 사람이 필요한 일을 독자적으로 수행할 수 있도록 권한을 위임하는 것이 매우 중요하다는 것을 깨달았다. 나아가 '권한 위임'에도 기술이 필요하므로 제대로 된 리더가 되려면 이 기술을 익혀야 한다는 점도 알게 됐다.

권한 위임의 구성 요소를 들라고 하면 대다수가 교육, 권한 부여, 책임 할당 등과 같은 '객관적' 요소를 주로 꼽는다. 주관적 혹은 정서적 요소를 간과하는 사람이 많다. 실제로 부하에게 권한을 위임해야 할 때 대다수 상사가 불안감을 느낀다. 일단 일을 맡기기는 했는데 과연 그 일을 잘 해낼 수 있을지 걱정이 되는 것이다. 그리고 이러한 불안감과 더불어 일종의 상실감도 경험한다. 권한을 위임한다는 것은 지금껏 가르쳤던 '제자'를 독립시킨다는 의미다. 사제(?) 관계로 묶였던 사이가 더는 유지되지 않는다는 의미이므로, 이러한 관계 해소에서 정서적 상실감을 느끼게 되는 것이다.

나는 권한 위임이 제대로 이루어졌는지를 평가할 때 주관적 혹은 감정적 잣대를 사용해보라고 권한다. 부하직원을 잘 가르쳐서 권한과 책임을 완벽하게 위임했다면 이후 분명히 불안감과 상실감을 느낄 것이다. 이 주장을 뒷받침할 만한 객관적인 자료도 얼마든지 제시할 수 있다. 그러나 그보다는 내 개인적 경험이 훨씬 더 설득력 있을 것 같다. 내 이야기를 듣는 사람들 모두가 한때 어린아이였었고 지금은 대부분 자녀를 둔 부모일 것이다. 따라서 부모로서 겪었던 다음의 내 이야기에 크게 공감하리라 본다.

1982년에 이혼과 함께 편부가 되어 당시 열세 살과 열한 살짜리 아들 둘을 혼자 키우기 시작했다. 이후 여러 가지 시련을 함께 겪으면서 부자간의 정이 더욱 돈독해졌다. 개인적으로 나는 IBM에서 퇴사했고 경제적으로 어려움을 겪었으며 너무 성급하게 재혼한 것도 문제였다. 그런데도 아이들은 아주 잘 자라줬다. 공부도 잘했고 친구들과도 잘 어울린 데다 가치관 확립에도 문제가 없었다. 지금도 마찬가지지만, 나는 아이들이 보여준 삶에 대한 태도와 가치관 그리고 올바른 품행이 매우 자랑스러웠다.

1986년 가을에 장남인 제프가 UC 샌디에이고(캘리포니아대학교 샌디에이고 캠퍼스)에 입학 허가를 받았다. 나는 집에서 약 800킬로미터 거리인 샌디에이고 캠퍼스까지 자동차로 아이를 데려다주기로 했다. 때는 9월이었는데 5번 주간(州間) 고속도로를 따라 중앙 계곡을 지나는 길은 여전히 무더웠다. 우리는 이야기도 하고 실없는 농담도 하면서 열 시간을 달렸다. 나는 아들의 미래에 관해 진지하게 이야기를 나눠보려고 몇 번 말을 꺼내봤으나, 아들은 앞으로 자신이 정말 혼자 잘 살아갈 수 있을지를 생각하는 데 더 관심이 많아 보였다. 어찌 보면 당연한 일이었다.

우리는 오후 늦게 학교에 도착했고 나는 아들과 함께 기숙사로 짐을 들였다. 제프가 생활할 기숙사는 이 학교에서 가장 오래된 건물이었지만 위치도 좋고 환경도 괜찮아서 마음에 들었다. 기숙사는 2층짜리 건물 여섯 개 동으로 이루어져 있었고 건물들이 둘러선 안쪽에는 널따란 잔디밭이 펼쳐져 있었다. 주변을 둘러보니 남 캘리포니아 풍의 화려한 옷을 입은 학생들이 즐거운 웃음을 연방 터뜨리고 있었다.

나는 아들을 도와 2층 방으로 짐을 옮긴 다음, 마치 애 엄마처럼 방 정리를 하기 시작했다. 벽에다 그림을 걸고 침대도 정리하고 이글 스카우트(모든 기능장을 취득한 최고위 보이스카우트 대원 ─옮긴이 주) 컵도 꺼내 놓았다. 이렇게 정신없이 방 정리를 하느라 기숙사 복도를 오가는 학생들이 점점 늘고 있다는 것도, 음악 소리가 점점 커지고 있다는 것도 몰랐다. 게다가 아들 녀석이 내가 하는 일에 도통 관심이 없다는 사실도 눈치채지 못했다. 내가 뭘 하든 군소리 없이 그냥 지켜보기만 하던 아들도 룸메이트가 도착하자 반갑게 이야기를 나누기 시작했다. 그 모습을 보면서 내가 너무 오래 있었다는 데 생각이 미쳤다. 아들에게는 나중에 저녁을 같이 먹자고 하고는 호텔로 돌아와 수영을 했다. 그런데 슬슬 불안해지기 시작하는 것이었다.

해 질 무렵, 나는 다시 아들이 있는 기숙사로 갔다. 아들 방으로 다가가 보니 방 안에 불이 켜져 있었고 음악 소리와 함께 하나둘 모여든 신입생들의 왁자한 소리가 들려왔다. 무리에는 여학생도 섞여 있었고 개중에는 춤을 추는 학생도 있었다. 그래서인지 내가 방문 앞에 서 있는데도 아들은 내가 왔는지 잘 모르는 것 같았다.

물론 방도 아까와 완전히 달라져 있었다. 침대는 반대편에 놓여 있었고 그림 대신 포스터가 걸려 있었으며 이글 스카우트 컵도 어디론가 치워졌다. 아들은 친구 세 명과 이야기를 하는 데 열중했고 그 모양새를 보아하니 아버지인 나와 저녁을 같이 먹고 싶어 할 것 같지가 않았다.

조금 지켜보다 내가 손을 들어 아는 체를 하자 아들이 복도 쪽으로 나왔다. 나는 아무래도 저녁은 나중에 먹는 것이 좋겠다고 했다. 지금은 그냥 친구들과 지내고 돌아가기 전에 아침이나 같이 먹는 것이 어떻겠냐고 아들의 의향을 물었다. 아들은 아니라며 같이 저녁을 먹자고 했다. 그러나 내가 만류하자 결국에는 아침은 꼭 같이 먹고 말하고는 내 뜻을 받아들였다.

아들과 헤어진 다음 급히 계단을 내려와서는 근처에 있는 유칼립투스 숲으로 들어갔다. 숲 속을 혼자 걸으면서 한 시간 반 동안 하염없이 눈물을 흘렸다.

이것이 진짜 권한 위임이었다. 언젠가는 닥칠 일이라고 생각하며 아들에게 미리 훈련을 시키기도 했다. 이제 아들의 인생에 감 놔라 대추 놔라 할 때는 지났고 아이가 자신의 인생을 혼자 꾸려나갈 수 있게 놔줄 때가 된 것이다. 내가 할 수 있는 일은 이제 이래라저래라 지시하는 것이 아니라 공감해주고 응원해주는 것뿐이었다. 그러나 아들을 사랑했기 때문에 이렇게 아들의 인생에서 빠져줘야 한다는 사실에 몹시 서운하고 허전한 기분이 들었다.

나는 기회 있을 때마다 이 경험을 이야기했다. 그리고 그때마다 사람들은 내 이야기에 크게 공감해줬다. 자식을 둔 부모라면 내가 겪은 이 경험을 충분히 이해하고도 남을 것이다. 나는 이때 느꼈던 감정을 통해 권한 위임의 중요성을 다시 한 번 실감했다. 더불어 '권한 위임'이 말처럼 쉬운 일이 아니라는 사실 그리고 감정적 고통 없이 진정한 의미의 권한 위임은 일어나지 않는다는 사실을 새삼 깨달았다. 나 자신이 이러한 경험을 했고 또 이 경험을 다른 사람의 권한 위임 상황과 연결지을 수 있었기에 권한 위임에 관한 부분을 더 실감 나게 이야기할 수 있었다.

큰아들을 대학에 보냈을 때의 이 경험은 수많은 인생 경험 중 하나에 불과하며, 이외에도 내 각성에 영향을 준 것은 아주 많다. 부모님의 가치관, 가정교육, 부모님의 죽음, 농장에서 자랐던 경험, 운동선수와 학자로서의 성공과 실패, 진로 선택, 학업, 연주 활동, 아이들의 탄생, IBM 근무 시절, 미국 횡단 여행, 구소련 여행, 상처받았을 때, 아팠을 때, 잘 나갈 때, 결혼했을 때, 이혼했을 때 등. 모든 경험이 내가 주창하는 신념의 토대가 됐다. 다행스럽게도 내 '자서전'은 아직 끝나지 않았다. 지금 내가 경험하는 일 또한 앞으로 형성될 내 미래 신념의 토대가 될 것이다.

여러분도 마찬가지다. 변화의 중요성을 강조하려고 할 때 이러한 주장을 뒷받침하는 증거로서 자신의 경험을 적절히 사용하는 것은 자신의 신념을 재확인하고 타인과 진정한 공감대를 형성할 수 있는 가장 효과적인 방법이다. 자신의 '리더십 커뮤니케이션 가이드'를 만들 때 이 부분을 반드시 고려해야 한다.

공감대 형성의 대원칙

이야기와 경험이 강력한 커뮤니케이션 도구임에는 틀림이 없으나, 그만큼 조작의 가능성도 크다. 변화를 주장하는 메시지를 구성할 때 특히 주의를 기울여야 하는 이유가 바로 여기에 있다.

자신의 주장을 뒷받침하려는 목적으로 얼마든지 이야기를 지어낼 수 있다. 그러나 사실 자료 없이 그렇게 이야기를 지어내는 것은 치졸한 속임수일 뿐이다. 개인적 경험을 조작할 수도 있는데, 그런 사실이 발각되면 리더의 신뢰성은 되돌릴 수 없는 타격을 입는다. 신경생물학적 연구 결과로 드러났듯이, 의식하든 못하든 간에 우리의 대뇌에는 타인의 의도를 감지하는 능력이 있다. 그 때문에 종종 상대의 말을 들으며 뭔가 이상하다거나 잘못된 것 같다거나 말하지 않은 부분이 있다거나 하는 등등의 느낌을 받게 된다(누구나 그런 경험이 있을 것이다). 그러나 그러한 낌새가 느껴지더라도 대놓고 그것을 지적할 만큼 용기 있는 사람은 드물다. 꾸며낸 이야기나 경험으로 사람들의 마음을 움직이려고 하는 것만큼 진정성이 떨어지는 일도 없을 것이다.

자신의 말이 설득력 있게 들리기를 원하는 리더는 종종 조작의 유혹에 빠지기도 한다. 이런 내면의 유혹을 피하는 데 도움이 되는 방법 몇 가지를 소개하겠다.

첫째, 경험을 이야기할 때는 그것이 자신이 주장하는 내용과 관련된 것이어야 한다(내 동료였던 하비 스톤은 '치료' 차원에서 아무 상관 없는 이야기를 나누는 것이 도움된다고 말하기도 한다. 물론 영 틀린 말은 아니다. 그러나 이러한 경우는 예외로 치자). 경험이랍시고 자신이 주장하는 것과 아무 상관 없는 것을 이야기하면 사람들은 이내 그 이야기에 흥미를 잃어버린다.

둘째, 경험을 이야기할 때는 미리 써 놓은 원고가 아니라 자신의 기억에 의지해야 한다. 대학에 입학한 아들을 학교까지 데려다주던 경험을 이야기할 때 나는 자동차를 타고 캘리포니아 중앙 계곡을 지나던 장면을 떠올리며 내 기억 창고를 열심히 뒤졌다. 조수석에 아들을 태운 채 자동차를 몰고 가던 상황을 머릿속에 그리며 그때 내가 보고 느꼈던 것들을 생생하게 이야기했다. 내 기억 속에 남은 그때의 이미지가 내게 감정적 반응을 일으키고 이렇게 감정이 실린 이야기는 사람들에게 더 깊은 인상을 남긴다. 그리고 이러한 과정을 통해 나와 청중 사이에 빠르게 공감대가 형성된다는 사실을 나는 잘 알고 있다. 사람들은 줄줄 외워서 말하는 것보다 기억을 더듬으며 하는 이야기에 더 공감한다. 실제 사건에 관한 기록을 읽어주는 사람과 그 사건에 대한 경험을 이야기하는 사람 중 누구를 더 신뢰하겠는가?

1980년대 말에 앨 고어Al Gore의 아들이 끔찍한 교통사고를 당한 적이 있었다. 아직 부통령이 되기 전이었던 고어는 언론과의 인터뷰에서 이 사고가 자신의 삶과 정치 인생에 미친 영향에 대해 자주 언급했다. 이에 대한 고어의 이야기는 항상 감동적이고 자연스러웠으며 진정성도 있었다. 적어도 그때는 그랬다. 이 사건이 한 인간으로서 고어의 인생에 큰 전환점이 된 것만은 분명하다.

그런데 그 이후의 행보는 좀 안타까웠다. 고어는 1992년 민주당 전당대회 자리에서 아들의 사고 이야기를 또 언급했다. 미리 써놓은 원고를 보면서 연습한 내용을 사람들에게 말한 것이었다. 예전에 고어의 이야기를 들으며 감동했던 사람들 눈에, 마치 배우가 연기하듯 그 이야기를 줄줄이 읊어대는 고어의 행동은 지지를 얻기 위한 뻔뻔한 '감정 팔이'로밖에 비치지 않았다. 교감이 아니라 눈속임이 목적인 듯 계산된 어조와 말투만 있을 뿐 진정성은 없어 보였다. 아마도 이로 인해 고어에 대한 대중의 신뢰도가 많이 떨어졌으리라고 본다. 그가 원고를 던져버리고 그때의 일을 떠올리며 이야기했더라면, 미리 짜인 대본대로 후보석에 앉은 고어의 아들 모습을 카메라에 담는 억지를 보이지만 않았다면, 고어는 다시 한 번 사람들에게 감동을 주면서 공감대를 형성하는 데 성공했을지 모른다. 요컨대 그 이야기가 얼마나 감동적이고 설득력이 있느냐보다 얼마나 진정성이 있느냐가 더 중요하다.

공감대 형성을 위한 또 한 가지 원칙은 이야기할 때 하나도 빼놓지 말라는 것이다. 기억 속 경험을 이야기할 때는 하나부터 열까지 빼놓지 않고 상세히 말하는 것이 좋다. 특히나 감각적 속성을 지닌 세부 사항들은 말하는 사람의 열정을 더욱 북돋우는 한편 듣는 사람의 상상력을 자극하는 효과가 있다. 경험이라는 이름으로 자신이 보고 들었던 것 그리고 지각하고 느꼈던 모든 것을 상세하게 드러내는 동안 자기 자신은 물론이고 타인의 마음도 움직여질 것이다.

마지막으로, 타인의 마음을 얻으려면 자신의 경험을 이야기할 때 일인칭을 사용해야 한다. '당신', '그들' 혹은 '사람들'이라고 칭하게 되면 전하고자 하는 메시지는 사실이 아니라 하나의 의견이 되고, 경험이 아니라 하나의 사례에 불과한 것이 되고 만다. 사람들은 이러한 메시지에서 교훈을 얻을지 몰라도 공감대를 형성하지는 못할 것이다. 공감대가 형성되지 못하면 화자의 진정성이 청자에게 전달될 수 없다.

변연계 공명을 통해 타인과 공감대를 형성할 수 있느냐는, 커뮤니케이션 상황에서 자신의 약점마저 기꺼이 드러내면서 전달하려는 메시지에 진심을 담을 의지가 있느냐 없느냐에 달렸다. 일단 공감대가 형성된 이후에는 메시지의 내용이 중요해진다. 즉, 공감대를 형성하는 데 성공했다면 그다음에 신경 써야 하는 부분은 바로 메시지의 '내용'이다.

이어지는 장들에서는 메시지 구성의 기본 틀, 커뮤니케이션 가이드 작성을 위해 자문해 봐야 할 사항, 분명하고 진지한 리더십 커뮤니케이션을 위한 사례 등을 다룰 것이다.

4
소통을 디자인하는
리더의 커뮤니케이션 가이드

지금까지 타인과의 교감을 통해 그들로 하여금 새로운 미래를 창조하는 일에 동참하게 하는 것이 리더십의 본질이라고 설명했다. 리더로서의 능력과 교감의 필요성을 강조하면서 정서적 교감을 일으키는 방법에 초점을 맞췄다. 이 부분을 강조하는 데는 이유가 있다. 논리로 사람들을 설득할 수는 있으나 행동하게 하기는 어렵기 때문이다. 사람들을 행동하게 하려면 마음을 움직여야 하고 그러려면 이성보다는 감성에 호소해야 한다. 타인과의 교감을 통해 그러한 정서적 에너지를 끌어낼 수 있다. 조나 레러Jonah Lehrer는 자신의 저서《탁월한 결정의 비밀》을 통해 이에 관해 다음과 같이 정리했다.

 "감정 뇌'는 어려운 결정을 내려야 할 때 특히 유용하다. 수백만 비트의 정보를 병렬 처리하는 감정 뇌의 엄청난 계산 능력 덕분에 우리는 여러 대안을 평가해야 할 때 이와 관련된 모든 정보를 분석할 수 있다."

자신 자신에게 감정적으로 몰입하는 것도 못지않게 중요하다. 이를 통해 자신의 결심을 재차 확인하면서 실행의 의지가 더욱 확고해진다. 더불어 감정적인 몰입은 '열정의 샘'을 깊게 파는 효과가 있다. 결심을 실행하는 데 필요한 열정을 이 샘에서 계속 퍼올릴 수 있게 된다.

정리해보자. 변화를 일으키는 데는 이성에 호소하는 것보다 감성에 호소하는 것이 더 효과적이다. 긍정적 감정은 우리의 참여 행동에 영향을 미친다. 즉, 좋은 '생각'이라는 것만으로는 부족하며 여기에 긍정적 '감정'이라는 요소가 가미되면 우리가 이루어내고자 하는 변화를 달성하기가 훨씬 수월해진다.

리더로서 변화를 촉구하며 그러한 계획을 실행하라고 지시하는 일은 중요하다. 그러나 감정적 차원에서 변화의 이유와 의미, 목적을 이해시킨다면 실행력이 배가될 수 있다. 이때 듣는 이들과의 교감에서 가장 중요한 요소가 바로 진정성임을 잊지 않아야 한다.

진정성 확보를 위한 글쓰기

변화의 타당성을 진정성 있게 전달하는 가장 좋은 방법은 글쓰기다. 글을 쓰는 동안 무엇을 말하고 싶은지가 점점 더 분명해진다. 이를 위해 추천할 만한 것이 바로 '리더십 커뮤니케이션 가이드'이다.

PART 2에서는 '리더십 커뮤니케이션 가이드'의 구성 요소들을 다룰 것이다. 이 가이드는 리더(화자)가 추진하고자 하는 변화의 목적, 추진의 의지, 타당성 등을 타인(청자, 구성원)에게 전달하여 이들의 동참을 이끌어내는 데 필요한 모든 사항을 기록한 문서다. 이 문서는 연설문이나 메모, 논문은 아니지만, 한편으로는 연설이나 메모, 논문의 요소를 다 포함하고 있기도 하다. 가이드는 항상 '진행형'인 동적(動的) 문서로서, 자기 자신과 타인의 마음을 움직여서 변화 행동에 동참시키는 데 필요한 모든 정보와 생각을 보관하는 '창고'와 같다. 이 정보 창고 안에는 자신의 신념, 주장에 대한 강력한 증거, 주장 사항과 관련된 모든 요소, 열정과 의지, 교감의 기본 원칙 등이 차곡차곡 들어 있다.

서구 사회의 리더, 특히 경제계 리더는 이러한 형태의 글쓰기에 익숙지 않다. 다른 지역도 상황은 거의 마찬가지다. 대체로 우리는 내면의 목소리보다는 조직의 문화적 규범이나 기존 원칙에서 크게 벗어나지 않는 범위에서 타인과 소통하려고 한다. 자기표현의 마력적 효과를 알고 있어도 기존 틀에서 벗어나지 않는 것이 더 마음 편하다고 생각한다. 그러나 이 작업을 일단 시작한 사람은 개인적 삶이라는 측면에서도 그렇고 직업적 측면에서도 이 가이드가 매우 유용하다는 사실을 깨닫게 된다.

1998년 초에 나는 곧 은퇴를 앞둔 비자인터내셔널Visa International의 사장 겸 CEO 에드 젠센Ed Jensen을 소개받았다. 젠센은 금융 서비스 부문에서 눈부신 활약을 보인 베테랑 기업인이었으나 이제는 그 생활을 마무리하고 돈보다는 인류애를 실천하는 일에 종사할 계획을 세우고 있었다. 특히 가난한 사람들이 경제적으로 자립할 수 있게 도와주는 쪽으로 가닥을 잡고 있었다.

우리는 샌프란시스코에 있는 헌팅턴 호텔에서 만나 술을 마시면서 은퇴 후의 계획과 앞으로의 협력 방향에 관해 의논했다. 젠센은 '진정성 있는 리더십'에 관심이 아주 많았다. 앞으로 경제 활동보다는 봉사 활동에 초점을 맞출 생각인 만큼 자원봉사자 같은 사람들을 많이 만나게 될 터였다. 그런데 이런 사람들은 돈이 아니라 의미를 추구하는 사람들이기 때문에 돈으로 동기를 부여할 수 있는 '직원'보다 다루기가 훨씬 까다롭고 마음을 움직이기도 어렵다. 젠센에게는 그들의 충성심을 얻으려면 어떻게 해야 하는지가 중요한 문제였고, 그런 만큼 이 부문에 대한 통찰력도 남달랐다.

우리는 진정성 있는 커뮤니케이션에 관해 이야기를 나눴다. 진정성 있는 커뮤니케이션을 현장에 적용하기가 참으로 어렵다는 부분을 이야기하다가 그나마 가장 효율적인 커뮤니케이션 도구 중 하나가 '시'라는 결론에 도달했다. 예외가 전혀 없지는 않으나 대체로 시인은 뭔가 하고 싶은 말이 있을 때 시를 쓴다. 그 말을 들어줄 사람이 있든 없든, 자신이 하고 싶은 말을 시에 담기 때문에 다른 문학 장르와는 다른 감동을 우리에게 안겨준다.

당신은 새소리를 어떻게 듣는가? 그저 들리는 대로 들을 뿐, 그 소리가 무슨 의미인지 누군가 설명해주기를 바라지도 않고 다른 사람들이 그 의미를 얼마나 잘 이해할지 따위를 고민하지도 않는다. 시를 읽을 때도 마찬가지다. 시 구절의 의미를 설명한 해석본이 나오기를 기대한다거나 다른 사람들은 이 의미를 제대로 파악할 수 있을까를 생각하지 않는다. 위대한 시인 중에는 자기 자신을 들여다보려고 시를 쓴다고 고백한 이가 꽤 많다. 물론 처음부터 그러한 목적을 의식하면서 쓰지는 않지만 말이다.

젠센은 자신도 중고등학교와 대학에 다닐 때는 시를 썼는데 나이가 들면서 시 쓰는 일이 없어졌다고 말했다. 그러면서 자신의 이야기를 들려줬다.

우리가 만나기 몇 개월 전, 젠센의 아버지가 돌아가셨고 그 참에 본가 다락방을 정리했다고 한다. 그러다 우연히 편지 한 묶음을 발견했고 그

중 하나를 꺼내 읽어봤다. 그것은 가족에 대한 부모님의 희생과 사랑에 감사하는 내용의 에세이였다. 다음 장을 넘겨 봤더니 글쓴이가 바로 자신이었다. 생각해보니 대학 때 마지막 학기 과제로 그 에세이를 썼던 기억이 났다. 그는 말했다.

"요즘은 그런 에세이를 쓸 수가 없어요. 지금 쓰는 것은 죄다 메모 같기만 하더군요."

나 또한 말이나 글에 진정성을 담아내기가 참 어렵다는 생각을 하며 진정성을 전하는 방법을 찾아 고뇌하던 시절이 있었다. 그날 밤, 젠센과 헤어진 다음 나는 그에게 데릭 월콧Derek Walcott의 시 한 편을 보내줬다. 허락을 얻어 여기에 그 시를 소개한다.

사랑 뒤의 사랑

언젠가는

문 앞에 서 있는 혹은 거울 속에 있는

당신 자신을 기쁘게 맞이할 날이 올 겁니다

둘이 웃으며

서로 반기는 그 날이 올 겁니다

앉아서 뭘 좀 먹으라고 말하세요

한때 당신 자신이었던 그 낯선 사람을 당신은 다시 사랑하게 될 겁니다

그에게 포도주를 주세요, 빵을 주세요

당신을 사랑했던 그 낯선 사람에게 다시 마음을 주세요

일평생

다른 것에 한눈파느라 무시했던 그 사람

진심으로 당신을 사랑하는 그 사람에게 다시 당신의 마음을 돌려주세요

이제 책장에서 연애편지를 꺼내세요

사진도, 절박했던 글도 다 꺼내세요

당신의 껍질은 이제 벗겨 내세요

앉으세요. 그리고 당신의 인생을 즐기세요

그러자 젠센은 이메일로 답장을 보내왔다.

"내게 딱 어울리는 시를 보내 주다니, 정말 고마워요."

젠센의 이 말에 자극을 받은 나는 이후로 다른 시인들도 더 많이 찾아보고 시도 더 많이 읽고 글도 더 많이 쓰게 됐다. 이러한 노력이 리더의 특성이 무엇인지 알아내고, 훌륭한 리더를 만드는 데 보탬이 되는 방법을 찾기에 유용하다고 생각했기 때문이다.

젠센의 사례에서 감이 오겠지만, 시인이 아닌 대다수 사람은 어느 순간에, 대개는 비교적 젊은 시절의 어느 시점에 우리 자신의 진짜 목소리를 잃어버린다. 그리고 좀 더 통속적인 목소리가 그 자리를 차지한다. 사회라는 맥락에서 한데 어울려 살아가려면 두드러지기보다 일반적으로 받아들여지는 '목소리'를 내는 것이 마음 편하기는 하다. 그러나 한 번 자리바꿈을 한 그 목소리가 시간이 가면서 점점 자신의 목소리로 굳어질 수 있다. 젠센은 20년이라는 시간을 훌쩍 보내면서 원래의 진짜 목소리를 낼 기회를 거의 다 놓치고 말았다. '평생 당신을 사랑했던' 그리고 월콧과 다른 모든 사람이 바라보는 거울 속 그 낯선 사람의 목소리를 말이다.

2012년 2월에 젠센과 다시 이야기를 나눌 기회가 있었다. 젠센은 오리건 주 포틀랜드에 있는 루이스앤드클라크대학 이사회를 비롯하여 몇몇 이사회에 재정 담당 임원으로 활약하는 등 꽤 잘 나가고 있었다. 또 멕시코의 카보 산 루카스에 있는 리더십 아카데미의 패널로 활동한다며 신이 나서 말했다. 이 아카데미는 애리조나 주에서 부동산 개발업에 종사한 적이 있는 티켓마스터TiketMaster의 공동 창업자 제리 넬슨Jerry Nelson이 시작한 것으로, 리더십 강의가 진행되는 일주일 동안 백여 명이 참석할 정도로 인기가 있다. 이 아카데미의 패널에는 젠슨을 포함하여 세계적으로 유명한 리더들이 포함돼 있다.

자기표현 및 변화와 관련하여 예전에 젠센이 보여준 통찰력은 내게도 좋은 자극제가 됐었다. 우리가 처음 만났던 그때 이후로 근 15년이란 시간이 흐른 지금, 과연 새로운 것을 시작하면서 우리 자신을 변화시킬 수 있을까? 다시 만난 젠센이 말하고자 하는 요지는 이것이었다. '우리가 계속해서 새로운 꽃을 피울 수 있을까?' 그러자 스탠리 쿠니츠Stanley Kunitz가 아흔이 넘어 쓴 또 한 편의 시가 떠올랐다. 쿠니츠는 〈층The Layers〉이라는 제목의 시에서 젠센이 물었던 것과 본질적으로 같은 것을 물었다.

기쁜 마음으로

다시 발길을 돌린다

가야 할 곳이 어디든

그곳으로 가고자 하는 내 의지에는 조금도 변함이 없다

그 길에 놓인 돌 하나하나가 내게는 다 소중하다

쿠니츠는 인생이라는 긴 여정을 걸어오면서 자신이 했던 모든 노력과 자신이 남긴 시들을 살펴보며 그 해답을 찾으려고 했다. 가던 길을 멈추고 자신이 걸어온 길을 되돌아본 그는 자신이 참으로 긴 여행을 했다는 생각에 잠시 놀라워한다. 그러고는 다시 앞을 바라본다.

쿠니츠처럼 젠센도 계속 앞으로 나갈 것이다. 변화를 멈추지 않도록 자기 자신을 계속 자극하고, 그 자극을 타인에게도 계속 전달하면서 말이다.

자신의 목소리를 내기 위한 준비

운이 좋으면 허락을 기다리지 않아도 언젠가 만났던 '그 낯선 사람'이 불쑥 다시 나타날 수 있다. 우리가 무시했던 그 목소리는 사실은 엄청난 힘을 지니고 있어서 바라든 바라지 않든 간에 어느 순간 저절로 튀어나올 때가 있다. 내 이야기를 들으며 당신에게도 그런 경험이 있는지 생각해보라.

아직 삼십 대였으니까 비교적 젊었을 때, 나는 동부 해안 지역에서 IBM 영업 사무소를 운영하고 있었다. IBM에서 근무한 15년 동안 성공의 맛도 쏠쏠히 봤지만 1970년대 중반 무렵에는 서부 쪽으로 돌아가기로 마음먹었고, 다시는 동부로 돌아오지 않을 생각이었다. 이런 결심을 하자 하던 일에 대한 흥미도 시들해졌고 매사가 다 심드렁한 기분이었다. 게다가 쓸데없이 규정과 절차에 치중하는 관료적 조직 관행에도 신물이 났다.

당시 연방 정부 규정에 따라 주간(州間) 상거래를 하는 모든 회사는 '기회 평등'을 위해 회사 차원에서 인사관리에 어떤 노력을 기울였는지 그 내용을 상세히 기록해야 했다. 대다수 관리자는 이 번거로운 절차에 진저리를 쳤다. 게다가 해도 그만, 안 해도 그만인 서류 작업에 매달리느라 정작 소수자의 고용과 승진을 위한 실질적인 방안에는 신경을 쓰지 못하는 아이러니한 상황이 벌어졌다. 그해 1월에는 인력관리 담당 부사장이 여기에 한 가지를 더 보태줬다. 가뜩이나 성가신 서류 작업에 치여 힘들어하는 관리자들에게 기회 평등 원칙을 위해 배려해야 할 사람들, 특히 여성과 소수자 개개인의 성장과 발전을 위한 계획서를 작성해서 보고하라고 지시했던 것이다. 위에서 이런 지시를 내렸을 때는 배려 대상 직원에 대한 실질적 경력 개발과 상담 같은 활동이 원활히 이루어지는 상황을 기대했을 것이다. 그러나 그러한 의도와는 달리 이 지시는 결국 성가신 서류 작업만 더 늘렸을 뿐이다. 이미 그러한 활동을 하고 있었던 관리자들에게는 짐만 더 늘어난 셈이고 말이다.

우리 부서 담당자 아홉 명은 분기마다 뉴저지 주 사무소에서 담당 임원과 함께 계획의 진행 상황을 검토하는 일종의 평가회를 가졌다. 그해 3/4분기 평가 회의 도중 소수자를 위한 발전 계획서를 작성하라고 지시했던 그 부사장이 회의실로 들어와서 자신이 내린 지시 사항에 대한 사람들의 의견을 물었다. 긍정적인 대답이 나오리라 기대했을 것이다.

"내 평생 이렇게 쓸모없는 짓은 처음 봅니다."

들기에도 민망한 이 '발칙한' 말을 입 밖에 꺼내 놓고는, 내가 이 말을 했다는 사실을 한동안은 깨닫지 못했다. 겨우 사태를 파악한 나는 이제 회사 생활도 끝장이구나 싶었다. 그렇게 몇 시간 같은 몇 초를 보내면서 이미 저질러진 일이니 어쩔 수 없다는 생각이 들었다.

그때 어색한 침묵을 뚫고 누군가의 목소리가 들려왔다. 내 상사이자 멘토인 에드 모스너Ed Mosner였다.

"자네 말에 딱히 동의하는 것은 아니네만. 흠, 그럼 어떻게 했으면 좋겠는가?"

대다수 사람이 직접적으로든 간접적으로든 이런 순간을 경험했을 것이다. 내면의 목소리를 발견하는 것과 자신이 추구하는 가치가 무엇인지를 알아내는 일이 같지는 않다. 그러나 그 가치가 침해되는 좌절의 순간에 그 목소리가 불쑥 튀어나오는 일이 종종 있다. 오래된 만화의 주인공 뽀빠이처럼.

뽀빠이는 인내심이 한계에 도달할 때까지 일단 참는다. 그러다가 자신의 앙숙이 계속 도발해서 도저히 참을 수 없는 지경이 되거나 오랜 친구이자 연인인 올리브가 위험에 처했을 때는 오른손 집게손가락을 쳐들고 두 뺨을 부풀리며 이렇게 말한다. "참을 만큼 참았어! 더 이상은 못 참아!" 그러고는 시금치 통조림을 꺼내 그것을 단숨에 입안에 털어 넣고 문제를 해결하러 간다. 대개는 힘으로 해결하지만.

그렇게 자신의 생각을 밖으로 표출하는 것은 곧 무언가를 지지하려는 굳은 의지의 표현이자 인격적 성숙의 순간을 의미한다는 측면에서, 이 같은 자기표현의 순간은 영웅적이기까지 하다. 문학 작품이나 영화, 미술, 연극에서도 이러한 순간이 사람들의 마음을 움직인다. 자신의 생명(내 경우에는 직장)까지 내던질 정도로 확신에 찬 행동을 보일 때 우리는 그것에 감동하게 된다. 토드 앤더슨(영화 〈죽은 시인의 사회〉의 등장인물)이 키팅 선생을 옹호하는 의미로 책상 위에 올라서던 그 순간, 윌리엄 월리스(영화 〈브레이브 하트〉의 실존 모델인 스코틀랜드의 독립 영웅 —옮긴이 주)가 스코틀랜드 독립 전쟁에서 병사들을 이끌고 포효하던 그 순간, 해리 포터가 악당의 공격에도 끈질기게 살아남아 결국은 승리하던 그 순간! 어느 경우든 한 가지 분명한 것은 이 세상에는 지킬 가치가 있는 무언가가 존재한다는 사실이다. 극단적으로 표현하자면 '목숨을 내걸고라도' 지키고 싶은 것이 있을 때는 돈도 명예도 심지어 생명마저도 그 기세를 꺾지 못한다.

에드 모스너는 이익을 위해 아부하는 이른바 '정치성'보다 '진정성'에 더 가치를 뒀기 때문에 나의 '폭탄' 발언을 크게 나무라지 않았다. 그런 면에서 나는 행운아였던 셈이다. 그러나 매번 이렇게 운이 좋을 수는 없다. 현실은 이와는 정반대일 때가 훨씬 많다.

물론, 신념을 바탕으로 과감하게 자신의 주장을 펴는 사람들이 리더의 역할에 더 적합한 것만은 분명한 사실이다. 자신에게 중요한 것이 무엇인지 명확히 인식하고 그 가치를 지키자고 용기 있게 나서는 그런 사람들이 리더가 되어야 마땅하다.

그러나 용기 있는 주장과 성급한 발언은 다른 것이다. 소수자의 성장 및 발전 계획에 대한 의견을 물었을 때 불쑥 튀어나온 내 발언이 다른 사람들의 마음을 움직였으리라 생각하지는 않는다. 아니, 오히려 반감을 샀으면 샀지 긍정적인 반응을 얻지는 못했을 것이다. 그래도 모스너의 특별한 배려 덕분에 나는 그곳에서 2년을 더 버틸 수 있었다. 그렇게 2년을 더 일하는 동안, 나는 소수자의 성장과 발전에 관한 보고서를 '작성'하는 일보다 실질적 성장 계획을 '실행'하는 일에 더 주안점을 뒀다. 그러면서 이와 관련한 내 커뮤니케이션 방식에 문제가 있었다는 사실을 깨달았다.

관료적 절차에 대해 무조건 반감을 드러내는 것만이 능사는 아니었다. 대다수 사람은 정서적으로 이미 이러한 절차에 익숙해져 있었고 그러한 관행을 바꾸는 데 회의적인 사람도 많았다. 다른 사람의 관심을 얻으려면 좀 더 체계적이고 포용적인 접근법을 사용해야 했고, 사람들의 행동을 이끌어내려면 단지 보고 절차를 바꾸는 것이 아닌 좀 더 고차원적인 메시지를 토대로 한 커뮤니케이션을 시도했어야 했다. 단지 개인적인 능력을 보여주는 데 그칠 것이 아니라 의미와 가치에 기반을 두고 원칙에 따른 커뮤니케이션에 초점을 맞췄어야 했다.

절차를 중시하는 회사의 방침 때문에 '진정성'이라는 가치가 손상을 입었다. IBM의 리더는 무의식적으로 실질보다 형식을 중시했고 급기야 관행이 실행을 방해하는 상황을 만들었다. 또 우리는 마지못해 지시를 따르는 시늉만 했다. 그러한 상태에서 벗어나려면 관행을 변화시키기 위한 노력과 헌신, 변화에 대한 동기 부여를 기본 메시지로 한 커뮤니케이션이 이루어졌어야 한다. 그리고 이 메시지는 분명하고 진지한 것이어야 하고, 또 성급히 나설 것이 아니라 철저히 준비한 후에 메시지를 전달하기 시작했어야 한다.

이러한 생각을 바탕으로, 나는 리더십 커뮤니케이션 가이드를 작성했다. 내 가이드에는 고용 차별에 관한 정보와 그 역사, 진정성에 대한 나 자신의 강한 의지 그리고 인간의 기본적 권리로서 기회 평등의 가치에 관한 글들이 포함돼 있다. 이러한 가치관은 타인과 교감하게 하는 힘을 지니고 있었다. 현 체계가 최선이냐 아니냐를 따지기에 앞서, 그 체계를 개선하기 위해 해야 할 일이 무엇이냐에 더 초점을 맞출 수 있게 되었다.

그러자 (소수자의 발전을 위한 계획과 보고 관행이 바뀌지는 않았으나) 이를 수행하는 우리의 자세와 마음가짐에 변화가 생겼고, 이러한 방침을 실행하는 방식과 절차도 완전히 달라졌다. 몇 년 후 연방 정부는 이러한 규정을 철회했다. 물론 나는 규정이 철회되기 훨씬 전에 IBM을 떠났지만, 변화에 동참했던 IBM의 관리자들은 규정의 존폐 여부와 관계없이 이미 바람직한 근거에 따라 적절한 행동을 해왔으리라 확신한다.

자신의 진짜 목소리가 진정한 리더십으로 이어지려면 훈련이 필요하다. 재차 강조하지만 내면의 목소리라고 불쑥 드러내기만 해서는 타인의 마음을 움직이기 어렵다. 아무런 노력도 하지 않으면서 그 목소리가 저절로 튀어나올 때까지 기다려서는 안 된다. 요컨대 뽀빠이처럼 한계 상황에 몰릴 때까지 기다려서는 안 된다. 그보다는 자신의 가치관에 따라 변

화를 이루어내는 데 초점을 맞추고 커뮤니케이션 가이드를 작성하는 과
정에 들어가는 것이 훨씬 바람직하다.

능력을 입증하고 교감하기

진지한 성찰을 통해 무엇을 어떻게 해야 할지에 관한 감을 얻은 다음에는
이를 실행에 옮겨야 한다. 그러자면 우선 글쓰기 훈련이 필요하다. 준비
없이 즉석에서 이루어지는 대화에도 진정성은 있을 수 있다. 그러나 순간
적으로 타인의 감정을 자극하는 효과 이상을 기대하기는 어렵다.

　예를 들어, 청중의 가슴에 그야말로 '불을 지르는' 연설을 할 수는 있다.
그 연설을 듣고 난 사람들은 솟구치는 의욕을 주체할 수 없어 당장에라도
뭔가 해보고 싶은 마음이 들 것이다. 그런데 뭔가를 하고 싶은데 막상
무엇을 어떻게 해야 할지 감을 잡을 수 없다는 게 문제다. 이처럼 확 타
올랐다가 이내 사그라지는 불꽃 같은 커뮤니케이션이 비공식적 모임 상
황에서 공공연히 이루어지고 있고 청중은 뭔가 해보려는 의욕으로 가득
찼다가 뭘 해야 할지 알 수 없어서 이내 의욕도 관심도 수그러드는 일이
비일비재하다. 이런 유형의 연설자에게는 '늙은 철갑함(올리버 크롬웰의 별
명 ―옮긴이 주)' 혹은 '중성자탄 잭(구조조정이라는 명목으로 대규모 해고를 단행한 GE
의 CEO 잭 웰치의 별명으로서 건물은 그냥 두고 인명만 살상하는 중성자탄에 비유한 것 ―옮
긴이 주)' 이라는 별명이 어울릴 것 같다.

　사람의 마음을 움직여 행동을 이끌어내는 커뮤니케이션을 위해서는 열
정과 이성이라는 두 가지 요소가 모두 갖춰져 있어야 한다. 사람들의 신
뢰와 참여 의지를 이끌어내는 데는 이 두 가지가 다 필요하다. 머리와 가

슴 모두에 호소할 수 있어야 하기 때문이다. 이 과정에 필수적인 것이 바로 글쓰기다. 글을 쓰다 보면 불분명하거나 모호했던 생각이 정리되면서 하고자 하는 것이 무엇인지가 더욱 확실해지고 그 일에 대한 열정과 실행 의지도 더 강해진다. 자기 자신의 '리더십 커뮤니케이션 가이드'를 작성하다 보면 일종의 저항을 경험할 수도 있다. 가이드를 만드는 것이 어렵고 시간도 오래 걸리는 이유가 다 여기에 있다.

2012년 당시 REIRecreation Equipment, Inc.(아웃도어 용품 전문 기업)의 임원으로 있던 매트 하이드Matt Hyde는 타인의 마음을 움직이는 능력이 탁월한 사람으로 유명했다. 하이드 부부는 둘 다 등산을 즐겼다. 그래서 작은 텐트 안에서 폭풍이 잦아들기를 하염없이 기다리거나 또 몇 시간이고 기다렸다가 일출을 보거나 하는 것은 일도 아니었다. 하이드는 이렇게 말한다.

"생각할 시간이 많아서 아주 좋습니다. 변화에 대해 진지하게 생각해보고 그러한 생각이나 감정을 글로 써보는 기회가 되니까요."

내가 하이드와 이야기를 나눌 당시 그는 자신이 1993년에 만들었던 REI 온라인 매장을 확 바꾸는 계획을 추진하고 있었다. 15년 동안 유지되면서 직원과 고객 모두에게 익숙해진 매장을 전면 개조하는 것은 너무 큰 변화로 받아들여졌다. 우리가 이야기를 나눴던 그 주에 하이드는 하버드 경영 대학원 학생 85명 앞에서 순전히 영리만을 목적으로 하는 사업과 협력 사업 간의 차이를 주제로 연설했다. 또 그다음 주에는 시애틀에서 열린 리더십 콘퍼런스에서 한 시간짜리 프레젠테이션을 담당하기도 했다. 두 사례 모두 고객 충성도, REI의 비전과 가치, 협력 사업의 이점 등 바탕에 깔린 가치관을 같았으나 접근법은 달랐다. 하이드는 커뮤니케이션을 중시했기 때문에 프레젠테이션의 세부 내용을 정리하고 기록하는 데 한 시간이나 걸렸다. 그는 자신이 발표할 내용을 준비하는 데 공을 들여야만 좀 더 효과적이고 진정성 있는 커뮤니케이션이 된다고 생각했다.

하이드는 이와 같은 공식적 커뮤니케이션 외에 틈틈이 직원과 고객, 언론, 기타 이해관계자와 소통했다. 비공식적이고 즉흥적인 커뮤니케이션 상황에서는 또 그러한 상황에 대비하여 써뒀던 글을 활용했다.

하이드는 자신의 리더십 코치인 셰릴 크리스티-비어솅크Sherryl Christie-Bierschenk의 조언에 따라 규칙적으로 글을 써두는 훈련을 했다. 이러한 습관을 들이기는 매우 어렵지만, 그는 이렇게 준비해놓았던 특정한 이야기나 자료가 언제고 타인의 마음을 움직이는 유용한 도구가 될 수 있다는 사실을 잘 알았다. 실제로도 준비했던 비공식적인 자료들이 훗날 프레젠테이션을 준비할 때 유용하게 활용되곤 한다.

예를 하나 들어보겠다. 하이드는 리처드 루브Richard Louv를 REI 고객과 직원들에게 어떻게 소개할지 궁리하던 끝에 자신이 썼던 글을 참고하기로 했다. 루브는 자신의 저서《자연에서 멀어진 아이들Last Child in the Woods》을 통해 주의력 결핍 장애 아동에게는 탁 트인 개방된 공간과 야외 활동이 매우 중요하다고 주장했다. 몇 주일 전에 하이드는 디트로이트 시립 공원 책임자를 만났었다. 이 한 사람 덕분에 디트로이트는 미국에서 손꼽히는 훌륭한 공원을 보유한 도시가 됐다. 실제로 디트로이트 시립 공원은 시애틀에서 가장 큰 공원인 디스커버리 공원보다 다섯 배나 더 크다. 대다수 사람은 시애틀은 친환경 문화 도시고 디트로이트는 산업 도시로만 알고 있다. 따라서 디트로이트에 이렇게 거대한 공원이, 그것도 시애틀보다 더 큰 공원이 있다는 생각은 못하는 것 같았다. 그래서 그는 한 사람의 노력으로 많은 사람의 야외 활동 경험이 더욱 풍부해질 수 있으며, 그것은 디트로이트 같은 거대 도시도 예외가 아니라는 사실을 강조하기 위해 그 만남을 소재로 삼았다. 글쓰기, 감명받은 부분 기록하기, 부수적인 사건들 이야기하기, 가치관을 명확히 밝히기 등 이 모든 것이 타인을 움직이는 이른바 감화 도구가 될 수 있다. 이러한 요소들을 자신의 가이드에 충실히 반영하라.

자신을 되돌아보고 글쓰기 훈련을 하고 메시지 구성의 기본 요소들을 꼼꼼히 파악하는 것이 물론 중요하기는 하다. 그러나 여기서 말하는 지침을 따른다고 진정성이 보장되지는 않는다. 다만, 그 가능성이 열리는 것뿐이다. 음악으로 치자면 이 책에서 제시하는 것은 기보법(記譜法 : 음악의 시각화를 위한 악보 표기법—옮긴이 주)이라고 할 수 있다. 악보는 음악을 표시하는 하나의 형식이며 악보를 통한 연주도 청중의 미적 감성을 자극하지만, 그 음악에 담긴 진정한 '의미'를 전달하는 것은 연주자의 몫이다.

〈샌프란시스코 크로니클〉지의 음악평론가 로버트 코멘데이Robert Commanday가 1990년대 초에 샌프란시스코 심포니 오케스트라와 차이콥스키의 〈바이올린 협주곡 D 장조〉를 협연한 러시아 출신의 젊은 바이올리니스트 바딤 레핀Vadim Repin의 연주를 보고 남긴 비평에서도 이 같은 부분을 확인할 수 있다. 나도 그 연주회를 보러 갔었다. 한때 바이올리니스트이기도 했던 내 눈에도 레핀의 연주는 기술적으로 흠잡을 데가 없었다. 그의 연주는 빠르고 정확했으며 연주가 끝나고 나자 청중의 기립 박수를 받았다. 그러나 내가 듣기에도 악기와 연주자, 오케스트라 그리고 음악이 혼연일체가 되는 순간은 몇 번 되지 않았던 것 같았다. 코멘데이도 그러한 부분을 느꼈던 듯하다.

아래는 코멘데이의 비평 중 일부다.

레핀의 연주는 웅장하고 강렬했으며 열정적이었고 질주하듯 폭발하는 오케스트라의 웅장함에 견주어도 모자람이 없을 만큼의 완벽한 기교를 보여줬다. 연주자가 만들어내는 음악 속에는 그 연주자의 개성이랄까, 그의 내면적 모습이 반영돼 있어야 한다. 레핀이 1악장의 카덴차(연주자의 무반주 독주 부분)를 연주할 때는 부드러운 음색이 압권이었다. 그런데 카덴차가 끝나고 나자 레핀은 질주하기 시작했고 숨은 듯 아닌 듯 음악 속에 감춰져 있던 레닌의 개성이 크게 두드러졌다.

피날레는 점점 더 빠르고 격렬했고 청중은 이 연주에 매우 만족했다. 그러나 음악성 없는 기교는 무의미하다. 중요한 것은 어떻게 연주하느냐가 아니라 왜 연주하느냐다.

바이올리니스트가 악보를 보며 그 악보대로 연주한다고 악기를 통한 연주자의 자기표현이 완성된다는 보장은 없다. 이와 마찬가지로 자신의 '커뮤니케이션 가이드'를 작성한다고 자신의 내면에 있는 진정한 목소리가 저절로 튀어나오는 것은 아니다. 그러나 이러한 작업을 통해 자신의 생각과 감정을 인식하고 최대한 긍정적 결과를 이끌어내는 데는 분명히 도움이 된다.

악보와 '가이드'는 실체 혹은 본질을 담은 '형식'이자 '외피'다. 자신이 추구하는 가치와 신념을 글로 적어 놓은 다음에는 그 글에 자신의 진짜 목소리를 담아내야 한다.

진정성 있는 커뮤니케이션이란 마음과 정신 그리고 자신과 타인(커뮤니케이션 대상) 간의 지속적인 어울림이자 교감 행위다. 자신이 어떤 문제에 몰두하면 '거울 뉴런'의 신비한 기능 덕분에 그 몰두하는 모습을 지켜보는 타인도 그것에 몰두하게 된다. 자신이 변화에 대한 열정과 강한 신념으로 행동에 나서면 자신이 주장하는 변화의 메시지에 동조하여 타인도 역시 똑같은 열정과 신념으로 그 변화에 동참하게 된다.

전하고 싶은 메시지가 있을 때 우선 그 메시지에 자신의 인생과 생각, 철학이 담겨 있는지 확인해야 한다. 우리가 사용하는 단어 그리고 이야기하는 방식에 따라 그 말하는 사람이 리더인지 아니면 단순히 어떤 좋은 생각에 대해 열정이 많은 사람일 뿐인지, 또 타인의 마음을 움직이고 싶어 하는지 아니면 그저 목적만 달성하면 된다고 생각하는 사람인지가 결정된다. 메시지를 효율적으로 구성하기가 여간 까다롭지 않다. 그런 만큼 그 과정에서 자신의 열정이 더욱 강해지고 메시지는 더욱 간단명료해진다. PART 2에서는 메시지 구성의 기본 절차를 통해 효율적 리더십 커뮤니케이션의 본질을 탐구하고자 한다.

Leading
out
loud

PART2
어떻게 영향력을
발휘할 것인가

리더십 커뮤니케이션을 위한
실천적인 가이드

INTRO

두 번째 파트에서는 사람의 마음을 움직이는 커뮤니케이션에 관해 구체적으로 설명할 것이다. 우선 자신이 변화시키고 싶은 것이 무엇인지를 특정한 다음 이후 장들에서 제시할 지침을 따르도록 하라. 이 커뮤니케이션 가이드에서 요구하는 기본 요소는 '능력'과 '신뢰'다. 따라서 내적 부분을 다룬 자서전적 요소 그리고 외적 부분을 다룬 상황적인 요소가 모두 포함돼 있다. 이 과정을 시작하기에 앞서 자신이 주장하는 변화가 자신의 가치관에 부합하는 것인지부터 확인해야 한다. 따라서 때와 장소를 불문하고 어떤 커뮤니케이션 상황에서든 도움이 될만한 메시지 재료를 항상 찾고, 준비하고, 기록하는 습관을 들이는 것이 좋다.

이후 장들에서는 상징, 이미지, 은유, 유추, 이야기, 개인의 경험, 신화 등을 사용한 커뮤니케이션 사례를 소개하고 이러한 요소들이 특정 커뮤니케이션 상황과 어떻게 연계되는지를 설명할 것이다. 타인으로부터 신뢰를 얻고 또 타인의 마음을 움직여 자신이 주도하는 변화에 동참하게 하려면 이 모든 요소가 종합적으로 작용해야 한다. 이 가이드는 앞으로 자신이 전개할 모든 리더십 커뮤니케이션의 기초가 된다.

지금부터는 커뮤니케이션 가이드 작성과 관련된 지침들을 설명하는 한편, 여러분에게 계속해서 질문을 던질 것이다. 이를 자기 자신에게 들려주는 '자동 질문기'라고 생각하라. 그리고 질문 사항에 관해 진지하게 생각해보고 그 답을 정리하여 기록하라. 그 과정에서 스스로 적어 놓은 내용에 심적으로 동조하는 자신을 발견하게 된다. 머리로 생각만 할 때보다 그것을 글로 적을 때 생각이 더욱 명확해지는 것을 경험한 적이 있을 것이다. 이런 식의 자기 공명이 일어나면 커뮤니케이션 상황에서 자신이 전달하려는 메시지에 대한 확신과 열정이 더욱 강해진다. 그러면 듣는 사람도 화자가 어떤 비전을 말하는지 금방 이해하게 되면서 화자와 청자 간에 쉽게 공감대가 형성된다.

가이드를 작성하는 일은 권한을 위임하는 일과 비슷한 측면이 있다. 어쨌거나 매트 하이드처럼 작은 텐트 안에서 꼬박 밤을 지새울 수 있는 사람이 흔치는 않다. 나 또한 하이드처럼 텐트 밖 모닥불 옆에서 발표 내용을 미리미리 준비하며 열심히 글쓰기를 하라고 주문하는 것은 아니다. 다만, 어떤 부분을 왜 변화시켜야 하는지에 대한 자신의 생각들을 정리해놓을 필요는 있다. 그 내용을 직접 기록하는 일은 다른 사람에게 맡기더라도 그러한 생각을 정리하는 것은 자신의 몫이다. 내가 글쓰기를 대신해줄 수는 없으나 여러분을 대표하여 가이드 작성에 필요한 질문을 대신해주는 역할은 할 수 있다. 그러한 취지에서 이 책에 제시된 질문 사항이 큰 도움이 될 것이다. 그러나 여기에 제시된 것은 가이드의 기본 틀일 뿐이므로 자신의 신념과 이야기, 경험을 바탕으로 내용을 가다듬어 자신만의 가이드를 만들어야 한다. 이쯤에서 우디 앨런이 했던 기막힌 은유가 하나 생각난다. 앨런은 대학에서 형이상학 기말 시험을 볼 때 부정행위를 하다 발각된 적이 있는데, 자신은 옆에 앉은 학생의 '영혼을 들여다봤을 뿐'이라고 변명했다. 요컨대 자기 자신의 신념을 글로 쓸 때는 '다른 사람의 영혼을 들여다봐서는' 안 된다.

　이러한 유형의 글쓰기를 할 때 조언자가 있으면 크게 도움이 되지만, 그러한 조언자를 선택할 때는 신중을 기해야 한다. 기교가 뛰어난 '기술자'보다는 우리의 생각과 감정을 가장 효과적인 방식으로 표현하게 해주는 '사색가'나 '코치'를 찾기 바란다. 존 케네디의 연설 원고 작성자였던 테드 소렌슨Ted Sorenson은 케네디의 수석 보좌관 역을 수행하면서 대통령인 케네디와 매일 대화를 했다. 이와는 대조적으로 요즘은 커뮤니케이션 전문가라는 사람들 대다수가 글쓰기 능력은 탁월하지만, 자신의 고객과 직접 만나 대화를 나누거나 하는 일은 거의 없다. 상황이 이러하니 대필 의뢰 고객의 위치라든가 계획에 대해서는 알지 몰라도 그 사람의 신념이나 내면적 욕구 같은 것은 잘 모른다. 그러므로 조언자를 선택할 때는 글쓰기 기술만 뛰어난 사람보다는 신뢰할만하고 존경할만한 사람을 선택해야 한다. 고객에게 꼭 필요한 질문을 하고, 고객의 생각과 이야기를 기록하라고 독려하고, 실질적인 조언을 하고, 고객의 말을 경청하고, 조언자 자신이 아닌 고객 자신이 옳다고 느끼는 언어로 고객의 신념을 표현하게 해주는 그런 조언자가 필요하다.

마리오 쿠오모는 글쓰기에 능한 사람이면서도 커뮤니케이션 메시지를 작성할 때 여러 사람의 도움을 받았다. 노트르담대학교 신학과 학생들을 대상으로 낙태 권리에 관한 내용의 연설을 해야 했을 때 두 명의 보좌관이 연설문 작성에 참여했다. 쿠오모는 이들에 관해 이렇게 말했다. "두 사람 다 독실한 가톨릭교 신자였고 진지한 사색가이자 뛰어난 작가였다. 내가 낙태와 같은 예민한 주제로 연설해야 하는 상황에서 설득력 있는 메시지를 구상하느라 고군분투할 때 이 두 사람도 나만큼 고민하며 고생했다. 우리는 열심히 토론했고 열심히 글을 썼으며 또 격렬한 논쟁을 벌인 끝에 마침내 결론에 도달했다."

커뮤니케이션을 할 때마다 자신의 가이드에 있는 요소를 모조리 다 이용해야 하는 것은 아니다. 그러나 변화를 주장하는 상황에서 이 가이드가 메시지 전달 방향의 기본 틀이 돼줄 것이다. 메시지를 구성할 때 다른 사람의 도움을 받을 수도 있다. 그러나 그 메시지가 우선 자기 자신을 감동시키고 더 나아가 타인의 마음을 움직일 힘을 가졌느냐 아니냐는, 메시지에 자신의 가치관이 얼마나 반영됐느냐 그리고 해당 주제에 얼마나 몰두하고 있느냐에 달렸다. 자기 자신을 움직이지 못하면 타인을 움직일 수 없다. 타인으로부터 어떤 반응을 얻고 싶다면 먼저 자신한테서 그러한 반응이 나와야 한다. 가이드를 이용하면 리더십 커뮤니케이션의 필수 요소들을 적절히 배치하여 이를 효율적으로 활용할 수 있다. 가이드를 만드는 과정에서 모호했던 생각이 정리되고 신념이 더욱 확고해질 것이다. 따라서 변화에 대한 확신과 실천 의지 역시 보다 강해질 것이다.

이번 장은 아래와 같은 부문으로 구성돼 있다.

- 리더로서의 능력 증명과 신뢰 구축
- 맥락 공유
- 미래 묘사
- 실행

각 부문은 주제별 하위 요소로 구성돼 있으며 각 요소는 자신과 타인의 마음을 움직이는 기법 및 기술과 관련이 있다. 또 각 부문에는 우리가 주장하는 원칙을 지지하는 개별 사례들이 제시돼 있다.

각 요소에 대한 이해를 돕고자 PART 2 전체에 걸쳐 두 개의 가이드에서 발췌한 내용을 활용하려 한다. 하나는 내 고객이자 동료인 마이크 맥뮬런의 가이드로, 그는 현재 큰 조직을 이끌고 있다. 또 하나는 미국의 초중등 교육 제도에 관해 지난 10년 동안 작성해 온 나의 가이드다.

교육은 범세계적인 이슈이고 교육 제도는 국가마다 또 문화마다 다르다. 그러므로 교육 문제면 누구나 관심을 보이지 않을까 생각한다. 물론 이 가이드를 책에 소개하는 것이 조심스럽기는 하다. 개중에는 다른 의견을 가진 사람도 있을 것이고 아예 교육 문제에 관심이 없는 사람도 있을 것이다. 설사 이 주제에 대해 나와 의견이 다르다 해도 이렇게 내 가이드를 공개하는 것이 가이드 구성의 기본 틀 자체를 이해하는 기회가 됐으면 하는 마음이다. 가이드 전체를 보고 싶다면 웹사이트www.leadingoutloud.com를 방문하라.

여기에 소개된 것은 가이드의 일반적 내용, 형식, 순서 등을 보여주는 하나의 본보기일 뿐이라는 점을 기억하기 바란다. 따라서 자신의 가이드를 만들 때 참고용으로 활용하면 된다. 아래는 커뮤니케이션 가이드를 작성하기 위한 기본 틀이다. 기본 틀에 따라 각 장에서 제시되는 질문들에 답하며 자신만의 가이드 초안을 작성해보길 바란다.

리더십 커뮤니케이션을 위한 가이드라인

1 능력을 증명하고 신뢰를 구축하라

〈능력 증명〉
- 목적을 분명히 밝히기 : 문제 / 구체적인 변화 내용 / 변화의 필요성에 대한 증거 / 자격 사항과 약점

〈신뢰 구축〉
- 공감을 표현하기 : 감사 표현 / 저항 인정 / 공통 목표
- 자신을 드러내기 : 개인적 동기와 개인의 가치관

2 맥락을 공유하라

- 역사적 맥락을 밝히기
- 우선순위는 무엇인가
- 현실(걸림돌 혹은 장벽 포함)은 어떠한가
- 신뢰를 강화하기
- 구성원들의 관점을 넓히기

3 미래를 선언하라

- 생생한 이미지, 감각적 이미지를 사용해 미래를 묘사하기
- 최상과 최악의 가상 시나리오 제시하기
- 가치와 대의를 밝히기

4 실행 단계를 제시하고 먼저 행동하라

- 구체적인 실행 단계 제시하기
- 개인의 참여와 행동을 촉구하기
- 리더로서 먼저 행동하기

5
신뢰 획득
_능력을 증명하라

타인의 마음을 움직여 변화에 동참하게 하려면 리더와 메시지의 관계, 리더와 타인(청중, 구성원)의 관계, 타인과 메시지의 관계 등 세 가지 기본적 관계를 고려하여 메시지를 구성해야 한다. 특히 메시지는 리더가 중시하는 가치관에 부합하는 것이어야 한다.

또 신경 써야 하는 관계는 타인과 메시지의 관계다. 이 부분은 타인으로 하여금 리더가 주장하는 대의명분에 몰입하게 하는 데 중요한 역할을 한다. 그러나 가장 기본적인 관계인 리더와 타인의 관계가 훨씬 중요하다. 즉, 리더의 능력 그리고 리더와 타인 간의 신뢰에 기반을 둔 관계일 때에 한해 이러한 몰입을 기대할 수 있다. 변화를 도모하는 리더라면 이러한 부분을 반드시 고려해야 한다. 따라서 리더십 커뮤니케이션 가이드의 첫 번째 부문에서는 이러한 능력과 신뢰 요소를 다룰 것이다.

리더로서의 자격을 입증할 수 있는가

가이드의 기본 틀은 우선 능력을 입증하는 요소로 시작된다. 리더는 일단 목적을 분명히 밝힌 후에 리더로서의 자격과 능력이 있음을 보여줘야 한다.

1 목적을 명료화하기

리더가 무언가를 주장한다고 하자. 혹자는 그 말에 솔깃할 수도, 혹자는 관심이 없을 수도 있다. 그러나 리더가 자신이 주장하는 내용의 의미와 이유를 명확하게 인식하고 있다고 느껴지지 않으면 더 이상의 진전은 기대하기 어렵다. 즉, 아무리 관심이 가도 행동할 마음까지는 생기지 않는다. 관심을 보이는 선을 넘어 행동하고 싶은 마음이 들게 하려면 변화의 목적을 분명히 밝혀둬야 한다. 형이상학적 혹은 추상적 차원의 필요가 아닌 실질적 차원에서 변화의 필요성을 강조할 필요가 있다.

불과 수년 전에 우리는 최악의 세계 금융 위기를 겪은 바 있다. 미국 최대 주택담보대출기관 패니메이Fannie Mae의 전(前) 회장인 프랭클린 레인즈Franklin Raines는 최악의 금융 위기 사태에 한몫했다는 이유로 지금도 간혹 회자된다. 그는 2000년대 초에 아프리카계 미국인의 평등권을 위한 노력은 끝나지 않았다고 말했다. 2002년에 하워드대학 대학원생을 대상으로 한 연설에서 밝힌 바와 같이, 레인즈의 목적은 '인종 차별의 현주소를 알리고' 인종 차별이 존재하는 '이유'와 그 해결 '방안'을 모색하자는 것이었다. 인종 차별 문제를 꼭 해결해야 하는 이유가 무엇인가? 이에 대해 레인즈는 이러한 답을 내놓았다.

"미국의 교육과 고용 부문에서 인종 차별이 사라진다면 고등학교를 졸업하는 흑인이 지금보다 2백만 명 증가할 것이고 대학을 졸업하는 흑인도 2백만 명이 늘어날 것이다. 소득도 2천억 달러 정도가 증가할 것이다.”

수치로 따지면 불평등의 사회적 비용이 ‘2조 달러 이상’인 셈이다. 여기서 정리를 좀 해보자.

문제 불평등

목적 불평등 해소

주장의 증거 명백한 증거 있음

구체적 변화 저소득층의 내 집 마련을 도울 수 있음

레인즈는 2010년 의회 소위원회에 출석했을 때도 이러한 소신을 굽히지 않았다. 인종 차별 해소에 대한 그의 열정과 의욕이 너무 과했는지도, 그래서 평등권 보호라는 사회적 목적을 위해 이 준정부기관(패니메이)을 이용했는지도 모르겠다. 레인즈가 생각한 이 해결 방안이 과연 효과적이었는지 혹은 사회적 목적이라는 대의명분을 위해 집값을 대출해주는 방법이 과연 적절한지에 대해서는 여러 가지 견해가 나올 수 있다. 그러나 레인즈가 그러한 행동을 한 목적에 대해서만은 이견을 달지 못할 것이다.

프랭클린 레인즈의 경우처럼 행동의 목적을 명확히 정리하는 과정에서 자신의 신념이 더욱 공고해진다. 그리고 이렇게 목적이 명확히 제시되면 다른 사람들도 리더의 신념에 동조하게 된다. 요컨대 목적을 명확히 규정하면 변화에 대한 확신이 점점 강해지고, 타인도 리더의 그 확신에 공감하기 시작한다. 레인즈는 비공식적으로도 자신이 어떤 비전을 가지고 일을 하는지 밝힌 적이 많다.

“우리는 아메리칸 드림을 실현하는 중이다.”

레인즈의 소신에 따라 내 집 마련의 꿈을 이룬 사람들이 증가했다면, 적어도 그 사람들만큼은 레인즈의 열정을 이해하지 않았을까 싶다.

목적은 명료할수록 좋다

가이드를 작성할 때는 우선 몇 가지 질문 사항에 답해야 한다. 각 질문 사항들은 가이드의 기본 틀이 된다. 앞으로 계속해서 등장할 박스 속 질문들을 참조하라.

가장 우선적으로 답해야 할 질문은 목적을 명료화하기 위한 것이다. 이러한 질문에 답하는 과정에서 변화에 대한 열정과 의지가 더욱 강해지고, 변화가 현실화될 가능성도 더욱 커진다. 처음에는 리더 자신을 상대로, 그다음에는 구성원들을 염두에 두고 질문에 답해야 한다. 만일 이 과정을 생략하면 의도했던 것과 전혀 다른 엉뚱한 방향으로 나아갈 수도 있다. 이러한 질문에 답하는 과정은 구성원들의 관심을 불러일으켜 변화 행동에 동참하게 하는데 큰 도움이 된다.

- 문제가 무엇인가?
- 구체적으로 어떤 변화를 추구하는가?
- 변화의 필요성을 뒷받침할만한 증거가 있는가?
- 변화의 토대가 된 가치관은 무엇이며 그러한 변화를 통해 실현하려는 대의는 무엇인가?

앞서 소개한 바 있는 레베카 사울 버틀러는 UC 버클리에서 석사 과정을 공부하면서 건강관리 부문에 관심을 두기 시작했다. 버틀러는 임종 환자의 자기 생명 결정권을 주장하기 위해 그 목적을 일목요연하게 정리하기로 했다. 이를 통해 자기 생명 결정권과 관련한 문제가 무엇인지 또 어떤 부분의 변화를 원하는지를 밝혔다.

말기 의료(末期醫療)는 정부 예산이나 고령화 사회라는 측면에서 국가적인 관심사일 수밖에 없다. 메디케어(Medicare : 노인의료보험제도) 기금의 30%가 종말기 의료 부문에 소요되기 때문이다. 나는 모두가, 특히 가족 구성원들이 이 문제에 관해 솔직하게 이야기해봐야 한다고 생각한다. 나이 들어가고, 늙고, 죽는 것이 우리에게 어떤 의미인지 그

'죽음'과 같이 다루기 어려운 문제라도 리더가 처음부터 목적을 분명히 밝혀두면, 사람들은 그 리더가 확고한 신념과 용기로 그 어려운 문제에 뛰어들었다는 사실을 실감하게 된다. 문제가 어렵고 복잡할수록 목적을 더 명확히 밝혀야 한다. 버틀러는 현재 한 자선기금에서 프로그램 디렉터로 일하며 관련 기관이나 자선 활동에 기금을 분배하는 일을 담당하고 있다. 그런데 묘하게도 버틀러가 작성했던 초기 가이드 내용을 보면 현재의 직업을 짐작게 하는 부분이 있다.

진정성과 결단력이 느껴지면 존경심이 생기게 마련이다. 어떤 사안에서 리더와 의견이 갈리더라도 리더가 자신의 의지를 관철하려는 과감성과 결단성을 보여준다면 그러한 의견 차이도 극복될 수 있다. 따라서 어려운 문제일수록 자신의 목적을 더 솔직하고 분명하게 밝힐 필요가 있다. 이렇듯 이루고자 하는 바에 대해 리더가 과감하고 강한 모습을 보이면 사람들은 새로운 가능성을 기대하게 되고, 리더에 대해서도 원칙과 신념이 분명한 사람, 변화를 추진할 만한 자격을 갖춘 사람이라는 인상을 받는다.

이를 가장 잘 이해하는 부류가 정치인들이다. 그래서 그들은 어떤 커뮤니케이션 상황에서든 처음부터 자신의 견해나 입장을 밝히는 편이다. 2002년 말에 고(故) 에드워드 케네디Edward Kennedy 상원 의원이 준비한 이라크 문제에 관한 연설문은 이렇게 시작됐다.

"미국은 절대로 이라크를 상대로 전쟁을 벌여서는 안 된다고 생각합니다. 합당한 대안이 하나도 남아 있지 않을 때 마지막으로 꺼내야 하는 카드입니다."

목적을 분명하고 강하게 명시하는 것은 리더의 자격을 인정받고 변화를 위한 행동에 사람들을 참여시키는 데 도움이 된다.

여기서 2003년에 처음 만들어서 지금까지 15회에 걸쳐 계속 손 봐온 내 가이드의 첫 부분을 소개하고자 한다. 지금까지 미국 교육 제도의 변화를 주장하는 커뮤니케이션 장면에서 이 가이드를 못해도 백 번 정도는 사용한 것 같다.

필자의 커뮤니케이션 가이드 예시

목적 미국 초·중등 교육 제도의 변화가 시급하다.

구체적 변화 내용 열정적이고 유능한 교사를 확보하는 데 힘을 쏟아야 한다. 열정과 능력을 갖춘 현직 교사에 대해서는 계속해서 교직에 몸담을 수 있도록 지원해야 하고, 신입 교사에 대해서는 그러한 자질을 길러주는 데 필요한 자원을 투자해야 한다.

변화의 필요성과 그 증거 연방 정부와 주 정부가 효율적으로 현 교육 제도를 개선하지 못하고 있으므로 이 부분에 대한 개혁이 시급하다. SAT(Scholastic Aptitude Test : 수학능력시험) 주관사인 칼리지 보드College board 의 CEO 개스턴 케이퍼턴Gaston Caperton의 말대로 연방 정부의 교육 부문 지원 노력은 마치 '샌드위치를 만드는 것 같다'. '기준'과 '측정(시험)' 사이에 영양가 있는 것이라고는 아무것도 없다. 요컨대 실제로 학생들이 성장하는 데 필요한 것은 아무것도 제공해주지 못한다. 최근 연구 결과에 의하면 현 교육 당국은 관리 행정, 교사 자격증, 학급당 정원 축소, 특수 교과 과정 등과 같이 별로 중요하지 않은 일에 초점을 맞추고 있다. 미 법무부에 따르면 1993년 당시 고등학교 졸업생 가운데 20%가 자신의 졸업장을 읽지 못했다고 한다. 2011년에 고교 졸업생 수가 310

만 명이었다. 당시 비율이 그대로 유지된다고 가정하면 글을 완벽하게 깨치지 못한 학생이 50만 명이 넘는다는 계산이 나온다. 졸업을 못하고 중간에 학교를 그만둔 학생 수도 만만치 않은 데 이 부분까지 고려하면 그 수는 엄청나게 늘어날 것이다.

변화의 의미와 가치 여기서 화두는 바로 '공평성'이다. 공교육의 가치는 소수 엘리트만이 아닌 모든 사람에게 그 혜택이 돌아가는 데서 찾아야 한다. 대다수 사람이 기초 교육은 참여 민주주의의 기본 토대라고 믿고 있음에도 이처럼 공평성의 가치가 제대로 실현되고 있는지를 의심해야 하는 상황이 벌어졌다. 기초 교육에 힘을 쏟지 않는 국가는 그 미래가 암울할 뿐이다. 교육의 혜택을 받지 못하는 사람이 늘어나면 국민의 전반적 지식수준이 떨어지는 것은 당연하다. 이러한 상황이 계속되면 밖으로는 국가의 국제적 위상이 하락하는 한편 기존의 유산은 점점 그 가치가 떨어지고 불확실한 미래에 대한 불안으로 안에서부터 쇠락하는 사태가 벌어질 수 있다.

그러므로 우리는 한시라도 빨리 이러한 추세를 변화시켜야 한다.

이는 전체 가이드의 기초가 되는 부분이며 새로운 자료가 나오면 계속해서 첨가하여 증거요소를 보강했다.

2 리더의 자격을 입증하기

리더에게 변화를 주도할 자격이 있는지는 그러한 변화와 직접적으로 관련된 업무 경험, 인생 경험, 학력 그리고 특정 집단이 중요하게 생각하는 자격 요건 등에 따라 평가된다. '리더'의 직함이 있다면 휘하 사람들을 이끌 공식적 권한은 당연히 가진 것이다. 그러나 지시에 응해야 하는 사람들이 겉으로만 따르는 척하는 것이 아니라 진심으로 리더의 말을 따르게 끔 하려면, 리더에게 그만한 자격이 있는지를 먼저 입증해야 할 것이다.

그런데 실제로 보면 대다수 리더가 자신의 자격이나 능력을 크게 떠벌리려 하지 않는다. 겸손하고 싶어서일 수도 있고 그런 것까지 굳이 알 필요가 있을까 싶어서일 수도 있다. 그러나 한번 생각해보라. 사람들이 과연 그럴만한 자격이 있는지 없는지 모르는 사람을 따르겠는가? 그러므로 가이드를 작성할 때 자격 부분을 되도록 상세하게 기술해야 한다.

가이드는 커뮤니케이션 상황에서 타인의 마음을 움직이려고 사용하는 도구라는 점을 기억하라. 커뮤니케이션 상황이 다 똑같을 수는 없으며 상황에 따라 그때그때 해야 할 말과 전해야 할 메시지가 달라지겠지만 그래도 가이드를 준비할 때는 자신의 경험이나 학력 사항 중 관련이 조금이라도 있다 싶은 것은 전부 기록해 두는 것이 좋다. 특히 자신에게 특별히 의미 있는 것 그래서 다른 사람에게도 의미가 있을 성싶은 사항은 빼놓지 말고 담아내야 한다. 그런 다음에는 사람들이 특별히 중요하게 생각하는 자격 요건을 갖추고 있다는 사실을 알릴 방법을 찾아야 한다.

이와 동시에 사람들이 리더의 자격과 관련하여 의구심을 가질 만한 부분이 없는지도 생각해 봐야 하고 그러한 자격에 못 미치는 부분이 있다면 그 점 또한 확실하게 밝혀야 한다. 자신의 부족한 부분을 인정하고 밝히는 것만큼 진정성을 드러내는 방법도 없다. 이러한 부분에서 진정성이 느껴지면 타인의 신뢰를 얻기가 쉽고, 혹시 나중에라도 부족한 부분 때문에 공격당하거나 비난받을지 모를 상황을 피해갈 수 있다. 부족한 점을 솔직히 털어놓으면 변화를 추진하는 과정에서 다른 사람의 도움이 필요할 때 거리낌 없이 손을 내밀 수도 있다. 그리고 커뮤니케이션이 이루어지는 상황에서 자신의 부족한 부분을 메워줄 사람을 만날 수도 있다. 자신의 약점을 드러내기가 껄끄러운 상황이라고 해도 최소한 자신에게 무엇이 부족한지는 분명히 알고 있어야 한다. 자기 입으로 말하지 않더라도 누군가 그 사실을 알게 되는 일이 생길 것이고 결국 언젠가는 그 사실이 드러날지도 모른다. 그러므로 자격 부분과 함께 약점들도 가이드에 꼼꼼히 기록해야 한다.

리더로서의 자격과 약점을 솔직하게 드러내라

다음의 질문들은 변화를 이끄는 리더의 관심도 및 자격과 관계가 있다. 즉, 리더가 변화를 주도할 자격이 있는지 혹은 그 변화에 얼마나 관심이 있는지와 관련된 사항이다.

- 업무 경험, 인생 경험, 학력 등의 차원에서 자신에게 변화를 주도할 자격이 있는가?
- 부족한 점은 무엇인가?

뉴욕 주 주지사였던 마리오 쿠오모는 공공정책 차원에서 낙태권을 옹호했으나 사실 그 자신은 독실한 가톨릭교 신자였다. 노트르담대학교에서, 그것도 신학과 학생들을 대상으로 낙태 권리에 관한 연설을 해달라는 제의를 받았을 때 쿠오모는 이에 대한 자신의 견해와 입장을 분명히 밝혀야겠다고 생각했다. 이후 개인의 가치관과 공공정책적 신념 간의 관계를 주제로 이야기할 기회가 있을 때마다 이때의 연설이 그 바탕이 됐다. 쿠오모는 낙태라는 매우 특별한 주제의 연설을 들을 청중(신학생)과 일반 대중을 머릿속에 떠올리며 이제 단도직입적으로 자신에 관해 말해야겠다는 생각이 들었다. 여러분이 청중이 되어 아래 연설을 듣고 있다고 생각해보라.

우선은 이 점부터 분명히 밝혀두고자 합니다. 나는 여기 신학자로 온 사람이 아니고 또 내게 그런 자격도 없습니다. 나는 철학자도 아닙니다. 존재론적인 의미를 떠나 '좋은' 사람으로서 이 자리에 선 것도 아닙니다. 나는 오늘 한 사람의 정치인으로서 이 자리에 섰습니다. 그리고 나는 제2차 바티칸 공의회 이전에 세례를 받고 그 교리 안에서 자랐으며 가톨릭 학교에 다녔던 독실한 가톨릭 신자입니다. 모태 신앙이었으며, 이후에는 내 선택으로 그리고 지금은 사랑으로 가톨릭 신앙을 내 안에 품고 있습니다. 나 또한 죄를 짓고, 후회하고, 다투고, 걱정하고, 혼란스러워하고, 고해성사를 하고 나면 개운해지는 그런 평범한 신자의 한 사람일 뿐입니다. 가톨릭 교회는 내 영적 안식처이며, 내 마음 그리고 내 희망이 그곳에 있습니다.

낙태권을 옹호하는 기존의 태도도 그렇고 지금까지 알고 있던 쿠오모의 다른 면을 본 것 같아서 연설 내용이 귀에 들어오지 않았는가? 아니면 그럼에도 계속 듣고 있었는가? 유려한 글귀는 그렇다 치고 그 자리에 있는 청중은 이 날의 주요 메시지보다 자기 자신을 소개한 이 내용에 더 큰 신뢰감을 느꼈다. 또 이후 이것을 읽은 수많은 사람도 쿠오모의 진정성에 신뢰감을 느끼게 됐다. 사람들에게는 쿠오모가 매일 공공정책과 씨름해야 하는 주지사라는 사실보다 이 부분이 훨씬 더 중요하게 다가왔다. 쿠오모는 낙태권을 옹호하는 연설을 하면서 개인적 동기와 취약점까지 솔직히 털어놓음으로써 청중의 공감을 이끌어낼 수 있었다. 청중이 신학과 학생들인 만큼 본질적으로 낙태를 옹호하려야 할 수 없는 청중임에도 쿠오모는 결국 이들의 신뢰를 얻어내는 데 성공했다.

리더의 자격에 대한 문화적 차이

문화마다 리더에게 요구하는 자격 요건이 다르다. 변화 추진의 초기 단계일 때는 사람들이 아직 리더가 무엇을 주장하는지 그 주장에 대해 어느 정도의 확신을 가졌는지 잘 모른다. 그러므로 이럴 때는 리더에게 그러한 자격이 충분하다는 점을 보여주는 것이 사람들의 관심을 끄는 데 큰 도움이 된다. 유럽에서는 가문이나 사회적 지위, 학력을 중요시한다. 반면에 미국은 학벌만큼이나 인생 경험을 중요하게 생각한다. 즉, 지금까지 살면서 무슨 일을 얼마나 했는지에 더 가치를 둔다. 아시아에서는 자격이나 능력을 직접적으로 드러내는 것을 삼가는 편이다. 잘난 체를 한다거나 자신을 과시한다는 인상을 줄 수 있기 때문이다. 따라서 꼭 필요한 경우라면 가족이나 지인을 통해 혹은 기타 간접적 수단을 통해 에둘러 보이는 방법이 주로 사용된다.

또 특정 직업군이나 활동 분야에 따라 리더의 자격과 관련하여 요구하는 것이 각기 다르다. 특히 학계에서는 리더의 학력 부분을 매우 중시하는 경향이 있다. 그것이 리더가 추진하려는 프로젝트와 직접적인 관련이 없는 경우에도 마찬가지다. 1980년대 말에 UC 버클리에서 학생들을 가르쳤는데 이때 학장에 임명된 사람이 경제계 출신이었다. 이 학장은 학교 건물을 새로 짓는 중차대한 임무를 맡았으나 학계 출신이 아니라는 이유로 교직원의 신뢰를 얻지 못하고 있었다. 그러나 학장은 뛰어난 능력과 넓은 인맥을 바탕으로 버클리 교정에 또 하나의 훌륭한 학교를 완공하는 일을 보기 좋게 성공했다. 이 임무와 관련하여 중요한 집단은 바로 건립 자금을 대는 쪽이었다. 학계 사람들과는 달리 이 사람들은 당연히 학장이 그 일을 맡는 것을 쌍수를 들어 환영했다. 임무를 완수하는 것과 전혀 상관이 없는 학문적 자격 따위보다 그 일을 해내는 데 필요한 능력과 자질을 더 중시했기 때문이다.

기업의 리더로서 좀 더 위험 부담이 큰일을 추진하려고 할 때는 리더의 자격을 인정받는 데 학문적인 능력보다 업무 경험이나 인생 경험이 훨씬 중요한 요소가 된다. 빌 게이츠와 마크 저커버그가 그 좋은 예다. 게이츠와 저커버그 모두 대학을 졸업하지 못했으나 리더로서 이들의 자격은 업무 경험으로 충분히 입증하고도 남는다. 이런 예는 이외에도 많다. 티디에머리트레이드TD Ameritrade를 미국 유수의 온라인 증권사로 키워낸 존 번치 역시 대학을 졸업하지 못했으나 찰스슈왑을 웹 기반 통합 금융 서비스 분야로 진출시키는 데 결정적인 역할을 했다. 번치는 현재 한 투자자문 회사의 CEO로 있다. 번치 덕분에 미국의 뮤추얼펀드 매매 방식이 또 획기적으로 변화될지도 모를 일이다.

과거를 보면 미래가 엿보인다. 그동안 어떻게 살아왔는지를 보면 앞으로 이 사람이 어떤 일을 해낼지 짐작할 수 있다. 젊었을 때는 누구나 자신이 좋아하는 일에 이끌린다. 그러다 운이 좋으면 그렇게 마음 가는 대로 선택한 그 일이 평생의 직업이 되기도 한다.

몇 년 전에 젊은 환경 운동가 롭 니콜슨이 환경 보호에 관한 커뮤니케이션 가이드를 만들었다. 니콜슨은 기본 메시지를 구상하면서 자격 부분에 대해서는 다음과 같이 기술하기로 했다.

인생 대부분을 내 일과 관련된 경험을 하면서 보냈다는 사실만으로도 나는 참 운이 좋은 사람이다. 학교에서 환경과 관련된 공부를 하면서 근 25년을 보냈고 30년 넘게 현장을 누볐다. 북극해도 가봤고 적도 여행도 해봤다. 유럽의 최고봉에 속하는 산도 여럿 올라가 봤고 보르네오 정글도 탐험했다. 6년 동안 환경 자문가로 활동하면서 쓰레기 처리장도 일일이 헤아리기 어려울 정도로 많이 가봤다. 알래스카 연안에 기름이 유출됐을 때도, 인구가 밀집된 도심에서 열차 충돌 사고가 났을 때도 그 일에 관여했었다.

이러한 경험을 하면서 얻은 결론은 현재 우리가 지속 가능한 삶을 전혀 살고 있지 못하며 환경에 대한 우리의 태도에 변화가 있어야 한다는 사실이었다.

니콜슨이 자신의 경험을 이렇게 읊어댄 것은 나 잘났다 자랑하고 싶어서도 아니고 오만을 떨려는 것도 아니었다. 환경 문제와 관련된 자신의 인생 경험과 업무 경험, 교육 내용 등을 사람들이 좀 더 확실하게 알 수 있도록 생생하게 그리고 상세하게 기술하려는 것뿐이었다. 그리고 이러한 과정에서 자신이 주장하는 바에 대한 신념이 더욱 확고해졌다. 니콜슨은 자신을 '정말 운이 좋은' 사람이라고 힘주어 말했다. 그 스스로 그렇게 느꼈기 때문이다. 자기 경험을 이야기하면서 자신이 다른 사람보다 우월하다거나 더 낫다고 생각하지는 않았다. 오히려 그 글에는 진정한 인류애가 담겨 있었고 그러한 글쓰기 과정을 통해 자신이 하는 일 그리고 동참해주기 바라는 사람들과 더욱 깊이 교감하고자 했다.

아래는 내 커뮤니케이션 가이드에서 자격과 약점 부분을 발췌한 것이다.

필자의 커뮤니케이션 가이드 예시

자격과 약점 나 자신에 관해 분명히 밝힐 부분이 있다. 나는 미국의 위대한 교육가 조지프 칠튼 피어스Joseph Chilton Pearce가 아닌 그냥 '테리' 피어스다. 나는 석사 학위를 받은 지 얼마 되지 않았고 그것도 교육학이 아니라 신화학으로 학위를 받았다. 오리건 주에 있는 작은 대학을 졸업했고 법 분야에 대한 공부는 많이 하지도 못했다. 관료주의에 관한 폐해를 논하기에는 능력이 너무 부족하다고 생각한다. 또 다른 사람들이 전부 나와 똑같은 경험을 했으리라 기대할 수도 없다.

그러나 나는 지난 20년 동안 교사로서 교육계에 종사해왔다. 주로 경영 대학원과 공공정책 대학원에서 학생들을 가르쳤다. 비록 전업 교수는 아니었으나 학생들을 가르치는 이 일이 나는 좋았다. 나는 내가 가르치는 대학원생들과 기업 임원들로부터 요즘 가장 큰 이슈는 '공교육의 질'이라는 말을 거의 매일 듣다시피 했다. 특히 기업의 임원들은 직원을 뽑고 이들을 유지하는 데 그리고 전반적으로 분별력이 낮아진 대중을 상대로 판로를 개척하는 데 애를 먹는다고 했다. 실제로 나는 정치인 고객과 일할 때 교육 수준이 낮은 사람들이 잘 이해하지 못할까 봐 좀 쉬운 말로 메시지를 구성하도록 도와준 일도 있다.

학생으로서, 세 아이의 아버지로서, 여섯 손자를 둔 조부로서 나는 지난 65년 동안 공교육 제도에 노출돼 있었고 그러한 경험이 교육 문제에 대한 내 관심의 토대가 됐다.

자신의 목적, 구체적 변화 내용, 변화의 필요성에 대한 증거, 변화가 지닌 의미와 가치 등을 기술하는 과정에서 자신의 목적이 더욱 분명하게 정리되고 변화에 대한 신념과 열정이 더욱 강해진다. 자신의 자격 요건과 더불어 약점을 드러내는 것은 타인의 공감을 불러일으키는 데 매우 효과적이다. 다음에 다룰 주제가 '신뢰'인데 이 부분은 조금 더 복잡하고 까다롭다.

진정성이 신뢰 구축의 핵심이다

목적을 명확히 밝히고 자신의 자격 사항을 충분히 전달함으로써 리더로서의 능력을 어느 정도 입증했다면 그다음에는 신뢰 구축을 위한 단계로 나아갈 수 있다. 인간은 본질적인 부분에서 상대를 안다고 느낄 때, 또 상대가 자신이 잘 되기를 진심으로 바라고 있다고 느낄 때 그를 신뢰하게 된다. 여기서 중요한 것이 바로 진심 혹은 진정성이라는 말이다. 사람들이 변화를 위한 행동에 참여하기를 바라면서도 그 사람들을 진심으로 대하지 않는다면 그들의 신뢰를 얻을 수 없다. 말이 아무리 번드르르해도 진심이 담기지 않으면 입에 발린 말로 들릴 뿐 아무 소용이 없다. 2장에서 설명했듯이 우리에게는 다른 사람의 의도를 간파할 능력이 있다. 물론 이러한 능력은 무의식을 통해 발현된다. 이러한 무의식적 능력 덕분에 사람들은 누가 자신을 정말로 걱정하는지 아닌지를 금방 알아챈다.

상대를 진심으로 배려하는 마음이 없으면 아무리 듣기 좋은 말도 그저 의례적인 것으로 느껴질 뿐이다. 이런 말로는 상대를 감동시킬 수 없고 따라서 장기적인 신뢰 관계를 구축하기는 더더욱 어렵다. 형식적인 말도 한두 번쯤은 통할 수 있다. 그러나 이런 말을 자꾸 하다 보면 사람들과의 직접적 접촉을 피하고 싶을 때 자신도 모르게 꺼내 쓰게 된다. 평상시에 상투적인 말을 얼마나 자주 듣는지 생각해보면 답이 나올 것이다.

"도와드릴까요?"

"아니요, 됐어요! 그냥 구경하는 거예요."

유통 업체들은 이런 형식적인 고객 관리 관행을 뿌리 뽑는 데 엄청난 돈을 투자한다. 2000년에 세이프웨이Safeway는 계산대에서 일하는 직원이 고객의 짐을 자동차까지 가져다주고 고객의 이름을 기억하여 그 이름으로 부르게 하는 방침을 시행했다. 대다수 직원은 이 방침을 무시하거나 비웃었고 고객은 고객대로 이러한 규정에 대해 만족감보다 불쾌감을 느끼는 경우가 많았다. 이러한 방침은 직원들이 자신에게도 도움이 된다는 사실을 알고 움직여야 성공을 거둘 수 있다. 리더가 개별 고객을 상대로 한 친밀한 서비스 문화를 주장하면서 이것이 전체 직원들에게도 이익이 되는 일이라는 점을 정확히 밝힌다면 직원들도 기꺼이 그러한 방침에 협조할 것이다. 나아가 개선을 위해 자발적으로 의견을 내기도 하면서 그 방침을 시행하는 데 적극적으로 참여하게 된다. 만화 〈딜버트〉에 '뾰족머리 상사'처럼 리더가 자기밖에 모르는 이기적인 사람으로 비친다면 직원들이 그 방침에 따라 변화를 이뤄내리라 기대하기는 어려울 것이다. 이후 12년이 지나는 동안 신뢰를 바탕으로 한 세이프웨이의 고객서비스 정책이 어느 정도 자리를 잡은 것 같다. 이제는 다른 유통 업체들이 세이프웨이의 서비스 정책을 모방하고 있다. 여기서 중요한 것은 사람들의 마음을 움직이는 것이다. 계산대 직원이 고객을 진심으로 대할 마음이 있다면 규정이 없어도 그렇게 할 것이다. 그러나 고객을 배려하고 진심으로 돕고 싶은 마음이 없다면 아무리 듣기 좋은 말을 한다 해도 그 말에 진심이 빠져 있다는 것을 고객은 금방 눈치챈다.

리더가 모든 사람에게 득이 되는 일이 무엇인지를 진지하게 생각했다는 점이 느껴질 때 리더와 리더를 따르는 사람들 간에 신뢰가 형성된다. 직원을 이끌든 프리랜서 또는 가족을 이끌든 간에 양자 간에 신뢰가 구축되면 리더가 주장하는 변화에 대해 사람들도 이를 진지하게 받아들이는 분위기가 조성된다. 반면 신뢰가 무너지면 모든 것이 엉망이 된다.

IT업계의 유명 CEO 두 명이 신뢰성에 문제를 일으키면서 2010년과 2012년에 잇따라 해고된 일이 있었다. 야후의 CEO 스콧 톰슨Scott Thompson은 학력 위조 논란이 불거지면서 결국 사퇴하고 말았다. 마크 허드Mark Hurd는 고액 컨설팅 계약에서의 문제점이 드러나면서 휴랫팩커드를 떠났다. 두 사람 다 CEO로서의 능력에는 문제가 없었으나 신뢰를 상실한 것이 문제였다.

신뢰는 여러 형태로 나타나므로, 신뢰가 무너지는 형태와 방식도 여러 가지다. 언제 어떤 식으로 그 신뢰가 무너질지 알 수 없다. 첫 만남에서의 어색함을 피해 보려고 상투적인 인사말을 할 때가 종종 있다. 연설하는 사람들은 대체로 이렇게 말문을 연다.

"오늘 밤 이 자리에 서게 돼서 무척 기쁩니다."

회계 감사를 맡은 사람들은 또 이렇게 입을 연다.

"도움을 드리려고 온 겁니다."

그러면 감사를 받는 쪽에서는 이렇게 말한다.

"만나서 반갑습니다."

의식적으로 이러한 상투적인 대화를 피하면서 상대에게 친근하게 다가가려고 노력하면, 상대도 그 진심을 느끼기 마련이다. 예를 하나 들어 보겠다.

1983년에 나는 운 좋게도 캘리포니아 베벌리 힐스에서 지미 카터 전(前) 대통령을 만날 기회가 있었다. 당시 나는 사업 동료 톰과 함께 미국과 소련의 정치적 긴장 관계 완화를 위한 매우 단순한 계획을 하나 추진 중이었다. 비록 짧은 만남이었지만 카터가 이 계획에 관한 이야기를 듣고자 흔쾌히 시간을 내준 것이다.

경호원이 우리를 스위트룸으로 안내했고 잠시 후 카터가 들어왔다. 톰이 카터와 더 가까이 서 있었기 때문에 먼저 악수하면서 이렇게 말했다.

"만나 뵙게 돼서 영광입니다, 대통령님. 저는 대통령님께 깊은 감명을 받아왔습니다."

그 말을 들은 카터가 톰을 빤히 쳐다보며 이렇게 물었다.

"오, 그래요? 어떤 점에 감명을 받으셨는지?"

이 질문을 듣자마자 나는 바로 고개를 숙이고는 톰이 그럴듯한 말을 해주기를 기다렸다. 잠시 침묵이 흘렀다. 길어야 10초밖에 안 되는 시간인데 하루하고 반나절은 족히 지난 것처럼 길게 느껴졌다. 그러면서 나는 아주 소중한 교훈을 얻었다. 진심으로 인사말을 전하고 싶다면 인사치례가 아닌 감사의 경험을 이야기하라! 톰의 말은 분명히 거짓은 아니었다. 다만, 그 진실의 이유까지는 진지하게 생각해보지 않았던 것뿐이다.

그래도 톰은 용케 그럴듯한 대답을 생각해냈다. 아내 로잘린과 이상적인 동반자 관계를 보여주었던 점, 승산 없어 보이는 대선전에 용기 있게 나섰던 점이 감명 깊었다고 말한 것이다. 잠시 후 카터가 내게 악수를 청했을 때 나는 무의미한 인사말은 굳이 하지 않으려고 했다.

카터의 이 같은 질문에 모범답안을 내놓을 수 있는 리더가 과연 몇이나 될까? 파티에 참석한 손님이 주인에게 이렇게 말한다고 하자.

"어머나, 집이 정말 멋지네요."

그런데 그 말에 주인이 이렇게 물으면 어떻게 대답하겠는가?

"그래요? 어디가 그렇게 멋진데요?"

또한 입에 발린 말이 아니라 진심으로 감사를 표하는 법을 배워라. 이렇게 하면 급속도로 친밀한 관계를 형성할 수 있다. 타인에 대한 인정과 배려야말로 신뢰 구축의 기본 바탕이다. 타인의 관점을 인정하고 감사를 표현하는 능력 또한 신뢰를 얻기 위해 매우 중요한 요소다. 더불어 자신의 동기를 솔직히 밝히는 것도 중요하다.

의외로 고마움을 제대로 전달할 줄 모르는 리더가 많다. 자신도 그 중 한 명이라 생각된다면, 감사를 표기에 앞서 다음과 같은 사항들을 자문해보라.

- 이번 커뮤니케이션 기회와 관련하여 혹은 내가 접촉할 사람들과 관련하여 진심으로 고마운 부분이 무엇인가?
- 내가 의지하는 사람이 누구인가?
- 이 주제에 관해 사람들은 어떤 생각을 하고 또 어떤 감정을 느끼는가?
- 이 변화에 대해 사람들이 보이는 정신적 및 정서적 저항으로는 어떤 것이 있을까?

《나보다 더 훌륭한Greater Than Yourself》의 저자이자 뛰어난 코치 겸 연사인 스티브 파버Steve Farber의 강연장에 갔을 때다. 그가 청중을 향해 이렇게 물었다.

"여러분 중에 누군가로부터 진심 어린 감사 편지를 받아본 사람이 있나요?"

그러면 청중 대다수가 손을 든다.

"그 편지를 아직 가지고 있는 사람이 있나요?"

이 질문에도 아직 손을 든 사람이 많다. 그러면 파버는 다시 그 편지를 얼마나 오랫동안 간직했느냐고 묻는다.

"5년? 10년? 25년 동안 간직한 사람도 있나요?"

이 질문에도 아직은 꽤 많은 사람이 손을 들고 있다. 이렇게 계속 연수를 늘려 질문하다가 40년까지 갔을 때 드디어 한 사람을 제외하고 다들 손을 내렸다. 파버는 마지막 남은 사람에게 아직 그 편지 내용을 기억하느냐고 물었다. 그랬더니 그 사람이 자신의 지갑에 손을 넣더니 이내 편지를 하나 꺼내 들었다. 40년이 지났는데도 그 편지는 여전히 자신의 가장 소중한 보물 중 하나라고 했다.

이와 비슷한 편지를 혹시 가지고 있는가? 가지고 있다면 그 편지를 쓴 사람에 대해 어떤 생각과 감정이 드는가?

감사를 표하겠다는 마음가짐과 진심으로 감사를 표시할 줄 아는 능력은 리더십 커뮤니케이션의 가장 중요한 기술 가운데 하나다. 사람들은 자신을 인정하고 대우해주는 사람 그래서 자신이 꽤 괜찮은 사람이라는 느낌이 들게 해주는 사람에게 호감을 가지게 마련이다. 조직에서 한 일에 대해 리더가 진심으로 감사를 표하면, 그 리더를 따르려는 마음이 생긴다. 그러므로 리더는 자신이 감사해야 할 것이 무엇인지 또 감사해야 할 사람이 누구인지 잘 생각해봐야 한다. 그리고 자신이 누구에게 의지하는지도 생각해보라.

부하직원에게 진심을 담아 고마움을 전한 적이 있는가

간단한 일 같아 보이지만 위 감사 편지 예에서도 알 수 있듯이 실제로 진심을 담아 감사한 마음을 표현하는 일이 흔치는 않으며 그런 만큼 매우 가치 있는 일이다. 진심으로 감사를 표현하기가 쉽지는 않다. 더구나 진심이 담긴 말보다 입에 발린 말이 난무하는 요즘, 감사한 마음을 전하는 것이 중요하다는 인식조차 희미해진 것 같다.

몇 년 전에 데이비드 스타인들 라스트Brother David Steindl-Rast가 진행하는 프로그램에 참석했었다. 베네딕트 수도회 소속 수사이기도 한 스타인들 라스트는 감사에 관한 글을 많이 쓴 작가이자 훌륭한 스승이고 내가 만나본 사람 중 보기 드물게 진실한 사람이었다. 스타인들 라스트 수사는 '감사'가 무엇인지를 이해하려고 애쓸 때 자신의 스승이 알려줬던 감사 표현 연습법을 하나 소개했다. 그 스승은 이렇게 말했다고 한다.

"앞으로 1년 동안 아침에 일과를 시작하기 전에 무조건 감사 편지를 두 장씩 쓰도록 하게."

이 말에 스타인들 라스트 수사는 그 정도쯤이야 뭐 어렵겠나 싶었다고 한다. 그런데 그다음 말을 듣고는 그게 아니구나 하는 생각이 들었단다.

"대신에 그 감사를 경험해야 하네."

스타인들 라스트 수사는 성공하는 인생의 핵심 열쇠는 바로 감사하는 마음이라고 주장한 것으로 유명하다. '감사하는 삶A Network for Grateful Living' 이라는 조직, 웹 사이트www.gratefulness.org, 글, 직접 대면 등을 통해 매년 수백만 명이 라스트 수사의 주장을 접하고 있다.

'무엇을 도와 드릴까요?'라는 말처럼 '감사합니다'라는 말은 쉽게 잘들 한다. 감사한다는 '말'을 어떻게 하는지 모르는 사람은 없다. 그러나 감사를 어떻게 '경험'해야 하는지를 고민하는 사람은 별로 없다. 우리 스스로 감사함을 경험하지 못하면 아무리 감사한다고 말해도 상대는 그저 상투적이고 의무적인 말이라는 느낌밖에 받지 못한다. 형식적으로 쓴 것 같은 느낌의 편지라면 40년 동안 간직하기는커녕 단 1초도 거들떠보고 싶지 않을 것이다.

리더는 감사를 '경험'하는 능력을 키워야 한다. 그래야만 사람들로부터, 앞서 40년 동안 감사의 편지를 간직했던 사람이 보여줬던 것과 같은 충성심을 이끌어낼 수 있다. 그래서 나는 '감사함을 느낀 연후에 일과를 시작하는' 연습을 열심히 했다. 이를 통해 많은 것을 깨달았다. 여러분도 한 번 연습해보기 바란다. 그러면 진정한 감사는 말이 아닌 경험에서 나온다는 것을 실감할 것이다.

내 친구이자 고객이었던 고(故) 네드 딘Ned Dean은 샌프란시스코 퍼시픽 은행의 은행장이었다. 딘은 어려웠던 2년을 무사히 보내고 나서 주주총회를 맞아 그동안 고생했던 이사회 임원에게 특별히 감사의 뜻을 표하기로 했다. 상투적인 표현을 걸러내며 감사의 글을 여러 번 고쳐 썼다. 나는 그 글을 읽어보고는 좀 더 상세하게 구체적으로 쓰는 것이 좋겠다고 조언했다. 그래서 결국 아래와 같은 글이 완성됐고 나중에 이것이 주주들에게 전달됐다. 그로부터 20여 년이 지난 지금도 딘이 썼던 그 글은 여전히 가장 훌륭한 감사의 글 가운데 하나로 기억된다.

특히 마크 허버드(Mark Hubbard)에게 감사의 뜻을 표하고 싶다. 나를 도와 어떻게든 위기에서 벗어나겠다는 일념으로 작년 한 해 동안 50번이 넘는 이사회와 각종 회의에 참석했다. 아직도 생생하게 기억나는 일이 있다. 어느 겨울날 저녁 일곱 시쯤이었다. 일을 마치고 막 사무실을 나오려 하는데 마크가 들어섰다. 하루 일을 막 끝낸 모양이었다. 밖에는 비가 내리고 있었다. 다른 도시에서라면 아마 이 비가 눈으로 변했을 것 같은 아주 을씨년스러운 날씨였다. 우산을 깜빡했는지 로비에 들어섰을 때 보니 머리가 흠뻑 젖어 있었다. 그 모습을 보니 일찍 퇴근하려 했던 것이 너무 미안했다. 마크는 매우 바쁜 사람이었다. 할 일이 없어서 여기 온 것은 분명히 아니었다. 이사회 임원의 한 사람으로서가 아니라 이 회사의 친구로서 열정과 헌신의 마음으로 회의에 참석해왔던 것이다. 우리가 필요로 할 때마다 50번이 넘게 자리를 함께해줬다. 주변에 이렇게 헌신적인 '친구'가 있다는 것이 나로서는 큰 행운이라고 생각한다.

딘은 자신의 경험을 떠올림으로써 입에 발린 감사의 말이 아니라 진심을 담은 감사의 마음을 전할 수 있었다. 딘의 이 진심이 청중과 마크 허버드, 그리고 딘 자신의 마음을 움직였다.

캐런 창도 이와 비슷한 경험을 했다. 창 역시 찰스슈왑의 부사장단에게 감사의 마음을 전하고 싶었다. 대규모 변화 작업을 추진하는 과정에서 지난 한 해 동안 여러 지점을 오가며 애쓴 사람들이었다.

"지난 1년간 여러 곳으로 출장을 다니며 애써준 부사장 여러분께 감사를 드립니다."

그저 이 정도로 말해도 큰 문제는 없었을 것이다. 뻔한 표현이기는 했지만 그렇다고 뭐라 할 사람은 없었다. 그러나 창은 이런 상투적인 말보다는 진심을 담아 감사를 표하고 싶었다.

"발로 뛰며 이 일을 성사시킨 부사장들에게 특히 감사한 마음뿐입니다. 작년 한 해 동안 이분들은 한 달에 평균 15일은 밖에서 보냈습니다. 다들 가족이 있는 분들입니다. 그런데 1년에 174일을 사랑하는 가족을 떠나 객지에서 밤을 보냈습니다. 이 점에 대해 부사장 여러분과 그 가족에게 심심한 감사의 말을 전하고 싶습니다."

참으로 멋지지 않은가! 창은 구체적인 사실을 언급하면서 그 안에 자신의 진심을 담았다. 창의 감사하는 마음이 분명히 전해졌고 그곳에 있던 모든 사람도 같은 마음이었다. 자신의 경험에서 나온 감정이 전달되자 감사의 말에서도 진심이 느껴졌다.

진심으로 감사를 표현하는 법을 배우는 것 또한 리더십 커뮤니케이션의 핵심 요소다. 또 스타인들 라스트 수사가 주장하는 바와 같이 감사를 표하는 것은 행복한 삶의 중요한 열쇠이기도 하다. 매일 감사할 일, 감사할 대상을 찾는 것이 리더를 포함한 우리 모두의 삶을 풍요롭게 하는 길이다. 아래는 내 가이드에서 '감사' 부분을 발췌한 것이다. 이와 관련하여 내가 자문하는 것은 이것이다. '교육 제도와 관련하여 내가 진심으로 감사해야 할 사람은 누구인가?

감사 한 가지는 분명히 말할 수 있다. 내가 지금 이 자리에 있게 된 것은 두 분의 훌륭한 선생님 덕분이었다. 그리고 이 선생님들은 공교육이 길러낸 분들이기도 하다. 이 선생님들이 아니었으면 지금의 나는 없었을 것이다. 초등학교 3학년 때 선생님인 헬렌 스트롭은 자존감이 매우 강한 여성이었고 항상 온 힘을 다하지 않고 꾀를 부리는 것을 용서하지 않았다. 고등학교 때 수학 선생님이었던 테드 더비는 나를 많이 믿어 주셨다. 그래서 나도 내가 할 수 있는 일에 대한 기대치가 높아졌다. 비단 수학에서만이 아니라 내 인생 자체에 대한 기대치가 높아졌던 것이다. 그래서 나는 선생님의 신뢰를 등에 업고 수학 경연대회에 나가기로 했고 주말이면 선생님이 그 준비를 도와주셨다. 내 청중 중에도 이와 비슷한 경험을 한 사람들이 많을 것이다. 이들 또한 학창 시절에 자신에게 영향을 준 선생님들에게 감사한 마음일 것이다. 그리고 비록 자신은 고등학교밖에 나오지 않았지만, 교육의 가치와 중요성을 알고 있던 내 어머니에게도 감사한다. 덕분에 나는 우리 가족 중에 처음이자 유일한 대학 출신자가 됐다. 어머니 세대에서는 흔치 않은 일이었으리라.

변화에 대한 저항을 인정하라

진심 어린 감사의 말은 사람들에게 리더 자신의 인격을 보여주는 데 도움이 된다. 그러나 진심이 담긴 감사 표현을 듣는다고 해서 리더의 주장에 무조건 공감하게 되는 것은 아니다. 변화를 주장할 때 의견의 불일치나 저항이 생기는 것은 자연스러운 일이다. 그러므로 변화를 주장하기 전에 사람들이 그 문제를 어떻게 생각할지 또 어떤 감정을 느낄지 먼저 생각해봐야 한다. 자신이 주장하는 변화에 대해 어떤 정신적·감정적 저항이 나타날지 생각해보고 그러한 저항에 대해 미리 준비가 돼 있어야 한다. 이를 '사전 공감'이라고 하며, 실제로 사람들을 대하기 전에 그들에 대해 미리 생각해보는 기회가 된다. 다들 알다시피 사람들은 변화를 좋아하지 않는다. 그리고 변화를 주장할 때 처음부터 추가 설명을 덧붙이거나 전후 맥락을 충분히 설명하지 않으면 저항이 생기기 쉽다. 비록 그러한 저항이 겉으로 드러나지 않더라도 상황은 마찬가지다.

1950년대 경제계 사람들 사이에서 회자된 유명한 이야기가 하나 있다. 당시 제너럴모터스의 앨프레드 슬론Alfred Sloan 회장은 이사회에서 중요한 안건을 하나 처리해야 했다. 슬론은 이사회 참석자들에게 이렇게 말했다.

"그럼 이 결정에 모두 동의하는 것으로 알겠습니다."

모두가 그렇다는 듯 고개를 끄덕였다. 그러자 슬론은 임원들을 바라보며 이렇게 말했다.

"그러면 이 결정을 보류해야겠네요. 다른 의견이 나오지 않는다는 것은 우리가 이 문제를 제대로 이해하지 않았다는 증거입니다."

물론 슬론의 생각이 옳았다. 저항이 표면화되지 않더라도 저항 자체가 없는 것은 아니다. 따라서 제대로 된 리더라면 드러나지 않은 그 저항을 포착하여 이를 해결할 능력이 있어야 한다. 저항의 존재를 간파하고 인정할 때 이 저항 자체가 궁극적 합의와 참여를 이끌어내는 강력한 힘이 된다. 가이드를 만들 때 자신과는 다른 관점이나 반대 주장 등도 고려해야 주장이 설득력을 얻을 수 있다. 더 중요한 것은 다른 사람의 생각과 감정을 인정하는 것이 신뢰 구축의 지름길이라는 사실이다.

그런데 대다수가 이 일을 잘하지 못한다. 다른 사람의 의견이나 주장을 곰곰이 생각해보기는 한다. 그러나 대다수가 타인의 관점을 합리적인 견해로 보고 양자 간 신뢰 구축의 토대로 삼기보다는 자신의 주장을 펼치는 데 방해가 되는 걸림돌로 보고 이를 걷어내거나 외면하려고만 한다는 것이 문제다. 내 친구이자 고객이고 오랫동안 인력관리 담당 임원으로 있었던 짐 누낸Jim Nunan이 한 제너럴 매니저의 이야기를 들려줬다. 직원들이 그 매니저에 대해 불만을 많이 토로했다고 한다. 사람마다 불만의 정도는 다 달랐으나 말하고자 하는 핵심은 하나였다. 즉, 그 사람이 직원들의 말을 잘 듣지 않았다는 것이다. 그래서 누낸은 이 문제를 이야기해보려고 그와 만날 약속을 잡았고 드디어 약속한 날이 왔다.

그 문제에 관해 이야기를 나누면서 보니 그 매니저는 자신의 책상 위에 있는 메모지에 뭔가를 쓰고 있었다. 누낸은 생각에 잠긴 듯한 모습으로 이렇게 말했다.

"굉장히 인상적이었어요. 그 사람은 내가 말하는 것은 다 받아 적고 있더라고요. 내 말은 듣지 않는다는 생각은 들지 않았어요."

그때 전화벨이 울렸다고 한다. 그 매니저가 전화를 받으러 간 사이에 누낸은 슬쩍 메모지를 훔쳐봤다. 그랬더니 그 사람은 누낸의 말을 받아 적은 것이 아니라 그 말에 반박할 내용을 조목조목 적고 있었던 것이다.

다른 사람과 이야기를 할 때 이 사람처럼 반박할 내용을 적지는 않더라도, 어떤 부분이 자신의 생각과 다른지 열심히 생각하게 된다. 리더가 변화를 주장하고 나서면서 강한 어조로 변화의 목적이나 필요성을 언급하면 듣는 사람은 강한 저항감을 느끼고 개중에는 불만을 표시하는 사람까지 나오게 된다. 리더가 인정하든 안 하든 이러한 불만스러운 감정이나 반대 의견은 존재하게 마련이다. 직원으로 하여금 그러한 저항을 밖으로 표출하게 하는 것 자체가 리더의 공감 능력을 인정받는 길이고 동시에 적이 아닌 동반자가 되겠다는 리더의 의지를 보여주는 길이기도 하다. 이러한 반대 정서를 일찌감치 포착해야 리더 자신의 동기를 유지하고 강화할 수 있다. 사실, 저항을 자연스러운 현상으로 받아들이면 타인과의 변연계 공명을 이루어낼 가능성이 생기고, 따라서 머리만이 아닌 가슴으로 사람들과 교감할 수 있게 된다.

이와 달리 새로운 주장이 반대나 저항에 부딪힐 수 있다는 가능성을 외면한다면 리더의 신뢰성에 문제가 생길 수 있다. 리더로서의 신뢰를 잃으면 타인의 참여를 이끌어낼 수가 없다. 겉보기로는 사람들이 리더의 말을 따르는 것처럼 보일 수 있다. 그러나 밖으로 표출되지만 않았을 뿐 저항이 여전히 남아 있다면 그것은 결국 맡은 일에 온 힘을 다하지 않는 등 여러 가지 부정적인 형태로 드러나게 돼 있다. 리더의 외면 속에 겉으로 드러나지 않은 저항은 사라지는 것이 아니라 보이지 않는 곳에서 계속해서 거세진다. 리더 앞에서는 말하지 못한 것도 사무실 복도나 욕실, 자동차 안, 집 등 자신들만 있는 곳에서는 반대 의견이 계속 거론된다. 저항의 존재를 인정해야 현실 또한 제대로 인식할 수 있다.

내가 이런 생각을 처음으로 하게 된 것은 뉴멕시코 주 산타페에 거주하는 뛰어난 연설 코치이자 작가 하비 스톤Harvey Stone을 통해서였다. 하비는 부부 싸움을 예로 들어 설명했다. 부부 싸움을 심하게 할 때는 며칠이고 냉전 상태가 이어질 수 있다. 그러다가 한쪽(스톤의 경우는 주로 아내)이 상대방의 감정과 의견을 인정해야만 비로소 해결의 실마리가 보인다. 심한 언쟁을 벌인 후 아직 분이 안 가라앉은 상태에서 씩씩거리고 있는데 상대방이 다가와 이렇게 말한다고 상상해보자.

"당신이 이 문제를 그렇게 심각하게 생각하는 줄 몰랐어요. 마음이 많이

상했나 봐요? 당신 생각과 내 생각이 다르다는 것을 이제야 알겠어요."

이런 말을 한다고 서로의 의견 차이가 완전히 해소되는 것은 아니다. 다만, 서로 생각이 다르다는 것 그리고 감정이 격해진 상태라는 것을 인정하고 존중해주는 것뿐이다. 언쟁이 끝난 것은 아니지만, 상대가 이렇게 나오면 적대적 감정이 수그러들고 부부 싸움을 시작한 이후 처음으로 상대의 말에 귀를 기울이게 된다. 상대의 부정적인 감정과 생각을 인정해줄 때마다 이런 화해 분위기가 연출된다.

리더가 상대의 생각과 관점을 존중하면 리더의 동기가 조금 더 확실해지면서 상대의 마음도 조금씩 열린다. 물론 상대의 관점을 인정한다고 해서 상대도 리더의 관점을 바로 인정해준다는 보장은 없다. 그러나 적어도 이러한 인정을 통해 소모적 '논쟁'이 건전한 '대화'로 전환될 길이 열린다.

1 이성적 저항과 냉소주의

저항 중에서도 다른 정보 혹은 정보 부족에서 비롯된 것은 그래도 다루기가 쉽다. 이런 경우 리더가 다른 사람이 모르는 정보를 알고 있으면 그것으로 저항을 누그러뜨릴 수 있다. 리더가 주장하는 변화에 대해 냉소적 반응을 보이는 사람도 있다. 전에도 그런 시도를 한 적이 있으나 결과가 신통치 않았다고 생각하기 때문이다. 관련 정보가 부족해서 혹은 잘 몰라서 변화 자체가 두려운 사람도 있다. 이러한 유형의 저항은 처음 변화의 메시지를 전달할 때 바로잡을 수 있다. 경우에 따라 나중에 반대 의견이나 저항이 불거질 수도 있으나 그때의 저항은 소모적 논쟁이 아닌 공통 이해의 바탕 위에서 이루어지는 것이므로 크게 문제 될 것이 없다.

실례를 하나 들어보겠다.

존 우어John Ure는 공급망 관리 체계의 변화를 주장하며 통합적 공급망 관리와 고객 중심 체계로의 전환을 제안했다. 우어는 사내 저항에 관해 다음과 같이 기술했다.

　이 새로운 변화를 모색하자, 나 자신의 내면은 물론이고 여러 곳에서 저항의 목소리가 들려왔다.

　마케팅 부서는 이렇게 말한다. "이미 고객에 초점을 맞추고 있는데 새삼스럽게 무슨 변화가 또 필요하지?" 구매 부서는 또 이렇게 말한다. "공급업체들과 협력 관계가 이미 구축돼 있는데 변화가 왜 필요하지?" 디자인 부서는 이렇게 말한다. "제품 디자인에 관해 이러쿵저러쿵하지 좀 마. 우리는 완벽해. 우리 덕분에 제품이 최상의 가격대를 유지하고 있잖아."

　다 맞는 말이다. 실제로 지금까지 우리 모두 다 잘해왔고 나 또한 마케팅 부서의 고객 중심주의, 공급업체와의 협력 관계, 탁월한 디자인 능력 등의 장점이 그대로 유지되기를 바란다.

이 글은 사실 저항을 반박하는 내용이 아니다. 서로 관점이 다르다는 부분을 우어 자신이 잘 알고 있다는 사실을 부각시킨다. 우어는 '나 자신의 내면은 물론이고'라고 표현하며 자기 자신의 저항까지 인정한다. 이처럼 우어가 사람들이 불안해하는 부분을 알고 있고 또 자신들에게 마음을 열고 있음을 알게 되자 직원들도 귀를 열고 우어의 말을 들으려 했고 우어의 주장에 동참하는 쪽으로 마음을 바꿨다. 우어가 자신들의 관점을 이해하고 인정해줬다고 생각했기에 가능한 일이었다.

　지금까지 살펴봤듯이 저항은 견해 차이 혹은 합리적 의심의 문제일 뿐 아니라 감정상의 문제이기도 하다. 즉, 리더 개인에 대한 불안에서 비롯된 저항도 있을 수 있다. 2012년 대선전에서는 후보자 TV 토론이 네 차례 진행됐다. 제1차 토론회에서 현 대통령은 '열의가 없고, 능글맞고, 품격이 떨어지는' 사람으로 묘사됐고 도전자인 공화당 후보는 '공격적이고, 단호하고, 자신감 넘치는' 사람으로 비쳤다. 부통령 후보자 토론에 대해서 CNN 기자들은 '역시 TV 토론이 최고!'라는 반응이었다. 두 후보자의 도전적이고 공세적인 토론 전개가 흥미진진했다는 것이다. 현 부통령은 상대 후보가 말할 때마다 '뭔 소리야?'라는 듯이 줄곧 능글맞은 웃음을 흘렸다. 상당히 무례하고 오만하다는 인상을 줬다.

저항이 항상 의식적으로 일어나는 것은 아니다. 때로는 알 듯 모를 듯 미묘한 행동이나 인상으로 인해 저항감이 생길 때가 종종 있다. 부통령 후보자 토론회를 보면서 의회에서도 매일 저런 일이 벌어지겠거니 하는 생각이 들었다. 완전히 상반된 생각을 극단적인 방법으로 서로 상대에게 강요하는 상황이 연일 벌어질 것이다. 상대의 의견은 무시하고 오만하게 자신의 주장을 펼치는 사람들의 향연이 아닐까 싶다. 이런 식이어서는 얻을 것도 이룰 것도 없다.

이해 부족에서 오는 저항은 설명을 더 해주는 것만으로도 충분히 해소될 수 있다. 존 우어는 나중에 자신의 가이드에 이 저항에 관한 부분을 기술했다. 사람들에게 새로운 계획을 추진하는 것과 현 상태를 유지하는 것의 차이를 설명하고, 또 공통 은유를 사용하여 자신의 계획을 충분히 알려 변화에 대한 두려움이나 불안을 경감시키려 했다.

2 비이성적 저항-감정

이해의 부족이 아니라 변화에 대한 두려움에서 비롯되는 저항도 있다. 톰 하버티Tom Haverty는 세계적인 제약회사 머크Merck의 생명공학 의약품 개발사 바이오벤처스MerBioventures를 운영하고 있다. 하버티는 진정성 있는 커뮤니케이션의 대가로 알려졌으며, 최근 인터뷰에서 자신은 초등학교 4학년 때부터 그런 능력이 있었다고 말했다.

"나는 청중의 생각에는 신경 쓰지 않습니다. 대신에 이렇게 자문합니다. '저 사람들은 어떻게 느끼고 있을까? 내가 저들이라면 어떤 생각을 할까?' 그다음에 처음 입을 열 때 그 부분부터 먼저 이야기합니다."

내가 하버티에게 자신이 좋은 '청자'라고 생각하느냐고 물었더니 '그렇다'고 답했다. 우리는 상대방이 말하는 '내용을 이해하는 것'과 '잘 듣고 있다는 느낌이 들게 하는 것'에 관해 이야기를 나눴다. 하버티는 프랑스어로 '듣다'를 의미하는 두 동사 에꾸떼écouter와 앙땅드르entendre의 의미를 구분했다. 전자는 귀 기울여 경청하는 것을 의미하고, 후자는 그냥 들리는 대로 듣는 것을 의미한다. 하버티가 지적한 대로 상대의 이야기를 집중해서 듣는 것과 들리는 대로 듣는 것에는 엄연한 차이가 있다.

다음은 교육에 관한 나의 커뮤니케이션 가이드 중 저항 부분을 발췌한 것이다.

필자의 커뮤니케이션 가이드 예시

저항 새로운 아이디어나 계획이 제안될 때마다 이를 지원해줄 만큼 교육 예산이 넉넉하지는 않다는 것을 나도 잘 알고 있다. 그렇게 빠듯한 예산을 '훌륭한' 교사를 지원하는 데 돌려쓰려면 대다수 다른 평범한 교사가 누렸던 혜택이 줄어드는 결과가 될 수도 있다. 방학 때마다 쉴 수 있고 무엇보다 안정된 직장이라는 이유로 교사직을 선택했던 대다수가 이러한 변화를 환영할 리 만무하다. 현상을 유지하는 데서 이익을 보는 교사들, 내 개인적인 생각으로는 그들도 나름의 방식으로 온 힘을 다해 교사직을 수행하고 있다고 보지만, 어쨌거나 그들에게는 이러한 변화가 위협적으로 다가올 수 있다.

평생 개혁이나 변화에 익숙한 삶을 살았으므로 이러한 변화쯤 아무것도 아니라고 생각하는 사람들도 있을 것이다. 이러한 변화를 위협으로 느끼는 사람도 있고 자신이 교사로서 인정받지 못한 것 같아 은근히 불쾌감이 느껴지는 사람도 있을 것이다. 더 나아가 자신이야말로 현 교육제도를 제대로 이해하지 못하는 진짜 '문외한'이었다는 생각에 자괴감에 빠지는 사람도 있을지 모른다. 실제로 수많은 사람이, 특히 나보다 훨씬 유능한 사람들이 변화와 개혁 앞에서 등을 돌리곤 한다.

물론 나는 공교육 개혁 문제를 논하면서 교원 노조를 많이 거론할 것이다. 대개 노조가 공교육에 미친 부정적 영향이 주를 이루겠지만 사실 나도 노조의 활동 중에 긍정적인 영향을 미친 것도 많고 교사의 노동권 보장을 위해서는 노조의 활동이 필수적이라는 점도 잘 알고 있다. 또 어쨌든 노조 덕분에 수많은 아이가 학교에 갈 수 있었던 것도 사실이다.

나는 여기서 공교육 제도의 전반적 문제점을 지적해야 하고 그 부분이 편하지 않은 사람도 있을 수 있다. 당사자들이 느끼는 그러한 불편함과 언짢은 심정 또한 충분히 이해한다. 그래도 그냥 넘어갈 수는 없는 노릇이기에 문제를 지적해야만 한다. 그래도 나는 우수한 사람도, 훌륭한 사람도 평범한 대다수에서 나온다는 사실을 잘 알고 있다.

저항을 인정하는 것은 우리가 서로 다르다는 것을 인정하는 것과 같다. 같은 맥락에서 공통점은 우리 모두를 하나로 묶어주는 역할을 한다. 어떤 변화 상황에서든 우리에게 공통점이 있으면 모두가 같은 결과를 원한다는 확신이 들고 성공적인 변화가 가져다줄 결과에 대한 희망이 생긴다.

즉, 변화를 실행하는 방법, 일정, 원하는 결과를 얻기 위해 투입해야 할 자원의 양 등은 각기 다를 수 있어도 원하는 결과만큼은 같다는 생각을 하게 된다. 요컨대 공통된 목적이 있다는 사실을 인지하는 것이 중요하다.

생각은 달라도 목적은 같다

모두 생각이 다를 수밖에 없다. 리더의 계획이나 지시, 주장에 대한 구성원들의 생각 또한 마찬가지다. 리더라면 다른 생각을 인정하되, 그럼에도 추구하는 목표가 같음을 인지시킬 수 있어야 한다. 이를 위해서는 다음을 자문해보라.

- 이 변화와 관련한 우리의 공통점은 무엇인가?

공통 목적이 있으면 모든 구성원을 같은 '텐트' 안에 몰아넣을 수 있다. 구성원의 생각과 신념이 각기 달라도 또 변화에 대한 두려움이 있어도 목적이 같으면 기꺼이 하나가 될 수 있다. 1963년에 케네디가 저 유명한 아메리칸대학 연설에서 정의한 '공통성'의 경우처럼 사람들을 몰아넣을 텐트가 엄청나게 큰 것일 때도 있다. 이 연설에서 케네디는 세계 평화는 멀리 있는 것이 아니라고 하며 이렇게 말했다.

"따지고 보면 우리는 모두 이 조그만 행성에 살고 있다는 공통점이 있습니다. 우리 모두 같은 공기를 마시고 있고 모두가 아이들의 미래를 걱정합니다. 그리고 우리 모두 결국은 죽습니다."

케네디는 '인류'라는 가장 포괄적인 공통점을 활용한 덕분에 불세출의 명연설을 남길 수 있었다. 이 정도의 보편성까지는 아니더라도 나 역시 '교육 개혁과 관련된 커뮤니케이션 가이드'에 '공통성' 요소를 포함했다.

공통성 그래서 나는 이 문제를 낙관적인 관점에서 접근하려고 한다. 목적 달성을 위한 수단에 대해 모든 사람이 같은 생각일 수는 없다는 것을 잘 알고 있다. 그러나 미국의 공교육 제도가 좀 더 효율적이고 건실해지기를 바라는 마음은 한결같다. 다른 사람과 마찬가지로 나 역시 이 변화가 가장 좋은 결과를 내기를 바란다. 가장 효율적인 교육 제도, 즉 진정한 '공교육'의 토대가 마련되기를 바라는 것이다. 우리가 기댈 수 있는 일관성 있고 공정한 교육 제도를 꿈꾼다. 이 토론이 의미 있는 행동을 위한 작은 발판이 되기를 바라마지 않는다.

새로운 질문을 더 많이 할수록, 반대와 저항이 속속 드러날수록, 새로운 공통 요소가 명확해질수록 에꾸떼(경청)와 앙땅드르(듣기)의 차이점이 점점 더 분명해진다.

개인적 동기를 드러내라

리더가 변화를 주장할 때, 그 변화가 조직에 왜 중요한지 그리고 변화를 통해 자신들은 무엇을 얻을 수 있는지를 알면 리더의 주장에 수긍할 수 있게 된다. 그러나 결과가 불확실함에도 리더를 따르겠다는 마음이 들려면 이 정도만으로는 부족하다. 적어도 리더의 개인적 동기를 알아야 변화 행동에 동참하려는 의지가 생긴다. 개인의 동기를 밝히는 것 또한 신뢰 구축의 기본 토대가 된다.

여기서 말하는 동기는 '물리적 성과'가 아니라 '의미'와 관련된 것이다. 마틴 루터 킹의 동기는 '내게는 꿈이 있다'라는 말에 드러나 있다. 자기 자신의 동기를 생각하고 이것을 드러내는 것 또한 신뢰 구축의 한 과정이 된다. 이와 관련해 리더는 다음 사항들을 생각해볼 필요가 있다.

- 개인적으로 이 문제가 자신에게 중요한 이유는 무엇인가?
- 자신의 신념을 보여줄 개인적 경험이나 이야기로는 어떤 것이 있는가?
- 이 변화에 반영된 기본 원칙과 가치, 신념은 무엇인가?
- 이 상황에서 자신이 지지하는 것은 무엇인가?

산타크루즈 출신의 리더십 컨설턴트이자 《시민 리더The Citizen Leader》의 저자인 피터 알두이노Peter Alduino한테서 들었던 이야기가 이 주제와 관련된 가장 확실한 사례가 아닐까 한다. 미리 말해두지만 사실 이 이야기는 좀 오래된 것이다. 그러나 이보다 더 흥미롭고 설득력 있는 예가 달리 또 있을까 싶다.

1974년, 알두이노는 고(故) 바바라 조든Barbara Jordan의 비디오테이프를 하나 찾아냈다. 조든은 당시 텍사스 주 출신의 미 하원의원이었다. 그 테이프에는 하원 소위원회에서 있었던 닉슨 전 대통령의 탄핵 청문회에서 조든이 발언하는 내용이 담겨 있었다. 흑인이었던 조든은 법사위원회 소속 위원으로서 15분간 발언할 기회가 있었다.

"앞서 우리는 '우리 국민'으로 시작되는 미 헌법 전문이 낭독되는 것을 들었습니다. '우리 국민'이라, 이 얼마나 감동적인 구절입니까! 그러나 이 헌법안이 완성됐던 1787년 9월 17일 당시 나는 '우리 국민'에 포함되지 않았습니다.

나는 아주 오랫동안 조지 워싱턴과 알렉산더 해밀턴이 실수로 나(흑인을 의미한다)를 빠뜨렸다고 생각해왔습니다. 그러나 그것은 실수가 아니었습니다. 나는 헌법 수정과 해석, 법원 결정이라는 길고 지루한 과정을 거쳐 겨우 '우리 국민'에 포함될 수 있었습니다.

그런 내가 오늘은 심문자로서 이 자리에 선 것입니다. 지금 내가 느끼는 엄숙함과 준엄함은 이루 말로 다할 수 없을 정도입니다. 미 헌법에 대한 내 신념에는 한 톨의 의심도 없으며 미 헌법에 대한 내 믿음은 완벽하고 절대적입니다. 그래서 나는 헌법이 파괴되고 축소되고 전복되는 것을 가만히 앉아 방관할 생각이 추호도 없습니다."

조든의 동기가 무엇인지, 개인적으로 그 일이 왜 중요한지, 기본 가치관이 무엇인지, 무엇을 지키고 싶은지 굳이 물어볼 필요가 없을 정도로 이 발언에 모든 것이 다 들어 있다. '우리 국민'으로 시작된 미 헌법 전문처럼 조든의 개인적 경험 또한 환상적이지 않은가! 한 국가의 국민으로서 가져야 할 권리를 빼앗겼다고 느끼거나 평등권을 강하게 주장하는 사람이라면 조든의 이 말에 크게 공감했을 것이다. 조든의 발언은 이론적 차원이 아니라 지극히 개인적 차원의 것이었다는 점에 주목할 필요가 있다. "모두가 헌법을 수호해야 한다. 그것이 자유 국가의 근간이기 때문이다." 조든은 이렇게 말하지 않았다. 물론 그도 이 말에 동의하겠지만 말이다. 어쨌거나 조든의 이러한 개인적 동기가 주장에 설득력을 부여해준 것만은 분명하다.

이 시점에서 닉 로엘롭스Nick Roelofs의 이야기를 해야 할 것 같다. 라이프 사이언시스 그룹Life Sciences Group의 사장인 로엘롭스는 내가 본 중에 가장 똑똑하고 박식하고 통찰력 있는 기업인이었다. 로엘롭스는 진짜 천재로서 젊은 나이에 노벨상 수상자들과 만나 토론하는 영광을 누린 인물이다. 함께 가이드 작성 작업을 하면서 나는 로엘롭스에게 학자가 아닌 기업인의 길로 들어선 이유가 무엇이냐고 물어봤다. 그랬더니 이런 대답이 돌아왔다.

"어느 순간 내가 노벨상을 탈 정도까지는 아니라는 생각이 들더군요. 그래서 진짜로 노벨상을 탈 수 있는 사람들에게 도움이 되는 일을 하자고 결심한 거죠."

나는 리더십 커뮤니케이션 가이드를 만드는 작업의 한 과정이라고 생각하고 그 이야기를 다른 사람들에게 해주는 것이 어떻겠냐고 했다. 내 권유를 받아들여 로엘롭스가 자신의 이야기를 들려주자 사람들은 그것을 열심히 듣고 기억했다. 그 이야기 자체가 개인적인 진실이었고, 그 이야기 속에는 자신을 돌아보게 하는 힘이 있었기 때문이다.

우리는 행동과 가치관을 연계시킬 수 있을 때 의미를 느낄 수 있다. 아이를 대학에 보내며 부모 품에서 떠나보내는 것과 권한 위임을 연계시켰던 것처럼 때로는 이야기를 통해서 '의미'를 느끼기도 한다. 이 경험을 통해 권한 위임의 가치가 내게 의미 있게 다가왔고, 바바라 조든의 지극히 개인적인 경험 덕분에 미국 헌법의 수호가 그녀에게 의미 있게 다가왔다.

기업 환경에서는 이러한 연결 관계가 불가능한 것 아니냐고 보는 사람들이 꽤 있을 것이다. 그러나 1장에서 소개했던 하워드 슐츠를 한 번 생각해보라. 슐츠는 매우 분명한 동기에 따라 직원 모두가 동업자라고 느끼는 그런 기업을 만들고 싶어 했다. 아버지에 대한 경험이 자신의 가치관을 표면화시켰고 훗날 사업을 하면서 그 가치관을 표현할 수 있었던 것이다. 슐츠는 개인적인 동기뿐 아니라 자신의 약점까지 솔직히 드러냄으로써 사람들 사이에 친밀감을 만들어냈다.

다음은 교육과 관련된 커뮤니케이션 가이드에서 나의 개인적 동기 부분을 발췌한 것이다.

필자의 커뮤니케이션 가이드 예시

개인적 동기 내가 이렇게 교육 문제와 씨름하기 시작한 것은 내 개인적 좌절감 혹은 실망감에서 비롯된 일이다. 자식을 둔 부모로서 교육 위원회에도 수없이 참석했고, 세금 인상안에도 찬성표를 던졌고, 도서관에서 자원봉사도 해봤다. 게다가 나는 3학년 때 담임 선생님의 도우미 역할을 했던 부모 중 유일한 편부이기도 했다.

그리고 순전히 내 잘못된 신념과 오해 때문에 아들을 공교육의 제물로 바칠뻔하는 아찔함도 겪었다. 안타깝게도 내 아들은 공립학교에 다니던 9년 동안 단 한 번도 헬렌 스트롭 같은 훌륭한 선생님을 만날 운은 없었다. 아들이 그렇게 책임감이 강하지 않았다면 혹은 아들의 미래를 위해 사립학교행을 선택하지 않았다면, 내 아들은 자신이 우등생이 될 수 있다는 사실을 몰랐을 것이고, 캘리포니아대학에 입학 허가를 받는 일도 없었을 것이며, 일과 인생에서 성공적인 삶을 살아갈 수 없었을 것이다.

아들은 한 작은 사립학교에 들어갔고 그곳에서 보낸 3년 동안 훌륭한 선생님을 세 분이나 만나는 행운을 누렸다. 물론, 아들은 학생 수가 더 많은 학급에서 공부했고 교과목도 더 적었다. 그러나 아들에게는 훌륭한 선생님 세 분이 있었다. 이 선생님들은 공립학교 선생님보다 보수는 더 적었어도 이들 덕분에 아이들은 아주 큰 혜택을 입은 셈이었다. 이 선생님들이 사립학교에서 근무한 이유는 학생들을 가르치는 일은 좋았으나 관료주의가 지배하는 교육 체계는 싫었기 때문이다.

큰아들이 공립학교 졸업반일 때 영어 선생님이 방과 후에 작문 수업을 진행한 적이 있었다. 그리고 이 수업에는 우등생만이 아니라 원하는 학생은 누구나 등록할 수 있었다. 단, 부모님과 함께 참석해야 한다는 조건이 하나 붙어 있었을 뿐이다. 이 수업에 80명이 넘은 학생과 학부모가 등록했다. 첫 수업에서 내준 과제는 각자 아버지에 대한 시를 쓰는 것이었다. 그때는 이미 아들과 많이 친해진 상태였지만 이 수업이 진행된 13주 동안 우리 둘은 전에는 나누지 못했던 중요한 이야기를 많이 했다고 자부한다. 우리뿐 아니라 이 수업에 참여했던 다른 모든 학생과 학부모들이 전에는 못했던 대화를 서로 많이 나누게 됐다. 물론 작문 공부도 당연히 했고 말이다. 이 영어 선생님은 정말 훌륭한 수업을 생각해낸 것이다. 그것도 순전히 개인적인 열의와 창의력으로 말이다. 그러나 안타깝게도 이 수업은 2년을 넘기지 못하고 없어졌다. 듣기로는 본인이 하고 싶다는 데도 노조에서 그 영어 선생님에게 시간 외 근무를 하지 말라고 했다는 것이다. 캘리포니아 주에서는 작년 한 해에만 교육 예산의 80%를 노조가 지지하는 부문에 사용했다. 노조가 지지하는 일이란 것이 주로 더 적은 비용으로 더 많은 교사를 활용할 수 있게 학급당 학생 수를 조절하는 것이었다. 그러는 사이 이 영어 선생님은 다른 곳으로 자리를 옮겼다. 그 이유가 물론 방과 후 수업이 중지됐기 때문만은 아닐 것이다. 어쨌거나 이 선생님 덕분에 많은 것을 배울 수 있었을 학생과 학부모는 정말 좋은 선생님을 잃어버린 셈이었다.

이 두 가지 사례만 보더라도 교육 제도 개혁에 관한 내 개인적 동기가 얼마나 강한지 여러분도 아마 짐작이 가고도 남을 것이다.

기초 공사는 끝났다

분명한 목적의식, 능력과 약점, 개인적 동기, 감사 표현, 타인의 관점 존중 등 이 모든 것이 리더십 커뮤니케이션을 이루는 주 요소들이다. 따라서 어떤 문제를 논하든 먼저 이 요소들을 숙고해보고 글로 적어둘 필요가 있다. 물론 이 요소들은 감성 지성과도 밀접한 관련이 있다. 따라서 이 요소들을 충분히 고려해야만 그저 변화를 지시하는 수준이 아니라 변화를 주도하는 일이 가능해진다.

마음을 움직여 참여를 이끌어내고 싶은 대상(청중)과 리더 자신과의 관계 그리고 전달하려는 메시지와 자신과의 관계 역시 확실히 해둘 필요가 있다. 그래야만 자신이 전달하는 메시지를 듣는 그 사람들이 자신을 진정한 리더로 인식할 수 있다. 요컨대 이들에게 자신이 능력 있고 신뢰할 만한 사람이라는 인상을 줄 수 있다. 숙고를 통해 이러한 부분들이 정리되고 나면 타인의 진심 어린 지지와 참여를 기대할 수 있게 된다. 가이드의 첫 부분을 어떻게 작성하느냐에 따라 사람들을 변화에 얼마나 동참시킬 수 있느냐 없느냐가 결정된다. 수많은 커뮤니케이션 상황에서 변화에 대한 리더의 신념이 진정성 있게 받아들여지면 리더와 청중 간에 깊은 신뢰 관계가 형성돼 있어야 한다. 리더로서의 자격과 능력을 표현하는 논조, 청중에게 감사를 표현하는 방식, 목적의식의 강도, 저항에 대한 공감, 리더가 주장하는 변화에 대한 사람들의 손익 판단 등 이 모든 요소가 사람들의 참여 의지에 영향을 미칠 것이다.

이상의 요소들을 숙고하는 것으로 가이드 작성의 '기초 공사'를 마쳤으면 이제 해당 사안에 대한 자신의 관점을 기술하고 변화를 추구하게 된 사유, 특히 구체적으로 그 변화를 추진하게 된 이유를 밝힐 차례다.

최종 질문 : 능력을 증명하고 신뢰를 구축하기 위한 체크리스트

- **목적의 명료화**
  - 문제가 무엇인가?
  - 구체적으로 어떤 변화를 원하는가?
  - 자신과 타인에게 변화의 필요성을 이해시킬만한 증거가 있는가?
  - 그 변화에 내포된 가치관은 무엇이고 변화를 통해 실현하려는 대의는 무엇인가?

- **자격 사항과 약점**
  - 업무 경험, 인생 경험, 학력 등의 차원에서 해당 분야의 변화를 주도할 자격은 있는가?
  - 내 약점은 무엇인가?
  - 내가 모르는 것은 무엇인가?
  - 이 문제와 관련하여 내가 아직 잘 모르는 분야가 있는가?
  - 내게 어떤 도움이 필요한가?
  - 이 문제 혹은 이 집단과 관련하여 내가 실수할 수 있는 부분은 무엇인가?
  - 이 문제와 관련한 내 개인적인 걸림돌은 무엇인가?

- **공감하기**
  - **감사 :** 이 커뮤니케이션 기회 혹은 내가 접촉할 사람들과 관련하여 특별히 감사해야 할 부분이 있는가? / 내가 진심으로 감사해야 할 사람 혹은 상황은 무엇인가? / 내가 의지하는 사람은 누구인가?
  - **저항 인식과 공통성 찾기 :** 이 변화에 대해 사람들이 보여줄 정신적 및 감정적 저항으로는 어떤 것이 있는가? / 이 변화와 관련된 모든 사람에게 공통된 부분은 무엇인가? / 모두의 공동 목적은 무엇인가?
  - **개인적 동기 / 개인의 가치관:** 이 문제가 개인적으로 왜 중요한가? / 내 신념을 보여줄 수 있는 개인적 경험이나 이야기가 있는가? / 이 변화에 내포된 핵심 원칙과 가치, 신념은 무엇인가? / 이 상황에서 내가 지지하는 것은 무엇인가?

186

6
맥락 공유
_리더와 같은 관점에서 보게 하라

진실은 항상 세 단계를 거쳐 진실로 인정받게 된다. 첫 단계는 조롱받는 단계고 두 번째는 격렬한 반대에 부딪히는 단계다. 그리고 세 번째에 이르러 결국 자명한 진실로 인정받는다. ―18세기 독일의 철학자 쇼펜하우어를 비롯하여 조지 버나드 쇼, 마하트마 간디 등 이런 취지의 발언을 한 유명인사가 꽤 많다. 인류 역사상의 대변화들을 떠올려보면 이 말이 이해가 간다. 변화는 때가 되면 일어난다. 역사 속에서 이러한 변화의 흐름을 감지하고 효율적이고 진정성 있는 커뮤니케이션을 통해 사람들에게 변화의 방향을 분명히 제시해 주는 것이 바로 리더가 할 일이다. 과거를 보면 현재가 보이고 또 현재를 보면 미래를 짐작할 수 있다.

그런데 무언가 바뀌는 것이 있을 때 사람들은 자신의 관점에 따라 이를 변화로 보기도 하고 혹은 진보로 보기도 한다. 사람들이 과거와 미래를 어떻게 인식하는지에 따라 또 리더의 능력과 신뢰성 수준을 어떻게 평가하느냐에 따라 변화를 지지할 것인지 아니면 저항할 것인지가 결정된다.

능력과 신뢰 요소 다음으로 중요한 것이 '관점'이다. 리더를 선장이라고 하자. 선장은 조타실에서 선박의 앞뒤 수평선을 다 둘러본다. 날씨도 봐야 하고 파도, 상어, 육지, 기타 길조나 흉조 등을 다 살펴야 한다. 선장이외 대다수 사람의 경우는 마치 하갑판에서 바라보듯 시야가 제한돼 있고 그나마도 현창(舷窓, 측면에 난 창 ─옮긴이 주)을 통해 밖을 내다볼 수 있을 뿐이다. 이렇게 좁은 시야로는 그 변화가 자신들에게 필요한 것인지 아니면 위험한 것인지 가늠하기 어렵다.

그러므로 맥락을 공유하는 것이 매우 중요하다. 리더가 본 것을 다른 사람들도 똑같이 볼 수 있다면 그들 또한 이제 변화가 필요한 시점이라고 인식하게 될 것이다. 변화의 필요성을 이해하는 것에서 한 발 더 나아가 자신들이 그 변화에 참여해야 한다고 마음을 정할지도 모른다. 그러나 이 정도로는 사람들이 변화에 동참하리라 확신할 수 없다.

리더가 사람들에게 과거와 현재, 미래에 관한 이야기를 하면 적어도 세 가지 목적을 달성할 수 있다.

첫째, 과거의 사건과 상황을 포함하여 현재 상태에 이르게 된 경위를 짚어보면서 현재 상태를 정리하여 사람들에게 변화의 필요성을 주지시킬 수 있다. 이것이 바로 역사적 맥락이라는 것이며 이런 식의 맥락 공유가 변화 행동의 기본 토대가 된다.

둘째, 변화를 실행하려는 사람들(리더 자신 포함)이 '사리사욕'이 아닌 '대의명분'을 위해 변화를 주장하는 것임을 보여줄 수 있다. 이는 가치관, 문화, 의미와 관련돼 있다. 변화가 절대 불가능하다는 분위기 속에서 변화를 이뤄낼 수 있다는 가능성을 제시함으로써 사람들에게 그 변화에 참여할 기회를 주는 셈이다.

셋째, 역사적 차원의 맥락과 의미 차원의 맥락을 제시함으로써 리더에 대한 사람들의 신뢰가 높아지고 리더의 능력을 더욱 인정받게 된다.

전후 사정을 설명함으로써 청중과 맥락을 공유하게 되면 자연스럽게 변화가 이루어진다. 그러나 리더는 다른 사람들도 충분히 알고 있으리라 생각한 맥락 정보인데 경우에 따라서는 이를 전혀 모르거나 아예 생각조차 해보지 않은 사람들이 있을 수 있다. 이런 사람들에게는 충분한 설명을 통해 리더가 무슨 말을 하는지 이해시켜야 한다.

공통된 이해

맥락의 중요성은 일상에서도 매일 확인할 수 있다. 조지 레이코프George Lakoff는 놀라운 통찰력으로 이슈의 '프레이밍framing(어디에 초점을 맞추느냐에 따라 화제의 방향이 달라짐 —옮긴이 주)'에 관한 논리를 폈다. 그러나 내게는 가장 존경하는 작가 가운데 한 명인 헨리 나우웬Henri Nouwen의 이야기가 더 와 닿는다. 나우웬의 이야기를 통해 직접 경험하지 않고 듣기만 하는 사람들에게 맥락을 제시해주는 것이 얼마나 중요한지를 실감할 수 있다.

나우웬은 가톨릭교 사제이자 영성(靈性) 작가다. 나우웬의 저서《제네시일기The Genesee Diary》에는 안식 휴가를 맞아 트라피스트 수도원에서 보낸 7개월간의 경험이 담겨 있다. 이 수도원에서 생활하는 수사들에게는 신문이나 TV 등 바깥세상에서 일어나는 일을 접할 수단이 전혀 없었다. 단, 마르첼로 신부만 은밀히 〈뉴욕타임스〉를 읽을 수 있었다.

저녁 예배 때에는 특별히 무언가를 위해 기도하는 시간이 있다. 나우웬은 이에 관해 다음과 같이 적었다.

> 어느 날 저녁 예배 시간에 마르첼로 신부가 이렇게 말했다.
>
> "한국의 영부인을 위해 기도합시다." 그렇게 말하고 나서 생각해보니 최근 신문을 본 사람은 자기밖에 없었다. 그래서 부랴부랴 이런 말을 덧붙였다. "한국의 영부인이 암살됐답니다."
>
> 그렇게 말하고 나서 보니 이번에는 또 한국의 영부인을 누가 왜 암살하려 하는지 아무도 모른다는 데 생각이 미쳤다. 그래서 이렇게 덧붙였다. "누군가 대통령을 노렸다고 합니다."
>
> 그러자 이번에는 수사들이 그 이후 어떻게 됐는지 알고 싶어한다고 생각해서 이렇게 마무리하며 기도를 끝냈다. "다행히 대통령은 무사했답니다."

우리가 메시지를 전달하고자 하는 대상은, 수사들처럼 외부 정보가 차단된 채 은둔 생활을 하는 그런 사람들은 아니다. 그러나 대다수가 각자의 현실 속에 갇혀 있을 수 있으므로, 맥락을 공유하는 일이 중요할 수밖에 없다. 정치계나 경제계에는 불안정성이 늘 존재하고 언론 정보의 과다 노출로 전후 사정을 정확히 알 수 없어서 변화의 가치를 제대로 인식하기 어렵다. 전후 사정도 모르면서 변화에 동참하겠다고 나서는 사람이 몇이나 되겠는가! 그러므로 리더는 사람들에게 맥락 정보를 충분히 제공해야 하고 이후에도 기회 있을 때마다 그 부분을 자꾸 상기시켜야 한다. 이렇게 하지 않으면 리더가 아무리 변화를 주장해도 이들에게는 공허하게만 들릴 것이다. '왜?'라는 물음에 답해주는 것이 바로 '맥락'이다. 그리고 맥락에는 여러 가지 차원이 있다.

세대와 문화 차원의 맥락

극동 지역을 여행할 때의 일이다. MBA 과정을 밟고 있던 한 일본인 청년과 일본 제일은행에 관한 이야기를 나눌 기회가 있었다. 둘 다 일본의 은행과 고객 간의 관계 변화에 관한 강의를 듣고 난 직후였다. 이 젊은이는 내게 지난 50년 동안 일본의 은행과 고객 그리고 일본 정부는 서로 긴밀한 협력 관계를 유지해왔다고 설명했다. 금융 서비스 부문에 대한 정부의 장려책은 줄곧 변함이 없었다. 그러나 규제 부분이 달라지면서 은행과 고객의 입장에 차이가 생기기 시작했다. 이제 고객도 은행의 판단을 무조건 수용하지는 않게 됐다. 은행이 고객을 위한 통화 거래에서 손실을 내자 고객이 은행에 대해 그 경위를 해명하라고 요구하고 나섰다. 이는 전에 없던 일이었다. 은행과 고객이 목표를 공유하지 않은 상태에서, 고객은 은행이 왜 그런 통화 거래를 했는지 이유를 알아야 했다. 이러한 고객의 요청에 대응하는 차원에서 은행은 일련의 설명회를 통해 통화 거래의 예측 불가능성을 고객들에게 설명하기 시작했다. 은행은 고객에게 통화 거래와 관련한 '맥락'을 설명하려 한 것이다.

이 젊은이는 은행 내부적으로 나이 든 세대와 자신 또래의 젊은 세대 간에도 이와 똑같은 문제가 존재한다고 말했다.

"나이 든 직원들은 예전의 기업 문화를 알고 있으나 우리는 그렇지 않아요. 그렇다 보니 그들이 왜 그런 행동을 하는지 잘 모르겠어요."

이들 젊은 세대에게는 그러한 통화 거래를 한 이유가 무엇이냐보다 맥락을 아는 것이 훨씬 더 중요했다. 이 경우 은행의 리더는 은행, 장기 고객, 정부 등이 서로 끈끈한 협력 관계를 유지해왔다는 부분을 알려줬어야 한다. 사실 이러한 관계는 일본 특유의 정경유착 관행에 그 뿌리를 두고 있다. 그런데 이 젊은 친구는 서구에서 수학한 유학생 출신이라서 이러한 관행이 익숙하지 않았다. 연장자들은 이 젊은이 또래 직원들에게 과거의 관행에서 비롯되어 현재에 이른 이러한 암묵적 관계성을 설명해주지 않았던 것이다.

은행은 왜 그러한 통화 거래를 했는지 그 이유를 설명함으로써 고객의 충성심을 그대로 끌고 나갈 수 있었다. 같은 맥락에서 젊은 직원들에게 일본의 기업 문화를 설명해 주지 않으면 업무를 수행하면서도 그 일에 크게 의미를 느끼지 못할 것이다. 이렇게 의무감만으로 일하는 직원에게 조직에 대한 충성심이 생길 리 만무하다.

다국적기업 수준으로 조직이 거대해지고 공기업이 아니라 주식회사처럼 다수가 공유하는 형태의 조직이 되면 기업 가치 부분이 희석되거나 느슨해지고 전통에 기반을 둔 의사결정에 변화가 생길 수도 있다. 그러나 또 한편으로는 기업 가치와 기업 소유자의 가치가 상승작용을 일으킬 수도 있다. 마이클 나훔Michael Nahum은 마이크로인코더Microencoder의 사장이다. 마이크로인코더는 도쿄 인근에 소재한 거대 기술 업체 미쓰토요Mitutoyo Corporation가 전액 출자한 완전 소유 미국 자회사다.

이 사례는 문화적 맥락과 직접 경험을 토대로 한 커뮤니케이션의 중요성을 보여주는 좋은 예다. 미쓰토요와 오랫동안 협력 관계를 유지해온 한 공급 업체가 유럽에서 열리는 중요한 상품 전시회에 제품을 출품하기로 돼 있었다. 미쓰토요 역시 이 전시회에 출품할 예정으로 제품을 개발하기 시작했다. 시장에서는 속도가 생명이다. 가능한 한 빨리 제품을 내놓는 것이 중요하다. 그런데 미쓰토요는 협력 업체를 배려하여 신제품 출시를 늦추기로 했다. 시장에서의 이점보다는 기업 간 관계를 더 중시한 처사였다. 덕분에 기업 간의 장기적 신뢰 관계가 더욱 돈독해졌다.

문화 차이에 기회와 위험 요소가 공존하듯이 세대 간 차이도 이와 마찬가지다. 젊은 사람은 금융, 컨설팅, 운영 부문의 지식과 경험에서 나이 든 세대를 따라가지 못한다. 나이 든 세대는 참신한 접근법이라든가 좀 더 세계화된 관점이라는 부분에서 아무래도 젊은 사람에 못 미친다. 요컨대 젊은 리더는 전문 지식이나 경험 면에서는 모자랄지 몰라도 참신함이나 국제적 감각 면에서는 장점이 있다. 리더가 해야 할 일 가운데 하나가 자신의 관점을 설명으로써 필요한 정보를 직원들에게 제공하는 것이다. 이러한 세대 간의 차이는 어느 문화에나 존재한다.

베이비 붐 세대(1946년과 1964년 사이에 태어난 사람들)에 속하는 리더 중에 슬슬 은퇴자가 나오기 시작하고 있다. 그리고 후임자들이 휘하 직원과의 커뮤니케이션을 시도하고 있다. 그 직원들은 대개 비틀스도 모르고 컴퓨터와 이메일 없이는 하루도 못 사는 그리고 어렸을 때부터 세계 이곳저곳을 여행한 경험이 있는, 말하자면 신세대들이다. 구세대는 이와는 전혀 다른 문화 속에서 성장했고 협력적 작업 문화에도 익숙하지 않다.

게임의 규칙

국가와 마찬가지로 조직도 '일하는 방식'을 규정해 놓았으며 이러한 규정 또한 조직 문화의 일부다. 이 문화를 '게임의 규칙'이라 정의할 수 있으며 이 또한 하나의 맥락 정보가 된다. 야구사에 길이 남을 아주 유명한 야구 경기가 있는데 여기서도 맥락의 중요성을 확인할 수 있다.

야구팬에게 '퍼펙트게임'이라는 말만큼 흥분되는 단어가 또 있을까! 퍼펙트게임은 투수가 9회 동안 상대팀 타자를 모두 잡는 것을 말한다. 상대

타자를 단 한 차례도 출루시키지 않고 꽁꽁 막는다는 의미다. 이러한 퍼펙트게임은 그렇게 자주 나오지 않는다. 월드 시리즈에서 퍼펙트게임이 나온 것은 단 한 번뿐이다. 자연 과학자인 스티븐 굴드Stephen Gould는 자신의 저서 《플라밍고의 미소The Flamingo's Smile》에서 이 퍼펙트게임에 관한 이야기를 했고 1984년 11월 10일 자 〈뉴욕타임스〉에 그 내용이 실렸다.

퍼펙트게임만큼 달성하기 어려운 것이 또 있을까? 만약에 그 극적인 순간을 경험할 수 있다면 선수로서 맞고 싶은가 아니면 심판으로서 맞고 싶은가? 베이브 피넬리(Babe Pinelli : 샌프란시스코 인근 요양원에서 향년 89세를 일기로 세상을 떠남)는 월드시리즈 사상 최초이자 유일한 퍼펙트게임의 심판이었다. 이는 그에게 개인적으로도 가장 중요한 경기였다. 1956년 10월 8일의 이 경기는 피넬리가 심판으로서 맞는 마지막 공식 경기였기 때문이다. 그런데 퍼펙트게임이라니, 이 얼마나 완벽한 마무리인가! 경기가 끝나자 승리한 팀의 선수 27명 전원이 마운드로 몰려나갔고 상대팀의 27명은 망연자실했다. 실력은 좋았지만 피넬리의 '위대한 행동'이 없었다면 그저 그런 선수로 기억되다 사라졌을 돈 라센(Don Larsen)이 퍼펙트게임의 주인공이 되는 순간이었다.

이 극적인 결말은 순전히 피넬리의 작품이었다고 본다. 그래서 이후 이러 말 저런 말이 나왔다. 샐 매글리(Sal Maglie) 대신 타석에 오른 대타 데일 미첼(Dale Mitchell)이 결국 이 날의 마지막 타자가 됐다. 볼 카운트 원 볼 투 스트라이크에서 라센은 바깥쪽 높은 공을 던졌다. 이 공은 스트라이크에 가깝기는 했으나 기술적 차원에서 엄밀히 따지면 스트라이크는 분명히 아니었다. 당연히 타자인 미첼은 그 공을 그냥 보냈다. 그러자 피넬리는 조금의 망설임도 없이 곧바로 오른손을 들어 삼진을 선언했다. 이와 동시에 포수 요기 베라(Yogi Berra)가 마운드로 뛰어가 라센을 부둥켜안고 환호했다. 나중에 미첼은 "바깥쪽으로 30센티미터는 빠졌었는데"라고 투덜거렸다. 30센티미터는 좀 과장된 것이고 실제로는 몇 센티미터 정도 빠진 공이었다. 어쨌거나 스트라이크가 아니라는 말은 맞다. 적어도 기술적으로는 그렇다.

그러나 베이브 피넬리의 판단이 더 옳았다. 타자는 아마도 스트라이크 존에 더 가깝게 들어왔어도 그 공을 치지 않았을 것이다. 여기서 중요한 것은 바로 맥락이다. 진실은 공의 '위치'가 아니라 '상황'에서 찾아야 한다. 진실은 불변이며 침범할 수도 없다. 진실은 오락가락 이랬다저랬다 하는 것이 아니다.

그렇지만, 상황적 차원에서 보자면 데일 미첼은 그때 그 공을 쳤어야 했다. 그 공은 스트라이크였다. 바깥쪽 높은 스트라이크였다. 베이브 피넬리는 자신이 심판으로 나선 마지막 경기를 가장 멋지고 가장 정확하며 가장 올바른 결정을 내리는 것으로 마무리했다. 그 역사적 순간을 만든 피넬리는 경기를 마치고 라커룸으로 들어가 감격의 눈물을 흘렸다.

데이브 피넬리는 '보편적'으로 받아들일 수 있는 규칙, 즉 경기의 맥락과 월드시리즈라는 특별한 상황을 토대로 정해져 있던 야구 규칙을 깰 수 있었던 것이다. 이것이 그냥 정규 시즌 중에 벌어진 경기였다면 분명히 볼을 선언했을 것이다. 그렇지 않고 만약 그 공을 스트라이크라고 했다면 관중으로부터 엄청난 야유를 들어야 했을 것이다. 그러나 그때 그 상황에서 피넬리가 한 판단은 옳았다. 당시 경기장에 있던 모든 사람과 라디오에 귀 기울였던 모든 청취자가 일반적 야구 규칙을 깨고 내린 피넬리의 결정에 다들 동의했다. 짐작건대 데일 미첼조차도 아마 여기에 동의했을 것이다.

이러한 원칙은 비단 미국, 특히 야구 경기에만 적용되는 것은 아니다. 이는 전 세계의 기업과 정치 환경에도 얼마든지 적용할 수 있다. 각 문화에는 보수 체계, 연고, 정실주의, 관료주의, 가족, 윤리 등과 관련하여 각기 다른 기준이 존재한다. 이럴 때 자신이 속한 문화의 기준이나 규칙이 일시 손상되는 한이 있더라도, 자국만이 아닌 세계에 영향력을 지니려면 다른 문화의 기준이나 규칙을 알아야 한다. 이러한 환경에서는 가장 중요한 것이 공감이다.

맥락에는 개인적 의미가 내포된다

리더십 커뮤니케이션 가이드를 만들 때는 역사적 배경, 해당 조직과 특정 문제에 대한 문화적 근원, 암묵적인 게임의 규칙 등을 고려해야 한다. 이외에도 좀 더 넓은 관점에서의 변화의 의미 그리고 윤리적 측면에서의 변화의 결과를 반드시 생각해봐야 한다. 사람들은 리더가 주장하는 문제를 그렇게 심각하게 바라보지 않는다. 그 문제의 궁극적 결과에 대해서도 별 관심이 없고 자신들이 새로운 미래를 창조하는 일에 한몫한다는 따위의 생각도 하지 않는다. 앞서 말했던 일본인 청년처럼 사람들은 특정 문제의 문화적 토대에 관한 배경 지식이 전혀 없을 수 있다. 그러나 리더는 그 부분에 관한 배경 지식을 가지고 있다.

《제5경영The Fifth Discipline》의 저자 피터 센게Peter Senge는 감화력이 좋은 리더는 '규모의 감각'이 뛰어나다는 공통점이 있음을 알게 됐다. 일종의 '판을 키우는 능력'이라고 이해하면 될 것 같다. 센게는 이렇게 말한다.

"리더의 비전에는 경험에 토대한 생생한 이야기와 목적의식이 내포돼 있다. 우리는 이를 '목적 이야기purpose story'라 통칭한다. 이는 조직에 대한 기대와 개인적 포부에 의미를 부여하는 이른바 고차적 '되어감 패턴pattern of becoming'이라고도 표현할 수 있다."

뜬구름 잡는 식의 애매한 표현이라는 생각이 들 수도 있겠다. 어쨌거나 센게는 자신의 가치관을 들여다보면 리더로서의 자신의 역할에 대한 좀 더 큰 개인적 맥락이 드러난다고 주장한다. 이처럼 더 고차원적 '목적 이야기'를 하면 청중을 개인적 차원의 사리(私利)가 아닌 공익적 차원의 대의(大義)를 실현하는 일에 동참하게 할 수 있다. 따라서 처음에 생각했던 것보다 훨씬 큰 무대에서 훨씬 중요한 일을 할 기회를 이들에게 제공하게 된다. 요컨대 이런 식으로 리더는 사람들에게 '참여'라는 대가를 치르고 '훌륭함'을 얻을 기회를 제공하는 것이다. 대다수 사람은 이러한 맞바꿈을 꽤 수지맞는 거래로 인식할 것이다.

노벨상 수상자 스티븐 호킹Stephen Hawking의 첫 번째 저서 《시간의 역사A Brief History of Time》는 1989년에 출간된 이후로 30개 언어로 번역돼 전 세계에서 1,000만 부 이상이 팔렸으며 4년 넘게 영국 〈선데이타임스Sunday Times〉 선정 베스트셀러 목록에 이름을 올렸었다. 저자도 인정했듯이 이론 물리학 박사 과정 학생쯤은 돼야 이해할 법한 이 책(우주의 기원과 작용에 관한 이론 통합 과정을 설명하는 내용임)이 그렇게 많이 팔렸다는 사실 자체가 놀랍지 않을 수 없다. 실제로 이 책이 큰 인기를 끈 이유에 대해 여러 가지 의견이 제시됐다. 그러나 호킹은 그 이유는 다름이 아니라 사람들이 '고차원적인 문제'에 관한 토론에 참여하고 싶어 하기 때문이라고 했다.

나도 이 의견에 동의한다. 모든 분야의 리더, 특히 정치계 리더들은 대중이 이기적이고 둔감하다는 식으로 혹은 보편적인 혹은 국제적인 문제에 별 관심이 없다고 성급하게 결론 내린다. 그러나 실제로는 이와 정반대다. 대중은 자신의 이익이 아닌 대의를 위해 나서달라는 요청이 있을 때 기꺼이 나서려 한다. 설사 그 대의에 관해 자세한 내용을 모를 때도 마찬가지다. 역사에 길이 남을 획기적인 변화도 처음에는 너무 엄청나고, 너무 어렵고 또 비용도 너무 많이 들어가는 것처럼 보였던 것들이다. 그래서 과연 이루어질까 싶었던 것들이 결국은 현실이 된 것이다. 베를린 장벽의 붕괴, 독일의 재통일, 남아프리카 공화국의 인종분리정책 폐지, 비핵화 개시, 아랍의 봄(중동 지역의 민주화 운동 ―옮긴이 주) 등 지난 25년 동안 일어났던 큰 사건들 모두가 처음에는 다 실현 불가능해 보였다. 변화를 주창한 리더가 있었고 이러한 주장의 맥락을 이해하고 리더의 비전을 공유하게 된 일반 대중이 그러한 변화를 끝내 이루어냈던 것이다. 리더가 변화에 동참하는 것은 곧 눈앞의 사익이 아닌 대의를 실현하는 기회를 얻는 것이라고 주장할 때, 변화에 대한 사람들의 신념이 더 확고해진다. 세계화의 진행과 함께 지구촌이라는 이름으로 세계가 하나로 묶이면서 변화의 효과가 미치는 범위 또한 점점 확대된다. 이것이야말로 이 시대를 사는 우리의 가장 큰 도전 과제다. 그런데 이처럼 거시적인 변화를 이루어낼 만큼 광대한 시야를 지닌 리더가 그렇게 많지 않다는 것이 문제다.

변화를 주장하게 된 계기 : 역사적 맥락

사람들에게 자신이 왜 변화를 주장하는지 그 전후 맥락을 설명해주면 이미 입증한 자신의 능력과 자신에 대한 청중의 신뢰 수준이 더욱 높아질 수 있다. 더브 사이드먼Dov Seidman은 2007년에 출간한 저서 《하우How》에서 이렇게 밝혔다.

"우리는 지금 급진적인 변화가 계속해서 일어나는 세계에서 살고 있다. 그러므로 우리에게는 뭔가 디디고 설 발판이 필요하다. 요컨대 우리는 절대 변하지 않으리라 생각되는 무언가에 단단히 뿌리를 내리고 싶어한다. 그 단단한 토대가 바로 우리의 '가치관'이다. 그 어느 때보다 지금 우리에게 지속 가능한 가치관이 필요하다고 하는 이유가 바로 여기에 있다."

사이드먼의 주장대로 특정 문제의 역사적 맥락이 리더 자신의 개인적 가치관에 부합하느냐 아니면 가치관에 반하는 것이냐가 중요하다. 이때 변화의 필요성에 대한 리더 개인의 신념이 더욱 중요해진다. 자신의 가치관이 그 신념을 뒷받침할 때 비로소 여기서 다른 사람들을 움직이는 힘이 나온다.

토머스 제퍼슨은 '인류의 역사에서' 큰 변화가 '필요한 때'에 살고 있었다. 격동의 시대 속에서 역사적 사건이 진행되는 한복판에 서 있었던 셈이다. 제퍼슨은 대표자도 없는 지역에서 세금만 내야 하는 현실에 좌절감을 느끼면서 영국의 압제를 실감했다. 간디도 그랬고 바바라 조든, 마틴 루터 킹, 넬슨 만델라, 잔 다르크 등도 다 마찬가지였다. 이들은 말 그대로 역사적 '상황' 속에서 살았으므로 굳이 그것을 언급할 필요도 없었으나 이같은 역사적 맥락이 자신들에게 영향을 미쳤음은 분명했다. 그리고 그러한 배경 인식이 이들의 동기를 강화하고 능력을 배가시키는 역할을 했다.

우리도 마찬가지다. 지금 우리가 주장하는 변화가 앞서 말한 위대한 인물들이 주도했던 변화만큼 대단하지는 않을지 모른다. 그러나 사람의 마음을 움직이는 원칙은 똑같다. 사람들에게 자신이 주장하는 문제의 역사적 배경과 관련한 개인적 경험을 이야기하는 것은, 그들의 이성에 호소하여 논리적으로 설득하려는 접근법은 분명히 아니다. 그러나 적어도 자신이 하는 말에 귀 기울이게 할 수는 있다.

역사적 배경에 관한 개인적 경험은 자신이 그 문제에 왜 어떻게 개입하게 됐느냐와도 관련이 있다. 우리의 이성은 화자가 제공하는 정보에 동의할 수 있느냐를 기준으로 결정을 내린다. 그러나 우리의 마음은 우리가 리더에 얼마나 공감하느냐에 따라 참여 여부를 결정한다. 이성은 증거에 초점을 맞추지만, 마음은 열정에 주목한다. 이성은 사실을 중시하지만, 마음은 신념을 중시한다. 이성은 목적을 추구하지만, 마음은 의미를 추구한다. 이성은 생각에 방점을 찍지만, 마음은 신뢰에 방점을 찍는다. 물론 사람들의 마음을 움직여 행동을 이끌어내려면 이성과 마음 모두에 호소해야 한다.

맥락의 공유를 통해, 공통 이해를 이끌어내고, 시야를 넓혀 대의에 몰입하게 하고, 신뢰와 능력을 강화하는 등의 목적을 실현할 수 있다. 이번 장에서 이에 관한 몇 가지 사례를 제시할 것이다.

모든 주장에는 역사적 맥락이 존재한다

역사라고 해서 너무 거창하게 생각할 필요는 없다. 모든 주장에는 그 나름의 사회 환경적 배경이 존재하기 마련이다. 리더로서 그렇게 주장하게 된 사회 환경적 맥락을 밝히는 것은 구성원들로 하여금 대의에 공감하게 하고, 때로는 동시대를 살아가는 사람으로서 주장에 대한 공감을 이끌어내기도 한다. 이를 위해 다음 사항들을 자문해보라.

- 이 문제의 역사적 배경은 무엇인가? 어떻게 하여 우리가 여기까지 왔는가?
- 지금까지 우리가 어떤 단계를 거쳤으며 그 결과 어떤 상황이 초래됐는가?
- 역사적 맥락에 관한 이야기로는 어떤 것이 있는가?
- 지금 이것이 시급하고 중요한 문제가 된 이유는 무엇인가?
- 역사적 맥락에서 볼 때 이 변화가 왜 지금 필요한가?
- 현재 우리는 어떤 상황에 있는가?
- 이 역사적 맥락 내에서 나는 어떤 역할을 했는가?

2011년에 운 좋게도 나는 애질런트 테크놀로지Agilent Technologies 화학분석 사업부Chemical Analysis Group : CAG의 사장 겸 제너럴 매니저 마이크 맥뮬런Mike McMullen과 함께 작업하게 되었다. 세계 최고의 산업용 계측기기 전문 제조기업인 애질런트는 재정적으로 성공을 거뒀을 뿐 아니라 혁신과 협력의 조직 문화를 구축한 것으로도 유명하다. 일본 지사에서 재무업무를 담당했던 맥뮬런이 화학분석 사업부의 제너럴 매니저가 됐다. 맥뮬런은 일본뿐 아니라 중국과 한국 지사에서도 근무하며 맹활약을 보여주다 미국 본사로 복귀한 참이었다. 와튼스쿨(펜실베이니아대학 경영대학원) 출신인 맥뮬런은 앞장서서 일을 추진하는 것을 좋아했다. 그래서 제너럴 매니저로서 본사에 복귀했을 때 활기도 없고 좀 가라앉은 듯한 회사 분위기 때문에 다소 당황했다고 한다. 화학분석 사업부는 나름대로 성과를 내고 있기는 했으나 직원들은 그냥 둬도 그 정도는 굴러간다는 식으로 생각하는 것 같았다.

그래서 맥뮬런은 조직에 새 바람을 불어넣어 분위기를 쇄신하기로 했다. 화학분석 사업부는 현상을 유지하는 선을 넘어 수익 면에서도 상당한 성장 잠재력이 있다고 확신했다. 수년에 걸쳐 전략을 수정하고 팀에 활기를 불어넣는 데 몰두한 결과, 애질런트의 CEO와 이사회가 기업 역사상 최대 규모의 투자 계획을 마침내 승인하기에 이르렀다. 베리언Varian Associates의 인수·합병이 그것이었다. 애질런트는 동종 업체 인수를 통해 지리적 사세 확장 및 제품 라인의 확대를 꾀하려 했다. 내가 맥뮬런을 처음 만난 때가 바로 이 무렵이었다. 이와 같은 대규모 인수합병에는 조직 분할이나 조정 등 예기치 못했던 복잡한 문제가 많이 발생한다.

맥뮬런은 기업 인수의 이점을 알리고자 이사회 임원을 포함한 전 직원에게 자신이 생각하는 미래 계획을 설파하기 시작했다. 맥뮬런을 도와 커뮤니케이션 가이드 작성 작업을 하면서 우선 행동(기업 인수)의 목적부터 명확히 기술하기로 했다.

1 세계시장에서의 성장 기회를 활용할 수 있도록 화학분석 사업부의 임무를 재규정한다. 세계의 미래와 관련한 중요한 문제를 해결하는 일에 참여함으로써 성장하는 세계시장에서 활로를 찾는다. 이러한 임무 재조정 및 재규정을 통해 투자 자원을 현 시장 내 새로운 부문에 투입하고 식품, 보건의료, 환경, 에너지 등 기타 시장에서 새로운 기회를 찾는다.

2 긍정적인 미래 비전을 통해 사람들(애질런트의 직원, 이사회, 가족, 기타 주주)에게 활력을 불어넣는다.

직원들이 이러한 변화의 필요성을 이해하려면 변화와 관련된 맥락을 공유할 필요가 있다. 하지만 대체로 맥락 정보란 한두 가지에 그치지 않으므로, 커뮤니케이션 상황마다 모든 맥락 정보를 다 제시해야 하는 것은 물론 아니다. 그러나 가이드를 작성할 때는 준비 차원에서 모든 사항을 다 적어넣는 것이 좋다. 자신의 능력을 입증할 사항과 신뢰 구축을 위한 사항을 기술했으면 그다음에는 맥락 정보를 기술해야 한다. 맥뮬런은 평가, 참여, 작업 개시, 성장 등 총 4단계로 맥락 정보를 기술하기로 했다. 이중 평가 단계는 처음 화학분석 사업부에 왔던 시점을 의미한다.

맥뮬런의 커뮤니케이션 가이드 예시

평가 단계 사무실에 도착한 첫날 나는 직원들에게 뭔가 좋은 소식을 들려줘야겠구나 싶은 생각부터 들었다. 도착해서 보니 직원들의 사기에 문제가 있다고 봤는데 시간이 지나도 별로 나아지는 기미가 없었다. 열의 자체가 없는 것은 아니었으나 최근의 성과 부진 때문에 의기소침해진 것 같았다. 그동안 나는 아시아 쪽에 있었기 때문에 한때 이 기업의 '노른자' 역할을 해왔던 이 사업부가 지금에 와서 왜 이 지경에 이르렀는지 알 도리가 없었다. 기존의 것을 보호하고 방어하는 책략은 하나의 전략으로는 그럴듯할지 몰라도 직원들의 무력감을 퇴치해줄 신나는 메시지는 절대 아니었다.

참여 단계 다른 제너럴 매니저들이 이미 전략 계획을 세워 놓았다 하더라도 이와도 별개로 다시 새로운 전략 계획을 짜야 한다는 생각이 들었다. 기존 계획과의 차이점은 내용보다는 접근 방식에서 찾아야 한다. 사업 계획의 내용뿐 아니라 누가 그 일을 해내느냐에 초점을 맞출 것이다. 진정한 협력에 관해 이미 언급한 바 있다. 이러한 맥락에서 우리는 조직, 특히 우리 사업부의 의미와 범위를 더 넓힐 필요가 있다. 좀 더 광역적 관점을 취한다면 더 짜임새 있는 계획 수립이 될 수 있고 또 더 나은 결과를 기대할 수 있다. 이미 언급했듯이 우리는 협력과 집중에 주안점을 두고 일을 추진할 것이다.

작업 개시 단계 본사에서 우리가 추진 중이던 프로젝트를 검토하던 중이었다. 어느 날 복도에서 만난 담당 프로젝트 매니저가 내게 현재의 기계로는 작업량의 80%밖에 소화하지 못한다고 말했다. 그러면 시장 손실이 만만치 않을 거라고도 했다. 그래서 나는 이렇게 말했다. "알았어요. 그 대신 나한테도 한 가지 조건이 있습니다." 결국에 나는 이 팀에게 자금을 배정했고 6개월 후에는 번듯한 기계를 보유할 수 있게 됐다. 실로 오랜만에 조직 전체에 생기와 활력이 도는 순간이었다.

성장 단계 직원들의 사기가 오르고 활기도 느껴지기 시작했으나 일을 추진하는 과정에서 나는 계속 이런 소리를 들어야 했다. "어쨌든 당신은 재정 전문가 아닙니까? 우리를 그저 잘 키워서 팔아먹으려는 것 아닌가요?" 그러나 우리는 문제들을 계속해서 바로잡아 나갔고 결국은 나를 신뢰하기 시작했다. 내 상사도 가능성을 인식하기 시작했다. 그리고 2008년에 마침내 우리는 완전히 협력적인 사업부가 됐고 당연히 실적도 향상됐다. 우리는 새로운 이름과 로고를 부여받았으며 제품 라인과 지리적 사세 확장에 열중했다. 결과적으로 애질런트 역사상 최대 규모의 인수합병을 이끌어냈다. 우리는 15억 달러에 베리안을 인수했고 조직 간 통합을 성공적으로 이루어냈다. 그 결과 현재 우리는 고객 만족도 면에서 애초의 목표를 초과하는 성과를 냈고 재정적 측면에서의 목표치도 거의 달성하거나 초과 달성하게 됐다.

맥뮬런은 이상의 단계를 거치면서 사상 최대 규모의 인수 작업을 통해 열의와 사기 부족 상태였던 직원들에게 공통의 역사적 맥락을 만들어줄 수 있었다. 변화의 메시지가 효과적으로 전달되려면 일단 모두가 이야기를 공유해야 한다. 맥뮬런은 자신의 커뮤니케이션 가이드를 만들어놨기 때문에 필요하다고 판단될 때 그 이야기의 전부 혹은 일부를 사람들에게 효과적으로 전달할 수 있었다. 신입 직원에게 혹은 직원 모집을 할 때도 이 모든 내용을 활용했다. 특정한 제품 라인이나 특정 국가에 관한 부분은 또 해당 부분을 찾아 활용할 수 있었다.

이상 맥뮬런의 가이드 발췌분에는 역사, 우선순위, 현재 상태, 개입 계기 등에 관한 부분이 담겨 있다. 그러나 여기에 제시한 것은 전체 맥락 항목 중 약 4분의 1 정도만 소개한 것이다. 맥뮬런의 전체 가이드에는 훨씬 더 상세한 내용이 소개돼 있으며 전부 처음에 제시했던 질문에 답하는 내용이라고 보면 된다. 그리고 새로운 자료와 정보가 계속 추가되면서 가이드는 계속해서 업그레이드 된다.

아래는 미국 공교육 부문에서의 변화를 주장하는 나의 커뮤니케이션 가이드 중 역사적 맥락 부분을 발췌한 것이다. 이 가이드상의 역사적 배경은 20세기 초로 거슬러 올라가며 역시 4단계를 거쳐 현재에 이르게 된다.

필자의 커뮤니케이션 가이드 예시

역사적 맥락 미국의 공교육 제도는 20세기 초에 시작됐다. 당시에는 학생들도 여름이면 농장이나 농사일을 도와야 했다. 따라서 학사 일정 자체가 농사 일정의 영향을 크게 받았다. 더불어 기독교 사회라는 점도 영향을 미쳤다. 농사일 때문에 여름에는 3개월간 방학을 했고 주일 예배 때문에 주말은 쉬도록 학사 일정이 정해진 것이다. 그때는 공교육이 의무 교육은 아니었다.

그 이후 제2차 세계 대전이 끝났고 미국은 거대 산업국이 됐다. 그러면서 공교육의 목표에 대학 교육과 평등한 교육 기회 개념이 포함되기에 이르렀다. 국가의 자긍심과 정책적 우선순위라는 차원에서 기초 교육이 법적 의무이자 권리 사항이 됐다. 교사는 존경받는 직업이었고 최고 수준은 아니었어도 임금 수준 또한 꽤 괜찮은 편이었다. 여성이 교사가 되는 경우가 많았다. 선택할 직업이 마땅치 않았다는 이유가 가장 컸지만, 결과적으로는 여성이 교사 직업을 많이 선택한 것이 건실한 공교육 제도를 확립하는 데 도움이 됐다.

그러던 중 1960년대에 중요한 변화 요인이 하나 발생했다. 기술 교육의 필요성이 대두한 것이다. 바야흐로 무한 우주 개발 경쟁에 돌입하며 소련은 인공위성 스푸트니크호를 발사하는 데 성공했는데 미국은 뱅가드호를 우주로 쏘아 올리는 데 실패했다. 그러면서 미국 교육계에 엘리트주의가 싹트기 시작했다. 애초에 평등한 교육 기회를 표방했던 공교육 제도에서 '뛰어난' 학생들이 주목받고 이들이 출세 가도를 달리는 상황이 펼쳐졌다.

내가 이 역사 속에 개입한 시점이 바로 이때다. 나는 고교 우수 학생들이 듣는 대학과목선수과정과 심화학습과정에서 수학, 과학, 인문학 강의를 담당했었다. 우리는 차세대 미국 공학계를 이끌 꿈에 부풀었었다. 그런데 그때 나는 고교 선생님들의 사정을 잘 몰랐다. 사실, '공부 못하는' 학생 혹은 '평범한' 학생을 가르치겠다고 기꺼이 나서주는 선생님이 몇이나 되겠는가! 이러한 부분에 대한 논란과 더불어 당시의 침체한 경제 상황 속에서 교원 노조 격인 전미교사연맹이 부흥기를 맞았고 회원 수도 6만 명에서 20만 명으로 불어났다. 당시 전미교사연맹은 인종 차별 반대 운동을 강력히 지지했다.

그 이후로 뛰어난 학생과 교사가 계속해서 공립학교를 떠났다. 그리고 노조의 압박 때문인지 일반인으로부터의 모금이 거의 불가능해졌다. 요즘 상황을 보면 도심의 저소득층이 주로 다니는 공립학교는 예산이 턱없이 부족하고 부족한 예산 때문에 낮은 보수를 받는 교사도 많다. 그래서인지 열정이 많았던 교사들도 자신의 재능을 발휘할 곳을 찾아 하나둘 떠나고 있다.

물론 실력이 좋은 사람이라면 꼭 교사가 아니라도 자신의 재능을 발휘할 곳은 얼마든지 있다. 2007년에 캘리포니아대학 경영학 석사 과정에서 내 강의를 듣던 학생 한 명은 수상 경력까지 있는 전직 특수 교육 교사였다. 연봉 3만 달러인 교사직을 그만두고 학비 5만 달러를 투자하며 경영학 석사 학위 공부를 시작했던 것이다. 그런데 나중에 입사한 샌프란시스코 소재 한 컨설팅 회사의 초봉이 13만 달러였다. 이 사람을 비난할 수 있겠는가? 보수 차이가 이렇게 나는데 어떻게 비난하겠는가!

이상의 가이드에는 내가 주장하는 문제의 역사적 배경, 우선순위, 개인적 개입 시기 등이 모두 포함돼 있다.

목적의식을 공유하기 위한 커뮤니케이션

마이크 맥뮬런이 본사에 복귀하자마자 해결이 시급한 문제들이 눈에 들어왔다. 전반적으로 직원들은 의욕이 없어 보였고 현 사업부 내 분위기는 기껏해야 평균 수준의 실적이나 내면 다행이라는 식이었다. 고객 중에는 이 사업부의 고객 대응과 수행 실적에 실망감을 표하는 일도 있었다. 물론 이러한 문제는 당연히 해결해야 했다.

또한 맥뮬런은 사람들이 돈을 벌려고 일을 하기도 하지만, 한편으로는 의미 있는 삶을 추구하려고도 한다는 점을 잘 알고 있었다. 그래서 직원들에게 자신들이 아주 의미 있는 일을 하고 있다는 점을 부각시키고자 했다. 좀 거창하게 말하면 '인류'를 위해 일한다는 자부심을 심어주려 했다. 그래서 이러한 목적의식에 따른 커뮤니케이션을 시작했다. 아래는 고차적 현실 비전에 관한 맥뮬런의 가이드 내용이다.

맥뮬런의 커뮤니케이션 가이드 예시

대의 우리의 현재 위치는 두 가지로 정리할 수 있다. 첫째, 우리는 세계에서 가장 활력 있는 시장에서 활동하고 있다. 에너지, 환경, 의약품, 식품, 기술 등 부문을 아우르며 말 그대로 전 세계 수십억 명의 생활에 영향을 준다. 이 지구에 사는 모든 사람이 우리가 하는 일의 혜택을 입고 있다.

둘째, 우리는 애질런트에서 꼭 필요한 사업부다. 이 사업부는 전 세계 그리고 애질런트라는 큰 그림의 한 부분인 동시에 우리에게는 전부를 의미하는 그 무엇이다. 1950년대 DDT(살충제)에 관한 이야기는 다들 들어봐서 알 것이다. 워낙 복잡하고 어려운 문제라서 1, 2년 가지고는 해결할 일이 아니라고 봤는데 결국 우리 같은 사람들이 개발한 기술로 문제를 해결할 수 있었다. DDT는 엄청난 살충력을 지니고 있어서 아주 적은 양으로도 엄청나게 많은 새를 죽일 수 있다. 우리 같은 사람들이 만든 것과 같은 측정 기기로 롱아일랜드에 있는 강어귀를 조사해본 결과 수생 식물에 축적된 DDT 농도는 0.1ppm 미만이었고 갈매기, 제비갈매기, 가마우지, 비오리, 왜가리, 물수리 등에 축적된 DDT 농도는 3~25ppm이었다. 당시로써는 전혀 예상치 못했던 결과였다.

지금 우리도 이와 같은 작업을 하고 있다. 일례로 우리는 콜로라도대학과 협력하여 세정용품이 하수에 남아 있는 정도와 이 농도가 동물과 인간에게 미치는 영향을 연구하고 있다. 물이나 식품 내 오염 물질 가운데 질병이나 환경오염을 유발하는 것은 무엇인가? 이에 관해서는 아직은 잘 모르지만 언젠가는 알아낼 것이다. 이러한 목적을 실현하는 데 딱 맞는 좋은 기업에서, 바로 그 일을 우리가 하는 것이다.

두 번째 예로서 나의 커뮤니케이션 가이드 중 대의 부분을 살펴보도록 하자.

필자의 커뮤니케이션 가이드 예시

대의 이는 심각한 사회적 및 정치적 문제다. 왜? 올바른 교육은 사회적 병폐를 예방하는 일종의 백신 역할을 하기 때문이다. 교육이 제대로 이루어지면 청소년의 임신을 방지하고, 알코올이나 마약에 빠지는 것을 막아주고, 인격적으로 성숙할 기회도 제공한다. 또 합리적으로 투표권을 행사하는 성숙한 민주 시민을 길러낼 수 있다. 세상의 복잡성을 이해할 수 있는 통찰력과 참여 의식을 지닌 국민이 바로 민주주의의 기본 토대다.

제대로 교육받은 사람들이 생산성도 높다. 따라서 이러한 사람들이 사회에 공헌하게 된다. 교육은 만사의 기본이다. 그렇지만, 일단은 이 일을 제대로 해낼 인재, 즉 훌륭한 교사부터 끌어들여야 한다.

제대로 된 맥락 정보라면 그 안에 역사적 배경, 우선순위, 개입 계기 및 시기, 대의 등이 전부 포함돼 있어야 한다. 맥락 정보는 이야기를 뒷받침하고 리더의 능력을 확인시키며 사리(私利)가 아닌 대의(大義)를 제시한다.

구성원들의 시야를 넓히는 것 또한 리더의 역할이다

매슬로의 욕구 단계론에 따르면 인간은 생존과 안전을 추구하는 하위 욕구 외에 존중과 자아실현을 추구하는 상위 욕구를 가진다. 헌신을 이끌어내는 것은 바로 이러한 상위 욕구이다. 리더라면 구성원들의 관점을 보다 확대시켜 그들이 지금 가치 있는 일에 종사하고 있으며 대의명분에 기여하고 있음을 느끼게 해주어야 한다. 이를 위해서는 다음 사항들을 자문해보자.

- 더 넓은 관점에서 이 변화를 통해 실현할 수 있는 대의는 무엇인가?
- 현 상황의 잠재적 의미는 무엇인가?
- 현 상황 때문에 발생할 수 있는 제도 혹은 체계상의 손실은 무엇인가?

여기서 이에 관한 사례를 하나 더 소개하겠다. 이는 1990년대 중반에 했던 연설이지만 그 구조상 지금의 우리에게도 시사하는 바가 있어 선택한 것이다. 당시 텍사스 상업은행의 은행장이자 CEO였던 존 애덤스John Adams는 기업이 가정, 특히 '일하는 엄마'를 지원하는 정책을 시행해야 한다고 강력하게 주장했다. 애덤스는 1993년에 전미유대인여성협회National

Council of Jewish Woman에서 이에 관한 연설을 했고 이후 자신의 주장을 널리 알리고자 이 내용을 책으로 출간했다. 애덤스는 먼저 목적을 분명히 밝힌 다음에 맥락 정보와 관련한 질문을 던졌다.

경영자들이 사업 계획이나 운영에서 일과 가정의 문제를 점점 더 중시하는 이유가 무엇일까? 한 가지 분명한 이유는 바로 가정 내 변화에서 찾을 수 있다. 미국의 산업화가 급속하게 진행되던 1950년대에는 남편은 밖에서 일하고 아내는 집에서 아이들을 키우는 일이 일반적이었다. 제2차 세계대전이 끝난 이후이므로 충분히 이해가 가는 상황이었다. 전쟁에 참가했던 남자들이 집으로 돌아왔다. 따라서 '리벳공 로지'(2차 대전 때 군수 공장 등에서 일하던 여성 근로자를 의미하는 말 ―옮긴이 주)가 공장을 떠나 집으로 돌아갈 수 있었다. 남편과 아내 모두 아이를 원했고 미국 경제가 번성한 덕분에 외벌이로도 충분히 안락한 생활을 유지할 수 있었다.

그러나 요즘은 상황이 완전히 달라졌다. 아내가 직장에 다녀야 한다는 생각을 해보지 않았던 남편이 있다고 하자. 그랬던 남편이 지금은 한밤중에 아내를 흔들어 깨워 사장한테 월급 좀 올려달라고 하라고 말한다.

남편은 일하고 아내는 집에서 살림만 하는 가정은 전체의 22% 미만이다. 1950년대에는 이 비율이 80%였다. 지금은 6세 미만의 자녀를 둔 여성 가운데 58%가 직장에 나간다. 1960년에는 이 비율이 20%에 불과했다. 그리고 현재 18세 미만의 자녀를 둔 여성은 68%가 직장 생활을 한다.

요즘은 대다수 가정이 중산층의 생활수준을 유지하고자 맞벌이를 택한다. 그리고 맞벌이를 하지 않으면 생계를 유지하기 어려운 가정도 상당수다. 맞벌이 부모와 편부모가 늘어나면서 전에는 생각지 못했던, 기업이 감당해야 할 여러 가지 책임이 하나둘 늘고 있다.

이 연설문이 우리가 말하는 맥락 공유 요소와 어떻게 부합되는가? '역사'적 맥락 부분은 잘 설명돼 있다고 본다. 그러므로 청중(전미유대인여성협회)은 이 문제의 역사적 맥락을 잘 이해했을 것이다. 애덤스는 이들에게 '과거'와 '현재' 상태를 이야기했고 그러면서 기존의 규칙을 깨야 하는 이유를 설명했다.

더 나아가 애덤스는 각 개인의 문제를 넘어 공공 '가치'의 영역으로 문제를 확장시켰다. 이 변화는 여성의 인권, 가정 내 가족 구성원의 역할 구도 변화, 기업과 직원 간의 관계 등의 차원에서 반드시 필요한 일이다.

이 연설 메시지에서 애덤스는 아래 사항을 충족시켰는지 살펴보자. 청중에게 능력을 확신시키고 신뢰도를 더욱 끌어올린 부분이 있는가? 자신이 개입하게 된 동기가 설명돼 있는가? 자신을 단순한 정보 전달자가 아닌 리더로 인식시켰는가?

그렇지는 않다. 이 연설문만 봐서는 애덤스가 이 맥락의 어느 지점부터 어떻게 관련돼 있는지는 알 수가 없다. 연설자인 애덤스가 당시 중년의 남성이었다는 것은 알 수 있다. 그러므로 애덤스의 부모가 제2차 세계대전을 겪었으리라 짐작할 수 있다. 어머니가 '리벳공 로지'라서 종전 후 아버지가 돌아오면서 공장 일을 그만두고 다시 집으로 돌아왔을 수도 있다. 애덤스의 자녀는 현 세대를 살고 있을 것이고 결혼해서 맞벌이를 하고 있을지도 모른다. 어쩌면 사위가 한밤중에 애덤스의 딸을 깨워 사장한테 월급 좀 올려달라고 해보라고 말할지도 모르겠다. 어쨌거나 연설문만 가지고는 이상의 사실을 확인할 수 없다. 이 연설문을 기초로 여러 장소에서 같은 메시지를 전달했을 텐데, 원고를 그대로 사용하지 말고 자신의 개인적 경험을 반영한 내용을 추가하거나 좀 더 상세한 정보를 제시하는 방향으로 계속 수정해 나갔더라면 더 좋은 결과를 얻었을 것이다. 그랬다면 애덤스는 단순한 정보 전달자가 아니라 진정한 리더로 자리매김할 수 있었을 것이다.

논리와 자료를 갖추는 것은 기본 중의 기본

특정한 관점이나 주장을 뒷받침하는 증거는 수없이 많다. 또 리더가 중요 정보를 독점하던 시대는 이제 지났다. 우리의 정보 처리 속도가 따라가지 못할 정도로 정보의 양이 기하급수적으로 증가하고 있으며 정보를 입수하기도 훨씬 쉬워졌다. 이처럼 요즘은 우리가 다 처리하지 못할 정도로 엄청나게 많은 정보가 쏟아지고 있고 세계 어느 곳에서든 심지어 오지로 불리는 곳에서도 얼마든지 필요한 정보를 이용할 수 있다. 그러므로 예전과 달리 이제는 정보를 가지고 있다는 것만으로는 사람들을 움직이기 어렵다. 즉, 리더십 커뮤니케이션의 관건은 단순히 어떤 정보를 '제시'하는 것이 아니라 정보 제시를 통해 사람들의 '마음을 움직이는' 것이다. 리더로서 메시지를 전할 때 개인의 가치관과 경험이 훨씬 더 중요한 이유가 바로 여기에 있다.

2001년에 나는 한 달 넘게 부탄을 여행한 적이 있다. 히말라야 산맥에 있는 부탄은 자연적으로는 물론이고 전략적 위치상으로도 외부와 거의 고립된 한가롭고 목가적인 국가로서 티베트 불교의 중심지이다. 당시 부탄의 정치권력은 국왕과 승려가 양분하고 있었다. 부탄 사람들은 전통 의상을 늘 입고 다녔고 시골 마을 언저리에는 강이 굽이쳐 흐르고 있었다. 그 강물에는 몬태나 사람들이 봐도 감탄하며 시샘할 정도로 수많은 송어가 헤엄쳐 다녔다. 사철 푸른 숲이 4천 미터나 뻗어 있고 침엽수림 속에 장대처럼 자란 철쭉이 점점이 박혀 있었다. 각 마을은 거의 자급자족 생활을 했으며 이런 모습이 외부인의 눈에는 지상낙원처럼 보였다. 1998년 유엔 연설에서 부탄 대표가 자국은 GDP(국내총생산)보다는 '국내총행복'에 더 관심을 둔다고 말할 정도였다.

그러나 천혜의 요새와도 같았던 이곳 부탄에도 이제 CNN과 인터넷이 밀고 들어왔다. 첨단 정보 기술로부터 전통문화를 지켜야 한다는 목소리가 높아졌음에도 부탄은 예전과 다른 새로운 국가로 '거듭날' 준비가 끝난 듯했다. 지금은 게스트하우스(외국인 관광객을 위한 저렴한 숙박 시설 —옮긴이 주)와 호텔마다 인도 영화 비디오가 비치돼 있다. 수도인 팀부뿐 아니라 작은 마을에서도 인터넷 카페를 찾아볼 수 있다. 이때로부터 근 10년이 지난 지금은 5성급 호텔들도 들어와 있다. 부탄 사람들은 예전에 비해 많은 정보를 쉽게 접할 수 있다. 사람들이 접하는 정보가 다 정확하다고는 할 수 없으나, 풍부한 정보는 변화를 주장하는 리더가 그만한 자격과 능력을 갖췄는지를 판단하는 기준점이 될 수 있다.

개인적으로 나는 부탄의 이러한 변화가 탐탁하지만은 않다. 부탄의 젊은이들이 궁술 대회장보다 인터넷 카페를 즐겨 찾는 것을 보면 씁쓸한 기분이 들기도 한다. 불가피한 일이라 쳐도 마치 지상낙원처럼 고요하고 평화로웠던 이곳에서 범죄율이 계속 높아지고 옛 전통과 관습이 무너지는 것을 지켜보는 일이 썩 유쾌하지만은 않다. 부탄의 국왕 또한 이러한 우려를 품은 듯 자국의 사회적 구조와 전통 그리고 가치관을 유지하는 데 초점을 맞추고 단순한 진보가 아닌 의미 있는 진화를 위해 노력하고 있다.

자기 자신은 물론이고 다른 사람들의 마음을 움직일 수 있는 커뮤니케이션 가이드를 만들려면 사전 조사가 필수적이다. 신뢰성을 유지하는 데는 어떤 증거를 사용할 것이냐도 중요하고 또 그 증거를 어떻게 사용할 것이냐도 중요하다. 부록 A는 리더십 커뮤니케이션에서의 증거 활용법을 제시하고 있다. 요컨대 구체적 증거를 제시하여 타인의 참여를 유도해야 하며 어떤 형태로든 타인과 관련된 증거라야 증거력이 강해진다.

또한 전문가의 말을 적절히 인용해야 한다. 이때 사람들이 그 전문가를 얼마나 잘 아느냐에 따라 전문가를 들먹이는 것이 득이 되기도 혹은 독이 되기도 한다. 요컨대 듣는 사람들에게는 다른 권위자의 의견, 실례, 정보 등이 리더의 주장을 뒷받침하는 하나의 증거로 인식된다. 어떻게 하여 현 상황에 이르게 됐는지를 이해시키는 데 필요한 것이 맥락 정보이고 이러한 정보의 설득력을 높여주는 것이 바로 올바른 증거 선택과 활용이다. 변화의 의미를 확장하고 리더의 능력과 신뢰 수준을 높이는 데 무엇보다 중요한 것은, 리더 자신이 그 맥락에 언제 어떻게 개입했는지를 밝히고 더불어 자신의 경험적 증거를 제시하는 일이다.

리더의 개인적인 열정을 드러내라

일단 변화에 관한 맥락 정보를 공유하게 됐다면 변화의 필요성에 관해서도 의견의 일치를 본 셈이다. 이제는 '현재' 상황과 변화를 통해 구현해야 할 '미래' 사이에 얼마나 크고 깊은 간극이 존재하는지를 구체적으로 알려줄 필요가 있다. 리더의 능력과 신뢰성에 대한 믿음이 없으면 사람들은 이 간극을 뛰어넘으려 하지 않을 것이다. 그런데 리더의 능력과는 달리 신뢰성 부분은 지극히 주관적인 차원의 것이다. 이러한 신뢰는 리더 개인의 진정성을 입증하는 데 이용하는 이야기나 개인의 경험, 유추, 은유 등을 통해 구축할 수 있다.

　나는 사업차 싱가포르를 자주 방문하는 편이다. 그리고 시간이 날 때면 부두 근처 도심에 있는 광장을 자주 찾는다. 이 광장에 있는 은행 앞에는 〈뉴턴에게 경의를Homage to Newton〉이라는 제목의 청동 조각상이 설치돼 있다. 살바도르 달리Salvador Dali의 작품으로, 가슴과 두개골 부분에 구멍

이 뻥 뚫려 있는 인물상이다. 뻥 뚫린 가슴 부분에는 조그만 공이 가느다란 철사에 매달려 늘어져 있다. 작품 설명 판에는 인간이 이룬 모든 것은 머리와 가슴에서 나온 것임을 상징하는 것이라고 돼 있다. 머리(이성)와 가슴(감정)을 모두 사용하는 것이야말로 오늘날의 리더가 풀어야 할 큰 숙제다. 변화에 동참하게 하려면 사람들의 머리와 가슴 모두에 호소해야 한다.

그런데 이 작업이 그리 쉽지가 않다. 잠재적 리더, 특히나 법조계나 경제계 출신 중에는 변화에 관한 맥락 정보를 제공하는 것으로 만사가 끝난다고 보는 사람들이 꽤 많다. 특히 서구 문화에 익숙한 사람들은 증거 제일주의의 경향이 있다. 따라서 다른 사람이 이 증거를 무시하면 그 사람은 진실을 알아내는 능력이 없거나 아니면 무책임한 사람이라고 치부해버린다. 그러나 일상생활 중 우리는 이와는 다른 상황을 종종 경험하게 된다. 배심원 평결 중에도 사실 증거에 배치된다고 생각되는 것이 꽤 있다. 배심원은 머리가 아닌 가슴이 가리키는 방향으로 평결을 내려야 한다고 생각될 때, 판사의 설시(說示 : 배심원에게 해당 법률과 사건의 내용을 설명하는 절차를 말함 —옮긴이 주)에 뭔가 허점은 없는지를 열심히 찾는다. 사실이나 증거 자료에만 초점을 맞춰 이러한 부분을 무시하거나, 사실 그 이상의 것까지 볼 수 있도록 개인의 인생 경험을 넓히고자 하는 의지와 능력을 도외시하는 사람은 결코 리더가 될 수 없다. 증거 하나만으로는 타인의 행동을 이끌어낼 수 없다는 사실을 잘 보여주는 예는 이외에도 아주 많다. 증거 이외에 다른 것이 반드시 필요하다. 논리적 판단에 따라 결정된 공공정책이 대중의 머리가 아닌 가슴을 움직이지 못해서 결국 실행되는 못하는 예가 있다. 같은 맥락에서 정확한 사실 자료를 근거로 한 이사회의 결정이 실행되지 못할 때도 있다.

이유가 무엇일까? 냉소주의? 무관심? 무력감? 이도 저도 아니면 사람들은 논리에 반하는 데도 아무 생각 없이 그냥 행동하는 것일까? 이유나 동기가 무엇이든 간에 사람들은 행동의 근거가 여러 가지일 수 있음을 인식하고 있다. 즉, 사람들은 행동의 이유나 근거를 논리에서만 찾지는 않는다. 논리라는 조각을 기계적으로 맞춰 큰 그림을 완성하기보다는 자연스러운 방식으로 물 흐르듯 그렇게 삶의 그림을 완성하고 싶어한다. 문화적 규범에는 어긋날지 몰라도 인간이란 동물이 원래 그렇다.

17세기 때의 유명한 수학자 블레즈 파스칼Blaise Pascal은 데카르트 본인도 마음에 들어 했던 '나는 생각한다, 고로 나는 존재한다'라는 명구에 대해 계속해서 딴지를 걸었다. 이렇듯 두 사람은 사상적으로는 분명히 논적(論敵)이었다. 그러나 파스칼이 병에 걸리자 데카르트가 찾아와 오랫동안 곁에 머물며 간호를 해줬다. 언젠가 파스칼이 논적인 자신에게 그렇게 잘해준 이유가 뭐냐고 묻자 데카르트는 이렇게 말했다.

"마음은 말이지, 이성이 전혀 모르는 이성을 가지고 있다네."

맥락을 어떻게 완성시킬 것인가

5장에서 레베카 사울 버틀러가 UC 버클리 경영학 석사 과정을 공부하면서 작성한 임종 환자의 자기 생명 결정권에 관한 커뮤니케이션 가이드를 소개한 바 있다. 버틀러는 이 가이드에서 자기 생명 결정권을 주장하는 이유와 목적을 기술했다. 일을 당하기 전에 가족들이 미리 노년의 삶과 죽음에 관해 충분히 이야기를 나눠서 감정적으로나 경제적으로 가족의 죽음이라는 현실을 준비하고 받아들일 수 있게 하는 것이 목적이었다.

버틀러는 개인적 차원에서는 의미 있게 죽음을 맞이하는 과정 그리고 국가적 차원에서는 노인에 대한 장기적 의료 서비스 체계가 국가 정책과 경제에 미치는 영향에 관심을 뒀다. 사실 죽음과 관련된 내용이니만큼 말을 꺼내기도 참여를 호소하기도 쉽지는 않았다. 그래서 버틀러는 개인적 맥락 정보를 제시하는 것으로 실마리를 풀었다. 버틀러는 개인적 경험을 토대로 자신이 왜 그 문제에 관심을 두게 됐는지를 설명했다.

> 내가 어렸을 때 할아버지가 심장병으로 큰 위험에 처했었다. 그래도 다행히 심혈관 우회술로 목숨을 건지셨다. 할아버지는 그 후 손자들의 재롱도 보고 은퇴 후 말년을 즐기며 11년 동안 건강하게 잘 살았다. 그러다가 심장병이 재발했고 파킨슨병까지 얻어 건강이 매우 나빠졌다. 할아버지는 매우 고통스러워했고 당연히 삶의 질은 말할 수 없이 낮았다.
>
> 어느 주말, 할아버지가 임종 직전이라는 연락을 받고 가족이 다들 모였다. 그리고 가족끼리의 의논과 설득 끝에 할아버지를 보내드리기로 했다. 그런데 담당 의사가 한 번만 더 치료를 해보자고 했고 우리는 그 권유에 응했다. 할아버지는 결국 2년 동안 목숨을 연장할 수 있었다. 그러나 그 2년이 절대로 행복한 시간이었다고는 할 수 없다. 요양원에 있던 할아버지는 무척이나 집으로 가고 싶어 했다. 그래서 한밤중에 자꾸 창문으로 빠져나가려고 해서 불상사를 막고자 침대에 묶여 지내야 했고 파킨슨병 치료제 때문에 발작과 환각 증세에 시달려야 했다. 그렇게 산 2년이 너무 고통스러웠기 때문에 할아버지가 돌아가시자 우리 가족은 큰 상실감을 느끼면서도 마음 한편으로는 차라리 잘 됐다는 생각이 들기도 했다. 할아버지도 애써 연장한 시간을 그런 식으로 보내고 싶지는 않았을 것이다. 지금도 할아버지의 말년을 생각하면 할아버지가 계시던 요양원의 그 창문이 생각난다. 가족으로서 우리는 할아버지의 말년 삶과 죽음을 제대로 준비하지 못했다는 생각이 들었다.

버틀러는 이렇게 자신의 경험을 생생하게 기술했다. 그리고 좀 더 범위를 넓혀 아래와 같은 논리적 증거 자료를 포함하여 역사적 맥락을 기술했다.

이 공공정책 토론의 핵심 논점은 고령화 사회가 진행되고 있다는 사실이다. 사람들의 수명이 점점 길어지고 있다. 1900년에 미국인의 평균 수명은 47세였다. 그런데 지금은 평균 77세. 2030년이 되면 미국 내 100세 이상 노인의 수가 100만 명이 넘을 것이다. 당연히 우리는 노인 건강관리 제도에 관심을 두지 않을 수 없다.

메디케어는 1960년대에 제정된 노인의료보험제도다. 메디케어도 처음에는 규모가 매우 작았다. 그러나 시간이 가면서 점점 규모가 확대됐고 지금은 연방 정부의 지출 항목 중 지출 규모가 가장 큰 부문이 됐다. 현재 연방 정부는 연간 2,000억 달러 이상을 메디케어에 쏟아붓고 있다.

노인 인구는 계속해서 증가하고 1인당 비용도 점점 증가하고 있기 때문에 2070년이면 메디케어 비용이 GDP의 10%를 차지하게 될 것이다. 물론 현재는 그 비용이 GDP의 2% 선을 살짝 넘는 수준이다. 그렇지만, 한번 생각해보자. 우리가 나이가 들어 노인이 됐을 때 GDP의 10%, 그러니까 GDP 10달러당 1달러를 우리의 생명을 유지하는 데 쓰게 되는 셈이다.

유진 스토이얼(Eugene Steuerle)은 워싱턴 D.C. 소재 국제적 싱크탱크인 도시연구소의 선임 연구원이다. 스토이얼은 경제학자이자 재무부 실무 관리자로서 연구와 저술 활동 그리고 사회적인 문제와 재정 문제 해결을 위한 일에 평생을 바쳤다. 그는 상원 소위원회에서 인구 고령화가 국가 재정에 미치는 영향에 관해 다음과 같이 말했다.

"가끔 나는 국립보건원(NIH)의 연구원 하나가 청문회장으로 뛰어들어와서 '기쁜 소식입니다! 제가 방금 암 치료제를 개발했어요' 라고 외치는 꿈을 꾸곤 합니다. 이 말을 들은 위원회 위원들은 환호성을 지르며 기뻐하기는커녕 눈살을 찌푸리며 '아이고 내 팔자야!' 라고 말하는 듯 코를 쑥 빠뜨리고 있습니다. 그래서 나는 이렇게 자문합니다. '뭐야, 어떻게 된 거야? 왜 이러지?' 그러다 나는 이내 이 사람들이 신약 개발이 예산에 미칠 영향을 따지고 있었다는 데 생각이 미쳤습니다. 신약 개발로 국민의 수명이 연장되면 건강관리 비용과 사회 보장 비용이 증가하게 마련이니까요."

사실, 이것은 행복한 딜레마이기는 하나 딜레마인 것만은 분명하다.

이 맥락 정보에는 모든 것이 들어 있다. 관련 능력을 보유한 사람의 관점에서 본, 문제의 역사적 배경 정보가 들어 있다. 수치 자료도 있고 권위자의 의견도 있다. 변화를 통해 실현하려는 대승적 차원의 가치가 무엇인지도 제시돼 있고 리더의 개인적 동기도 들어 있다. 따라서 이 메시지를 본 사람들은 이 문제에 좀 더 쉽게 공감할 수 있다. 이 정도의 능력과 열의를 가진 리더라면 믿고 따를만하다는 생각을 하게 된다.

변화 주장의 논리적 증거를 제시하는 것은 리더십 커뮤니케이션에서 꼭 필요한 부분이다. 우리는 사실 정보를 제시하는 사람들을 인정하면서도 논리적 증거에만 의존하여 자신의 뜻을 관철하려는 사람들은 냉혹한 기술 관료 같다는 인상을 받는다. 이와는 정반대로 논리보다는 감정이나 신념에만 의존하는 사람은 '너무 감정적'이라는 인상을 주기 쉽다. 이 두 가지 다 바람직하지 않다.

다행스럽게도 우리는 이성에 호소하는 기술과 감정에 호소하는 능력을 모두 갖추고 있다. 이 두 가지 능력을 적절히 통합하는 것이 관건이다. 리더가 커뮤니케이션 도구로서 논리와 열정 두 가지를 다 활용하면 자기 자신을 온전히 표현할 수 있다. 맥락을 공유하는 것은 변화를 위한 리더십 메시지의 핵심 요소다. 맥락 정보를 잘 구성한다면 좀 더 효과적이고 좀 더 완벽한 커뮤니케이션이 이루어질 수 있다.

최종 질문 : 구성원들과 맥락을 공유하기 위한 체크리스트

- **역사에 대한 공통된 이해**
  - 이 문제의 역사적 배경은 무엇인가? 과거에는 어떠했는가?
  - 지금까지 우리가 어떤 단계를 거쳤으며 그 결과 어떤 상황이 초래됐는가?
  - 역사적 맥락에 관한 이야기로는 어떤 것이 있는가?

- **우선순위**
  - 지금 이것이 시급하고 중요한 문제가 된 이유는 무엇인가?
  - 역사적 맥락에서 볼 때 지금 이 변화가 필요한 이유는 무엇인가?
  - 다른 중요한 문제 중에서 이 문제를 우선해야 하는 이유는 무엇인가?
  - 내가 주장하는 것이 과연 최선책인가?

- **현실 인식**
  - 현재 우리는 어떤 상황에 있는가?

- **신뢰 강화**
  - 이 역사적 맥락 안에서 나는 어떤 역할을 했는가?
  - 나는 언제 어느 부분에서 이 맥락에 개입했는가?

- **관점 확대**
  - 이 변화를 통해 실현할 수 있는 대의는 무엇인가?
  - 현 상황에는 어떠한 의미가 내포돼 있는가?
  - 현 상황으로 말미암아 피해를 볼 수 있는 체계 혹은 제도는 무엇인가?
  - 이 변화를 실행하는 데 있어서의 기회 혹은 장벽으로는 어떤 것이 있는가?

7
미래 선언
_내일을 상상하게 하라

미래는 예측해보고 기대해보고 상상해보는 묘미가 있다. 아직 일어나지 않은 일을 미리 상상해보고 결국 그대로 실현할 수 있다는 것 자체가 하나의 '기적'이 아닐까 늘 생각한다. UC 산타크루즈대학의 정치학 교수인 존 샤John Schaar는 관계에 관한 이야기를 하면서 미래를 '아직은 아니지만, 가능성이 있는 무엇'이라고 표현했다.

"미래는 이미 존재하는 것이 아니라 우리가 만들어가는 것이다. 미래로 가는 길은 '찾아내야' 하는 것이 아니라 '만들어내야' 한다. 그리고 미래를 만드는 행동이 목적지도 그리고 행동의 주체도 바꿀 수 있다."

젊었을 때 나는 예언과 미래가 서로 어떤 관계인지가 항상 궁금했다. 예언자는 과연 미래를 예측하는 것일까 아니면 창조하는 것일까? 살면서 많은 것을 경험하게 되고 그러면서 예언자는 바람직한 미래를 상상하여 다른 사람들에게 말해주는 일종의 '비전가'라는 확신이 강해졌다. 예언자는 미래를 선언함으로써 전에는 불가능해 보였던 것을 가능하게 만든다. 리더도 마찬가지다. 리더는 미래를 선언하고 다른 사람들이 흥미를 느낄 만하게 그 미래 모습을 묘사한다. 커뮤니케이션 가이드의 세 번째 항목은 바로 이 미래 선언과 묘사에 관한 것이다.

선언은 곧 창조다

냉전 상태가 최고조에 달했던 1980년대 초에 내 동업자와 나는 이 개념을 국제 정치 상황에 적용할 수도 있겠다는 생각을 하게 됐다. 영향력과 상상력을 갖춘 리더라면, 국가와 문화의 경계조차 초월하여 다른 사람들의 상상을 뛰어넘는 미래를 창조하는 것이 가능할까? 그것이 가능하다면 리더가 자신이 상상하는 미래를 이야기하는 것, 즉 미래를 선언하는 것이 미래 창조의 시발점이 될 수 있을까? 지금까지의 연구 결과를 보면 역사적인 대변화는 이런 식으로 시작됐을 뿐 아니라 이러한 선언 없이는 변화가 시작될 수 없었다. 요컨대 미래 선언이 미래 창조의 시발점일뿐더러 선언이 없이는 창조 자체가 불가능하다는 결론에까지 이르게 된다. 종교 개혁, 미국의 독립과 건국, 노예 해방, 우주인의 달 착륙을 비롯하여 기타 문화적 대변화 혹은 원대한 목적의 달성 등, 이 전부가 리더의 미래 비전과 미래 선언에서 비롯됐다.

그러므로 리더의 미래 선언이 핵무기 경쟁 구도에 대한 국제 사회의 시각을 변화시키는 데 중요한 역할을 할 수 있다. 여러 사례에서 확인할 수 있듯이 변화에 대한 열망이 강할수록 리더의 인식 능력 및 상상력이 탁월할수록 실제로 변화가 일어날 가능성은 커진다. 우리 같은 사람이 냉전 종식을 백날 떠들어봐야 세상 사람들은 귀담아듣지 않을 것이다. 정작 필요한 것은 강대국 '리더'들의 변화에 대한 신념이다.

1986년에 로널드 레이건과 마하일 고르바초프가 바로 이런 역사적 대변화의 길을 열었다. 두 정상은 아이슬란드 레이캬비크에서 열린 긴급 정상 회담에서 만났다. 이 두 사람은 군비 경쟁의 운명 더 나아가 이 세계의 운명을 좌우할 만큼의 막강한 영향력을 지닌 인물들이었다. 그런데 레이캬비크 정상 회담은 한동안 '아무 성과 없는' 회담으로 치부됐었다. 합의된 사항도 없었고 당연히 합의문 같은 것도 나오지 않았다. 종전의 여타 회담과 같이 구두선(口頭禪)을 남발하지는 않았다. 대신에 회담 후 두 정상은 이제 세상이 달라질 것이라고 선언했다. 아래는 〈뉴욕타임스〉에 실린 두 정상의 발언 내용이다.

레이건
"고르바초프 서기장과 나는 군축 절차에 관한 부분에서 거의 합의에 도달했다. 우리는 전에는 다루지 못했던 문제까지 협상 테이블에 올렸다."

고르바초프
"정말 중요한 사건이었다. 모든 상황에 대한 재평가가 이루어졌고 질적으로 완전히 다른 새로운 상황이 창조됐다. 이제는 그 누구도 전과 같은 방식으로 행동하지는 못할 것이다."

고르바초프는 마치 예언자처럼 앞으로의 상황을 단언하듯 말했다. 요컨대 '예측된다'가 아니라 '창조됐다'라고 표현했다. 새로운 시작을 알리는 두 정상의 '말'이 냉전 종식으로 가는 길을 '창조'했던 것이다. 정상 회담 이후 수년간에 걸쳐 성과 없는 협상이 계속된 끝에 마침내 '중거리 핵미

사일 폐기 협정'의 세부 사항에 관한 합의가 도출됐고 이에 따라 처음으로 미사일이 폐기됐다. 세상은 그야말로 조용히 변화 경로를 밟아가고 있었다. 1988년에 결국 냉전은 종식됐고 이 변화는 제6장에서 언급했던 대로 진행됐다.

"진실은 모두 세 단계를 거친다. 처음에는 조롱당하고 그다음에는 격렬한 반대에 부딪히다가 마지막에 자명한 진리로 인정받는다."

어쨌거나 새로운 진실로 인정받으려면 일단 '선언'부터 해야 한다. 이러한 선언은 조롱, 반대, 수용 등 세 단계를 거쳐 자명한 진실로 인정받게 된다. 경우에 따라서는 세 번째 단계에 이르기까지 수십 년이 걸릴 수도 있고 이보다는 덜 걸릴 수도 있다. 그러나 일단 진실의 씨앗이 뿌려지면 진실은 감화력과 상상력이란 양분을 먹고 자라나게 된다. 오바마 미 대통령이 취임하고 나서 3개월 만에 발표한 '프라하 선언'으로 2009년도 노벨평화상을 받은 사실은 시사하는 바가 크다. 이 연설로 말미암아 핵무기 감축과 관련한 또 한 번의 변화 가능성이 열렸다.

"그래서 나는 미국이 핵무기 없는 세상에서 안보와 평화를 추구하기 위한 노력을 해야 한다고 힘주어 말합니다. 물론 나는 이 목표가 쉽게 달성될 수 있다고 믿을 만큼 그렇게 순진하지는 않습니다. 어쩌면 내 평생 이러한 목표를 달성하지 못할지도 모르지요. 이를 위해서는 인내와 끈기가 필요합니다. 우리는 '세상은 절대로 변화하지 않는다'고 속삭이는 사람들의 말에 흔들려서는 안 됩니다."

지나친 낙천주의라 생각하는가? 그럴지도 모르겠다. 그러나 냉전 종식이나 달 착륙, 이스라엘 건국, 노예 해방, 15세기 때의 '신대륙 발견' 등도 이러한 '낙천주의'의 소산이다. 변화는 계속된다. 우리 세대가 그리는 미래를 현실로 만드는 일은 이제 다음 세대의 손에 달렸다.

대다수 사람은 자신이 세상의 운명을 좌지우지할 만큼의 영향력을 가졌다고 생각하지 않는다. 그러나 우리는 어떤 분야에서 혹은 어떤 문제에 관해 미래를 상상해볼 수 있고 실제로 자신이 그 일을 할 수도 있으며 그 일을 하도록 다른 사람의 마음을 움직일 수도 있다. 그것이 비록 자기 자신의 인생에 국한된 일일지라도 말이다. 우리는 크고 작은 일, 개인적인 일과 공적인 일, 특히나 인생의 전환점에 관해 자기 자신에게 끊임없이 이야기한다.

"헬스장에 다시 가서 운동을 더 해야 해."

"우리는 가족이야."

"우리 회사는 가장 유익하고 윤리적인 서비스 회사가 될 것입니다."

잘 생각해보면 스스로 하루에도 몇 번씩 이런 선언적 말을 반복함을 알 수 있을 것이다. 이 모두가 새로운 가능성을 상상하고 선언하는 것이 얼마나 큰 힘을 발휘하는지를 보여주는 일상적 사례들이다.

변화를 구상하고 주장하는 리더는 오스카 와일드가 말하는 몽상가와 같은 사람들이다. 와일드는 몽상가를 이렇게 표현했다.

"몽상가는 달빛으로 길을 찾을 수 있고 그래서 이 세상 누구보다 먼저 새벽을 보게 되는 사람이다."

리더는 새로운 꿈과 상상력을 찾아 영적 모험 여행을 떠났다 돌아온 젊은 파르지팔(바그너의 오페라 〈파르지팔〉에 등장하는 인물 —옮긴이 주) 같은 사람이다. 파르지팔은 이제 우리에게 자신처럼 변화를 추구하고 가슴 설레는 미래를 위해 기꺼이 위험을 감수하라고 말한다.

월트 디즈니Walt Disney의 상상력은 타의 추종을 불가할 정도였다. 월트 디즈니는 플로리다 주 올랜도의 디즈니 월드를 개장하기 5년 전인 1966년에 세상을 떠났으나 디즈니는 여전한 리더의 표상이었다. 새 디즈니 월드의 개장 테이프 커팅식에서 한 친구가 월트 디즈니의 형 로이 디즈니에게 이렇게 말했다고 한다.

"월트가 살아서 이 모습을 봤으면 오죽이나 좋아했을꼬!"

이 말에 로이는 이렇게 대꾸했다.

"오, 그런 걱정은 말아요. 월트는 이곳을 착공하기 훨씬 전에 이미 다 봤는걸요."

리더에게는 또 다른 미래를 볼 수 있는 능력이 있어야 한다. 그리고 아직 어둠 속에 있으면서 새벽을 보지 못하는 사람들에게 새벽이 어떤 모습인지를 잘 설명해줄 수 있어야 한다. 해가 뜰 때 우리 눈앞에는 어떤 세상이 펼쳐질까? 우리가 변화를 완수하면 세상은 어떻게 달라질까?

정밀하게 상상하고 생생하게 묘사하라

리더십 커뮤니케이션 가이드의 이번 항목에는 두 가지 요소가 포함된다. 하나는 변화가 실현됐을 때 펼쳐질 새로운 세상에 대한 생생한 묘사이고 또 하나는 변화가 일어나지 않은 세상에 대한 묘사다. 행동했을 때 어떤 신세계가 펼쳐지는지 만큼이나 중요한 것이 바로 행동하지 않았을 때 어떤 일이 벌어지는가 하는 것이다. 커뮤니케이션 가이드에서는 변화의 방법보다는 변화의 결과에 더 초점을 맞춘다. 즉, 어떤 길로 어떻게 갈 것이냐보다는, 변화를 위해 노력했을 때와 아무런 행동도 하지 않았을 때의 결과가 어떠할지에 관심을 둔다.

1 리더의 비전이 실현된 미래를 묘사하기

리더라면 변화의 여정이 힘들고 고달프다고만 할 것이 아니라 그렇게 해서 도착할 목적지가 어떤 곳인지 충분히 설명해줘야 한다. 새로운 미래는 우리가 행동한 혹은 행동하지 않은 결과물임이 틀림없다. 그러나 단순히 변화를 위한 행동 자체를 설명하는 것만으로는 타인의 행동을 이끌어내기 어렵다. 요컨대 변화를 위한 행동(방법)만이 아니라 변화의 목적지(결과)도 함께 설명해줘야 한다.

생텍쥐페리는 다음과 같이 말했다.

"배를 만들고 싶으면 사람들에게 나무를 가져오라, 이 일을 해라, 저 일을 해라 지시하지 말고 그 사람들에게 광활한 바다에 대한 동경심을 심어줘라. 미래도 마찬가지다. 우리가 할 일은 미래를 예측하는 것이 아니라 미래를 만드는 것이다."

3장에서 은유, 이야기, 개인적 경험 등이 문화를 창조·유지하고, 또 사람들로 하여금 바람직한 미래를 만드는 일에 동참하게 하는 데 매우 유용하게 활용된다고 설명한 바 있다. 과거와 현재의 이야기는 변화의 필요성을 뒷받침하는 하나의 증거 역할을 한다. 그리고 미래 이야기는 변화를 통해 얻으려 했던 그것을 정말로 얻을 수 있으리라 기대하게 한다. 타인을 이 과정에 참여시키려면 마치 영화를 보여주듯 미래의 모습을 생생하게 그릴 수 있어야 한다. 또 그림처럼 펼쳐지는 미래 광경 속에는 자신이 지금보다 나은 무언가를 위해 적극적으로 행동하는 장면이 담겨 있어야 한다.

이를 위해서는 자신과 타인이 보고 느낄 수 있도록 미래의 모습을 생생하게 묘사할 필요가 있다. 그러자면 소설가 수준의 호기심, 능력, 용기가 필요하다. 요컨대 리더에게는 '상상력'이 필요하다. 변화의 결과를 실감

나게 보고 느끼는 것이야말로 그 변화된 미래를 향해 움직이게 하는 원동력이다. 확신, 긍정적 사고, 예언, 비전, 전략 등등 그 명칭은 아무래도 좋다. 어쨌거나 그러한 과정을 거쳐 미래가 '창조'되는 것이다.

월트 디즈니가 보여준 미래 비전과 상상력은 리더십 커뮤니케이션의 핵심 특질이라 할 수 있다. 1903년에 자동차가 중심이 되는 미래를 선언했던 헨리 포드의 호기로운 발언 내용을 들어보자.

> 나는 자동차를 아주 많이 만들 것이다. 가격도 싸게 해서 돈이 없어 자동차를 못 사는 사람이 없게 할 것이다. 누구나 자동차를 사서 가족과 함께 타고 다니며 이 은혜로운 축복의 땅에서 마음껏 누리며 살게 할 것이다. 이 계획이 실현되면 누구나 자동차를 살 수 있을 것이고, 결국 어느 가정에나 자동차 한 대쯤은 다 있을 것이다. 도로에서 말은 사라지고 자동차가 그 자리를 차지할 것이다. 그리고 많은 사람이 좋은 보수를 받으며 일하는 세상이 될 것이다.

포드가 이 말을 언제 했는지가 중요하다. 당시는 말이 주요 교통수단이었고 자동차를 위한 인프라는 거의 구축되지 않은 상태였으며 자동차는 그저 신기한 물건에 불과했다. 그런 시절에 그런 말을 했으니 포드의 이 미래 선언은 '황당무계한' 이야기로 들렸을 것이다. 그러나 이 용기 있는 발언에 사람들은 포드가 제시한 미래를 향해 움직이게 됐다. 포드의 미래 선언 그리고 사람들이 이 선언을 믿고 변화 행동에 동참한 결과 포드 자동차뿐 아니라 미국 산업계 전체의 대변혁이 이루어졌다.

애플의 스티브 잡스는 집집이 컴퓨터가 있는 세상을 꿈꿨다. 오늘날 우리는 주방에 매킨토시(애플 컴퓨터)를 설치해 놓고 조리법 목록을 만드는 사람들의 모습을 흔하게 볼 수 있으며 이러한 모습에서 잡스의 꿈이 실현됐음을 느낀다. 스티브 잡스와 빌 게이츠가 제시한 미래 비전이 사람들을 움직였고 그 덕분에 지금 우리는 첨단 기술 시대를 만끽하고 있다. 상상력으로 충만한 선구적 리더들이 냉전 종식이나 우주 개발의 비전을 이야기하고 이러한 미래 선언이 세대를 이어 사람들의 마음을 움직이는 것이 가능할까? 에너지나 교육 부문의 미래도 리더의 선언으로 이렇게 창조될 수 있을까? 우리 인간에게는 이 모든 것을 실현할 잠재력이 분명히 있다.

멋진 미래를 그려낼 능력이 없는 리더는 사람들을 이끌지 못한다. 미래를 꿈꾸지 않으면 자신이 무엇을 향해 어디로 가는지 알 수 없을 것이다. 그러므로 리더십 커뮤니케이션 가이드를 만들 때 이 부분을 반드시 기술해야 한다.

같은 꿈을 꿨을 때 어떤 일이 벌어질 것인가

리더와 구성원들 모두 같은 목표를 향해 갔을 때, 그것이 실현된다면 어떤 미래가 펼쳐질지 가능한 한 생생하게 묘사하라. 진정한 리더라면 구성원들과 같은 꿈을 꾸길 주저하지 않아야 한다. 이를 위해서는 다음 사항들을 자문해보자.

- 이 변화를 통해 새로 창조될 현실은 어떤 모습인가?
- 개인적으로 이 변화가 자신에게 어떤 영향을 미치는가?
- 변화가 이루어졌을 때의 모습을 어떻게 묘사할 수 있을까?
- 그 변화를 통해 구현하려는 가치는 무엇인가?

처음 만났을 때 마이크 맥뮬런은 전형적인 관리자라는 인상을 풍겼다. 우리 두 사람은 애질런트 이사회와 기타 사람들에게 화학분석 사업부의 미래를 설명하려는 목적으로 맥뮬런의 커뮤니케이션 가이드를 만드는 작업에 착수했다. 이 과정에서 맥뮬런은 자신이 그동안 실질적으로 수익이 발생하는 것과 직접적인 상관이 없는 부분에 대해서는 별로 언급하지 않았다는 사실을 깨달았다. 지금 당장 수입이 생기는 부문 이외에는 별

로 신경을 쓰지 않았다는 의미다. 재정 담당 부서라면 뭐 크게 나무랄 일도 아니다. 그렇더라도 미래를 그려보고 그 미래를 타인과 공유하는 것은 어느 조직에나 필요한 일이다.

맥뮬런은 커뮤니케이션 가이드를 만드는 과정에서 특히 정밀 측정 기기를 현장에서 활용하는 아이디어에 크게 매료됐다. 이 아이디어는 특히 개발도상국에 중요한 의미가 있다. 대개 개발도상국은 대형 실험실이나 연구소를 지원할만한 인프라가 부족하기 때문이다. 이 부분에 대해 토론하면서 맥뮬런은 항공기용 신소재의 특성을 측정하는 특수한 장치를 생각해냈다. 이 장치는 아이패드(애플의 태블릿 PC) 정도 크기의 휴대용 측정 기기로서 들고 다니면서 항공기용 신소재의 특정 변수를 측정한다. 또 이는 배터리를 사용하는 초경량, 초정밀 기기다.

우리는 휴대용 측정 기기를 사용하는 미래를 상상하면서 이러한 기기를 사용한다는 것이 어떤 의미인지를 자세하게 기술했다.

맥뮬런의 커뮤니케이션 가이드 예시

미래 묘사 인류의 미래와 관련하여 우리가 가장 관심을 두는 분야는 아래 4개 분야다.

- 안전하고 충분한 식품 및 수자원 공급 그리고 가장 필요한 곳에 우선 공급
- 대체 에너지 개발 및 보급
- 환경 보호와 감시
- 좀 더 정밀하고 효율적인 재료/소재의 설계 및 제조

먼저 당장 수익이 발생하는 부문도 아닌 곳에 힘을 쓰자는 이야기를 하

러니 말 꺼내기가 쉽지 않다는 점부터 이야기해야 할 것 같다. 내가 상당히 성과 지향적인 사람이라서 더욱 그런 듯하다. 그러나 화학분석 사업부의 잠재력을 조사하면서 상당히 흥분했고 그 격한 흥분을 여러분과 공유하고 싶었다.

우리의 목적은 전 세계 사람들이 더 건강하고 더 안전하게 살게 하는 것이다. 몇 가지 예를 들어 보겠다.

환경, 식품, 수자원 부문에서 휴대용 무선 측정기의 존재 가치가 두드러진다. 우선 현장에서 채취한 표본을 중앙 실험실로 가져가지 않고도 현장에서 직접 표본 검사를 할 수 있다. 중국, 인도, 브라질, 러시아 그리고 심지어 아프리카조차 무선 인프라 구축을 기본으로 한다. 무선 인프라가 중심이 되면 땅을 파고 케이블을 매설할 필요가 없어지고 정보 통신을 위한 지하 인프라 구축에 막대한 자금을 투자할 필요도 없다. 실험실의 경우도 마찬가지다. 크기는 더 축소하고 기능은 더 향상시킨 휴대용 측정 기기가 있다면 굳이 중앙 실험실을 이용하지 않더라도 현장에 있는 분석가들이 얼마든지 작업을 할 수 있고 따라서 분석 결과도 더 신속하게 얻을 수 있다.

우리는 중국에 애질런트의 신형 설비를 갖춘 모바일 실험실을 신설했다. 따라서 우리 고객들은 실험실을 따로 마련할 필요가 없고 표본을 수집하여 실험실에 보내는 번거로움도 피할 수 있다. 또 제약 회사와 정부 관리가 가짜 의약품을 적발하는 데도 도움을 준다. 아프리카 같은 개발 도상국은 가짜 약품 문제로 골머리를 앓고 있다. 이 지역 의사들이 가짜인 줄 모르고 아픈 아이들에게 사용하기 때문에 문제가 특히 심각하다. 미래를 꿈꾸고 싶은가! 그렇다면, 시민이 휴대용 검사 장비를 가지고 언제 어디서든 필요할 때 환경 검사를 하여 그 결과를 지역사회와 정부 혹은 전 세계인이 볼 수 있게 GPS 기반 지도에 올리는 미래를 그려보라. 이러한 장비는 애플리케이션의 형태로 휴대 전화에도 쉽게 탑재할 수 있으며 대기 오염 측정 도구로써 사용할 수 있다. 감지기가 아날로그 표본을 디지털 신호로 바꿔서 해당 지역의 대기 품질을 지구촌 그래픽 지도상에 표시한다. 세계 곳곳에서 십억이 넘는 사람들이 이런 식으로 해당 지역의 대기를 검사해서 올리고 모든 사람이 그 결과를 공유한다고 상상해보라. 이러한 기기의 활용 예는 여기에 국한되지 않는다. 하천, 식품, 토양 등은 물론이고 원자력 발전소처럼 오염 물질이 존재하는 곳에서는 어디든 활용할 수 있다.

이러한 방식이 항상 통할까? 물론 그렇지는 않다. 그러나 미래를 생각해보고 자신이 상상하는 미래의 모습을 기록하면 나중에 사람들의 마음을 사로잡을만한 미래 비전을 제시하는 데 도움이 될 것이다. 이보다 더 중요한 것은 이러한 작업을 통해 리더 자신이 추구하는 목표가 더욱 뚜렷해지고 변화에 대한 확신과 열의가 더욱 강해진다는 사실이다. 따라서 자신이 주장하는 바를 다른 사람들에게 더욱 실감 나게 전달할 수 있게 된다. 맥뮬런의 커뮤니케이션 가이드에는 자기 자신은 물론이고 타인의 마음을 움직일 만한 요소들이 가득 담겨 있다. 맥뮬런은 자신의 가이드에 변화를 통해 이루어낸 새로운 세계를 실감 나게 기술해 놓았다.

2 리더의 비전이 실현되지 않은 미래를 묘사하기

앞서 레베카 사울 버틀러는 말년의 삶과 자기 생명 결정권에 대해 가족끼리 좀 더 직접적인 대화를 나눌 필요가 있다고 했다. 이 부분에 관해 버틀러는 과거와는 전혀 다른 미래를 상상해봤다. 자신이 다른 사람에게 주장하는 대로 가족들이 말년의 삶에 대해 과거와 다른 태도와 인식을 가졌다면 아마도 상황은 아래와 같이 전개됐을 것이다.

미래를 상상할 때면 나는 할아버지의 병세가 위중해지기 전에 가족들이 이런 대화를 나눴더라면 상황이 어떻게 달라졌을까 하는 생각을 자주 한다. 아마도 이런 광경이 펼쳐지지 않았을까! 매년 그렇듯 온 가족이 텍사스 본가에 모인 어느 여름날, 저녁 식사를 마치고 아직 가시지 않은 고기찜과 옥수수빵 냄새를 맡으며 다들 거실에 둘러앉는다. 그때 누군가 입을 뗀다. 아마도 할머니일 것이다.

"다들 알다시피 우리도 나이를 많이 먹었단다." 이렇게 운을 떼고는 아주 과감하게 말을 잇는다. "이제 우리의 미래에 대해 진지하게 생각해봐야 할 때가 된 것 같구나."

할머니의 말에 따라 우리는 경제적인 부분과 주택 문제, 노인용 주택 단지 등에 관한 이야기를 나누기 시작한다. 그리고 임종 시 의학적 처치에 관해서도 의논을 한다. 필요하다면 변호사를 통해 사전의료의향서(Advance Directives)를 준비해 놓을 수도 있다. 이를 통해 나중에 심폐소생술을 하라든가 아니면 하지 말라든가 미리 의견을 말해둘 수 있다. 이러한 대화가 오가는 중에 할아버지가 이렇게 말할 수도 있겠다.

"나는 아무래도 상관없단다. 그러나 요양원에서 마지막을 보내고 싶지는 않구나. 내 병이 위중해져도 그냥 집에서 생을 마감하련다."

할머니 생각은 좀 다를 수 있다. 즉, 죽음이 너무 두려운 할머니는 모든 수단을 다 써서 생명을 연장하고 싶을지도 모른다. 그리고 몇 년이 흘러 할아버지가 입원한 병원에서 의사로부터 다음과 같은 이야기를 듣는다.

"현재의 치료로는 환자의 생명을 더는 연장할 수 없습니다. 치료법을 바꿀 수는 있으나, 치료법을 바꾼다고 환자의 건강이 회복되는 것은 아닙니다. 치료 후에도 건강은 계속 나빠질 것이고 파킨슨병의 증상도 더욱 심해질 겁니다."

의사의 말을 듣고 난 우리 가족은 할아버지한테 가서 상황을 설명하고 어떻게 하시고 싶은지를 묻는다. 그러면서 전에 이런 상황이 오면 요양원은 가고 싶지 않다는 말을 하신 적이 있다고 상기시켜준다. 물론 죽음을 앞둔 가족과 이런 식의 대화를 나누기가 쉬울 리 없다. 그러나 이런 상황이 생기기 전에 미리 이야기를 나눠놓으면 마지막 대화를 하기가 훨씬 쉬워진다.

자신이 어떤 변화를 주장할 때 대개는 그 변화가 삶에 직접적 영향을 미치므로 이런 식으로 개인의 미래를 상상해보는 것이 큰 도움이 된다. 자신의 경험을 중심으로, 변화가 이루어졌을 때의 모습을 상상해보라. 이는 변화의 결과를 확신하는 데도 도움이 될뿐더러 그 변화된 세상을 다른 사람에게 생생하게 그려 보이는 데 매우 효과적이다. 우리는 버틀러가 그린 미래 속에서 생명의 자기 결정권에 대해 부모님과 대화를 나누는, 혹은 자식과 대화를 나누는 우리 자신을 발견할 수 있다.

버틀러는 자신의 직접 경험을 통해 행동하지 않았을 때 어떤 결과가 나왔는지 잘 알고 있었다. 그래서 행동하지 못했던 과거의 상황과 행동했을 때의 미래 모습을 분명하게 비교할 수 있었다. 리더는 사람들에게 바람직한 행동을 했을 때와 그 행동을 하지 않았을 때의 결과를 비교하여 제시할 수 있어야 한다.

두 가지 결과를 그려봄으로써 리더가 얻을 수 있는 것

변화가 이루어진다면 과연 어떤 미래가 펼쳐질 것인가, 그리고 반대의 경우 향후 어떻게 상황이 전개될 것인가를 비교하면 보다 정확하게 미래를 그리는 데 도움이 된다. 그 결과 리더의 비전이 막연한 상상이 아니라 보다 실제적인 이야기로 느껴지는 효과가 있다. 이를 위해서는 다음 사항들을 자문해보자.

- 변화를 위한 행동을 했을 때 얻을 수 있는 무형적 이득은 무엇인가?
- 비록 고통스럽더라도 개인적으로 그 변화가 가치 있는 이유는 무엇인가?
- 변화를 통해 얻을 수 있는 측정 가능한 유형적 이득은 무엇인가?
- 행동하지 않으면 어떻게 되는가? 행동하지 않는 것이 우리의 가치관에 어긋나는가?

변화가 이루어졌을 때의 미래를 상상하기 어렵다고 생각하는 사람들이 꽤 많다. 이들은 그저 변화 이후 상황이 조금 더 나아지겠거니 하는 막

연한 생각밖에 하지 못한다. 그런데 일반적으로는 변화가 이루어지지 않았을 때의 상황을 상상하기가 훨씬 쉽다. 그러므로 최악의 상황과 최상의 상황을 같이 생각해보는 것이 미래를 좀 더 정확하게 그리는 데 도움이 된다. 더불어 사람들에게 미래 비전을 제시할 때도 최악과 최상의 시나리오를 같이 제공하는 것이 더 설득력이 있다. 아래는 내 커뮤니케이션 가이드 중 공교육 제도의 미래에 관한 최악 및 최상의 시나리오를 기록한 부분이다.

필자의 커뮤니케이션 가이드 예시

최악 및 최상의 시나리오 도심 빈민가에 있는 학교를 성인과 아동이 함께 이용할 수 있는 소단위 모바일 학습 센터로 바꾸면 어떻게 될까? 학부모와의 협력 학습이 학생과 학부모 모두에게 도움이 된다. 아이들에게 학교는 뛰쳐나오거나 깨부수고 나와야 할 장소, 즉 교도소와 다름없는 곳이었다. 그러나 학교가 이렇게 바뀌면 이제는 정말 뭔가를 배우는 곳이 된다. 대다수 가정에 소형 컴퓨터를 보급하여 저녁 시간에도 학습할 수 있게 하므로 이를 통해 가족이 함께 성장할 수 있다. 도심에 일명 지역사회 학습 센터가 생긴다고 상상해보라. 이곳은 연중 학사 일정을 융통성 있게 수립할 것이며 지역사회와 학부모, 상점 점원, 기업 등이 직접 참여 혹은 기부금 납부를 통해 정기적으로 이 센터를 지원하고 응원한다. 기업이 이러한 센터를 지원하는 이유는 이 학교가 유능한 일꾼을 길러내기 때문이다. 부모는 자신들도 그 학교를 포함한 지역 공동체의 일원이기 때문에 당연히 지원한다. 뿐만 아니라 이러한 학교 덕분에 일자리가 늘고, 성취감을 통해 자존감이 높아지면서 청소년의 임신율도 감소하고 폭력 집단의 활동도 시들해진다. 그러면서 사람들에게 지역사회라는 단어가 완전히 새로운 의미로 다가오게 된다. 앞으로 50년 정도 지나면 훨씬 유능해진 일꾼이자 정치 수준과 참여도가 훨씬 높아진 민주 시민이 양산될 것이고 궁극적으로 이것이 국가에 큰 도움이 될 것이다. 이와는 완전히 대조적인 상황을 상상해볼 수 있다. 우리가 변화를 위한 행동을 하지 않았을 때의 결과라고 보면 된다. 행동하지 않았을 때의 결과가 나올 때까지 그리 오랜 시간이 걸리지 않을 것이며, 이미 우리는 그 시작을 목격하고 있다. 미국 국민은 엘리트와 그렇지 않은 사람, 딱 두 부류로 구성될 것이다. 도심 빈민가의 학교는 점점 더 고립될 것이다. 담벼락은 점점 더 높아지고 철책은 더욱 촘촘해져서 안에 있는 사람은 나오기 어렵고 밖에 있는 사람은 들어가기를 꺼릴 것이다. 그런 와중에 이곳을 떠날 여력이 있는 사람들은 자식을 사립학교에 보낸다. 이러한 상태는 계속되다가 결국은 폭발하고 말 것이다.

나는 더 좋은 세상을 만들어내는 능력이 우리 인간에게 있다고 믿는다. 그러나 그것은 우리가 달성해야 할 목표와 그 중요성을 정확히 인식하고 변화를 위한 행동에 기꺼이 나설 때야 비로소 가능한 일이다.

너무 극적인 시나리오라고 생각하는 사람도 물론 있을 것이다. 그러나 이는 하나의 사례이며 상상의 결과물에 불과하다는 점을 기억하기 바란다. 어쨌거나 리더는 최악과 최상의 결과를 둘 다 그려낼 수 있어야 한다.

MBA 과정을 밟는 조시 길야드는 에너지 독립의 중요성에 관한 커뮤니케이션 가이드를 만들었다. 이 가이드에서 길야드는 두 가지 시나리오를 제시했다.

우리가 계속 외국의 석유에 의존한다면 결국 우리는 석유 파동, 경기 침체, 중동 국가와의 관계 악화, 계속되는 테러 위협 등의 상황에 노출될 것이다. 우리 가족이 그런 것처럼 미국의 모든 가정이 계속해서 경기 침체의 공포 속에서 살아야 한다. OPEC(석유수출국기구)을 중심으로 한 산유국이 유가를 인상하여 우리 경제가 고꾸라지는 날이 언제 올지 모른다는 두려움 속에서 살아야 한다. 또 아이들은 뉴스에 등장하는 성난 중동 사람들이 왜 우리를 그렇게 미워하는지 계속 궁금해할 것이다. 그리고 이 아이들은 중동의 테러 집단이 자신들이 납치한 비행기를 몰고 집 근처에 있는 원자력 발전소로 돌진할까 봐 겁이 나서 뜬눈으로 밤을 새울 것이다.

이번에는 외국의 석유 가격이 인상되든 말든 상관없이 미국 경제가 계속해서 성장하고 번영을 누리는 상황을 상상해보라. 미국이 부패 정권이나 국민 탄압 정권을 멀리하고 미래 지향적인 국가(혹은 정권)를 지지하는, 건전한 중립국으로 인식되는 상황을 상상해보라. 우리가 대체 에너지 개발 기술을 통해 외국산 석유에 대한 의존도를 줄이거나 없앨 수 있다면 경제적 독립성과 외교적 객관성을 지닌 바람직한 국가 상을 만들어낼 수 있으리라 생각한다. 이러한 미래가 우리 모두에게 평화와 번영을 안겨줄 것이다.

원하는 세상을 창조하라

이상 6장 그리고 7장을 통해 변화 메시지의 기본 요소들을 상세히 다뤘다. 과거와 미래에 대한 고려, 이해, 상상 없이는 변연계 공명을 일으킬 수 없다. 변연계 공명을 일으키지 못하면 우리가 원하는 것이 무엇인지를 청중에게 이해시키기 어렵다.

2012년 미 대선전에서는 맥락과 미래 선언이라는 두 가지 커뮤니케이션 요소를 성공적으로 활용한 후보자가 아무도 없었다. 선거전에서 다루는 쟁점에는 예나 이때나 변함이 없었다. 상대 후보에 대한 인신공격이나 정책의 세부 사항에 관한 논쟁이 주를 이루었다. 후보들이 전하는 메시지 가운데 과거와 현재, 미래를 관통하는 '이야기'는 하나도 없었다. 요컨대 설득력 있는 이야기를 통해 정책을 제안하는 후보자가 없었다. 정치 자문역으로 미국 대통령을 네 명이나 보좌했던 데이비드 거겐David Gergen은 이를 '빨랫줄'에 비유하여 설명했다.

"후보자들은 빨랫줄 하나를 선택한 다음에 그 줄에다 온갖 정책들을 주렁주렁 널어놓는다. 그러니 나중에는 그 빨랫줄이 보일 리가 없다."

클린턴 대통령의 커뮤니케이션 디렉터였던 돈 베어Don Baer는 이렇게 말했다.

"후보자들은 퍼즐 조각들을 어떻게 맞춰야 하는지를 이야기하지 않았고 또 우리의 과거가 어떠했으며 앞으로 어떻게 해야 하는지도 언급하지 않았다."

리더는 이야기를 구체화하여 반복해서 들려줌으로써 사람들의 참여를 이끌어내야 한다.

모든 진보는 상상력에서 시작된다. 새로운 교통수단의 등장(자동차), 새로운 오락 문화의 탄생(디즈니랜드), 비폭력적 시위로의 진화, 에너지 공급망의 변화 등 이 모든 것은 누군가가 상상하지 않았으면 그리고 상상한 그것을 사람들에게 전달하지 않았으면 불가능했을 일이었다. 조시 길야드는 대학원생일 때 자신의 커뮤니케이션 가이드를 만들었다. 그런데 내가 이 책에서 소개한 다른 사례자와 마찬가지로 길야드 역시 자신이 가이드에 기술한 내용이 훗날의 진로 선택과 무관하지 않았다. 에너지 부문에 관심이 많았던 길야드는 결국 태양 전지판 제조 회사의 마케팅 부서에서 일했고 이후 재활용 포장재 관련 사업체를 운영하기 시작했다. 또 교회에서 자원봉사를 하면서 사람들에게 가정 내 에너지 절약에 동참할 것을 호소하고 있다.

우리가 해결해야 할 문제가 산적해 있다. 개중에는 사소해 보이는 것도 있고 너무 복잡해서 다루기 어렵겠다 싶은 문제도 있다. 그런데 어떤 문제든 이를 해결해보겠다고 나서는 사람들이 있기 마련이다. 누구나 꿈은 꿀 수 있다. 또 누구나 그 꿈을 이야기할 수는 있다. 그러나 과감하게 그 꿈을 실현할 수 있다고 말하며 타인의 행동을 이끌어낼 수 있는 사람은 그렇게 많지 않다. 이 일을 할 수 있는 사람이 진정한 리더다. 다음 장에서는 커뮤니케이션 가이드의 마지막 항목에 대해 다룰 것이다. 우리도 조시 길야드와 같은 신념을 지닐 수 있을까? 우리도 그렇게 행동할 수 있을까?

최종 질문 : 미래 선언을 위한 체크리스트

● **미래 묘사**
- 이 변화를 통해 새로 창조될 현실은 어떤 모습인가?
- 개인적으로 이 변화가 자신에게 어떤 영향을 미치는가?
- 변화가 이루어졌을 때의 모습을 어떻게 묘사할 수 있을까?
- 그 변화를 통해 구현하려는 가치는 무엇인가?

● **최상의 시나리오와 최악의 시나리오**
- 변화를 위한 행동을 했을 때 얻을 수 있는 무형적 이득은 무엇인가?
- 고통스럽더라도 개인적으로 그 변화가 가치 있는 이유는 무엇인가?
- 변화를 통해 얻을 수 있는 측정 가능한 유형적 이득은 무엇인가?
- 행동하지 않으면 어떻게 되는가? 행동하지 않는 것이 우리의 가치관에 어긋나는가?

8
행동하기
_먼저 움직여서 따라오게끔 하라

고대 소설이나 신화에서도 솔선수범의 행동을 영웅의 가장 바람직한 덕목으로 본다. 중국의 4대 고전 중 하나인 《서유기(西遊記)》에서는 관음보살의 명으로 삼장법사 일행이 불교 경전을 가지러 인도로 가는 여정이 그려지고 있다. 여행 도중에 제자들이 요괴와 쓸데없이 설전만 벌이자 삼장법사는 조용히 이렇게 타일렀다.

"옛 현인들이 이르기를 '백날 말로 떠들어봐야 아무 소용 없다. 중요한 것은 행동이다!'라고 했느니라."

리더십 커뮤니케이션의 핵심은 바로 '행동'이다. 일단 사람들에게 변화의 메시지를 전달했다고 하자. 그런 다음에는 스스로 변화를 위한 행동에 나서야 한다. 이러한 솔선수범은 변화에 대한 자신의 의지가 얼마나 확고한지를 보여준다는 의미에서 또 타인의 동참을 이끌어낸다는 의미에서 매우 중요하다. 자신의 커뮤니케이션 가이드가 거의 완성되면 새로운 미래에 대한 가능성이 보이기 시작할 것이고 그 미래를 위한 첫 단계로 무엇을 해야 해야 하는지에 대해서도 감이 잡히기 시작할 것이다. 개중에는 일반적 혹은 조직적 차원의 실행 단계도 있을 수 있고 또 지극히 개인적인 차원의 과업도 있을 것이다. 또 타인의 참여가 반드시 필요한 것도 있을 것이다. 이번 장에서는 상상 속의 미래를 실현하는 데 필요한 사전 질문 사항과 실제 사례들을 제시할 것이다.

구체적인 실행 단계를 제시하라

한 집단을 이끄는 리더라면 조직이나 기관, 기업, 가족이 현재에서 미래로 나아가는 데 꼭 해야 할 일이 무엇인지 곰곰이 생각해보고 이 부분을 사람들에게 분명히 정리해 줘야 한다. 이 과정은 리더 자신이 변화의 결과를 상상하는 데도 도움이 된다. 또 이를 통해 사람들은 변화 과정에서 자신들이 해야 할 역할이 무엇인지를 좀 더 분명하게 알 수 있다.

　복잡하고 큰 변화일수록 해야 할 일을 더 세분화하여 구체적으로 명시할 필요가 있다. 인간이 달에 가는 것을 상상하는 단계에서부터 실제로 달 표면에 착륙하기까지 어떤 단계가 필요할지 생각해보라. 이 임무 수행을 위해 달 착륙이라는 목표를 달성하기까지의 단계별 과제 목록이 작성됐다. 초기 단계의 과업 중에는 '기술적으로 아직 불가능'이라 표기된 것들이 수두룩했으나 목표를 달성하겠다는 의지와 열정만은 대단했다. 이보다 소규모의 변화에 대해서도 상황은 마찬가지다. 이처럼 구체적 실행 단계를 명시함으로써 목적지로 가는 길로 제대로 들어설 수 있다.

조시 길야드는 자신의 커뮤니케이션 가이드에 외국산 석유에 대한 의존 고리를 끊고 에너지 독립의 길로 나아가기 위한 실행 단계를 다음과 같이 기술했다.

이는 수년에 걸쳐 차근히 진행해야 하는 대규모 과업이다. 그러나 국민으로서 취해야 할 기본적 실행 단계는 다음과 같다. 첫째, 국가 지도자들로 하여금 에너지 독립이 국가적 우선 과제라는 사실을 깨닫게 해야 한다. 둘째, 대체 에너지 개발에 필요한 자금 지원을 위해 세금 제도를 개혁해야 한다. 이러한 행동이 대체 에너지 개발 능력을 갖춘 기술자들의 혁신 정신을 북돋을 것이다. 셋째, 화석연료를 대량으로 사용하는 산업이나 제품의 대체 전환이 필요하다. 첫 손으로 꼽히는 것이 자동차 엔진이고 두 번째가 제조 공장 그리고 화력 발전소가 그 뒤를 잇는다.

길야드가 이 가이드를 쓴 때가 2002년이었는데, 이 내용은 지금도 충분히 참고할 가치가 있다. 이상은 제도적 혹은 조직적 차원의 실행 계획이며 각 개인은 이러한 기준 틀에 따라 자신의 능력에 맞는 행동을 취하게 된다.

어떻게 행동을 이끌어낼 것인가

마음을 얻었다고 해서 바로 행동을 이끌어낼 수 있는 것은 아니다. 무엇보다도 왜 행동해야 하며, 행동하기로 했다면 구체적으로 어떻게 실행해야 하는지를 제시해야 한다. 그렇지 않고 구성원들이 그저 자발적으로 움직여주길 바란다면, 미안하지만 리더로서 당신의 비전은 이미 실패한 것이나 다름없다. 이를 위해서는 다음 사항들을 자문해보라.

- 변화를 위해 조직이 취해야 할 실행 단계로는 어떤 것이 있는가?
- 개인적 참여 행동의 이점으로는 어떤 것이 있는가?
- 타인이 어떤 행동을 취하는지와 관계없이, 개인적으로 타인의 마음을 움직이는 데 중요하다고 생각되는 행동으로는 어떤 것이 있는가?

마이크 맥뮬런도 화학분석 사업부 성장 잠재력을 알리기 위한 3단계 의제를 제안했다.

맥뮬런의 커뮤니케이션 가이드 예시

행동하기 첫째, 회사 기준치에 맞게 총수익 수치를 끌어올리기 위해 인수 통합을 완료해야 한다. 이는 단기적 과업으로서 2년 전에 시작한 이 일이 곧 완수될 것이다. 통합적 물류 체계는 이미 확립됐고 계속해서 생산 및 공급망에서의 상승 작용을 이끌어내는 데 주력할 것이다. 그리고 이 부분에 꾸준히 초점을 맞춰야 한다. 다른 사업부와의 생산 및 물류 체계의 통합을 통해 공급망의 능률화를 달성할 수 있을 것이다.

둘째, 우리는 사내 핵심 그룹으로 성장하고 있다. 현재 우리는 대다수 시장에서 최강자의 지위를 공고히 하고 있으며 주력 사업을 꾸준한 성장시킬 수 있음을 충분히 증명하고 있다. 여기에 만족하지 않고 우리는 현재의 지위를 더욱 공고히 하고 시장을 더욱 확대하기 위해 인수와 합병 노력을 계속할 것이다.

셋째, 지리적 및 기술적 인접 시장으로의 진출 노력을 극대화한다. 현재의 물리적 위치와 기술 수준을 십분 활용하여 더 앞으로 나아간다. 지난달 기준으로 세계 인구수는 70억을 돌파했으며 고도 산업화와 인구의 도시 집중 문제에 직면하는 국가가 점점 늘고 있다. 이러한 문제를 안은 국가에는 우리가 생산하는 제품이 필요할 것이다. 인도, 중국, 브라질, 러시아가 대표적이지만 그 외 다른 인접 국가도 예외는 아닐 것이다. 이와 같은 지리적 시장 확장 외에 신기술 개발에도 꾸준히 힘을 쏟아야 한다. 나노(초정밀) 측정, 신물질, 모바일 측정, 대체 에너지, 신소재 등의 분야에서 앞서나가기 위해 대학 연구소와 더 긴밀한 협력 관계를 구축해야 한다. 이러한 노력을 통해 우리는 식품과 하천 관련 측정 분야에서의 최강자 자리를 지켜나갈 수 있을 것이다.

우리는 인류가 직면한 가장 기본적이고 가장 중요한 문제를 다루는 일을 하고 있다. 인식하든 못하든 간에 이 지구 상의 거의 모든 사람이 매일 우리 제품을 접하며 산다. 세계 인구는 계속 증가하고 있다. 우리는 이 지구촌이 직면한 중요한 문제를 해결하는 데 도움을 주고 있다. 이 세상에 이보다 더 의미 있는 일이 또 어디 있겠는가!

총수익 증대를 위한 인수 통합, 핵심 사업의 구축, 지리적 시장 확대와 기술력 증진을 위한 현재 역량의 적극적 활용 등 세 가지 의제를 명확히 정리하는 데 수개월이 걸렸다. 이 세 가지는 맥뮬런의 좌우명과 다름없는 것이 됐으며 타인의 행동을 이끌어내는 데 사용하는 핵심 메시지가 됐다.

이상의 내용은 조직이 나아갈 방향을 제시해 주는 동시에 조직 구성원으로 하여금 각자의 능력에 맞는 역할을 찾아내게 하는 데 도움을 준다. 이처럼 행동의 기본 틀이 어느 정도 짜였으면 어떤 방식으로 행동할지에 대한 얼개는 완성된 셈이다. 계획을 세우고 토의를 하는 일은 어렵지 않다. 그러나 다른 사람을 움직여 행동에 동참하게 하려면 직접 행동에 나서는 것으로 모범을 보여야 한다. 그것이 리더의 몫이다.

먼저 일어나 움직여라

로버트 테리는 자신의 역작 《진성 리더십Authentic Leadership》에서 리더십의 정의를 분석하고 다음과 같은 결론을 내렸다.

"리더십의 핵심은 바로 행동에 있다."

관찰하고, 심사숙고하고, 연구하고, 이야기하는 것이 리더의 일이기는 하다. 실제로 리더란 사람들은 이 모든 부문에서의 능력이 뛰어나다. 그러나 변화는 오로지 행동을 통해서만 일어난다. 결국에 리더가 말하고자 하는 바는 행동으로 나타나는 것이고 행동이 빠진 메시지는 아무 의미가 없다.

"아침이면 3개 사단이 공격에 나설 수 있습니다."

이것은 1945년에 당시 연합군 총사령관이었던 아이젠하워가 몇몇 장군을 불러 놓고 베를린 공격 준비를 하는 데 시간이 얼마나 걸리겠느냐고 물었을 때 조지 패튼George Patton 장군이 한 대답이다. 이처럼 신속하고 거침없는 반응과 철저한 준비성에 대한 아이젠하워의 군은 신임 덕분에 패튼은 전쟁에서 중추적인 임무를 맡으며 군인으로서 최고 전성기를 보냈다.

직접 행동에 나서는 것만큼 간단하고 또 설득력 있는 메시지는 없다. 솔선수범이야말로 타인의 행동을 이끌어내는 가장 효과적인 방법이라는 사실을 나는 살면서 수차례 경험했다.

40대 후반에 나는 18명과 함께 대륙 횡단 릴레이 경주에 참가했었다. 이 경주는 캘리포니아 주에서 알코올 및 마약 퇴치를 위한 기금 마련과 이 문제에 관한 경각심을 불러일으키고자 마련한 행사였다. 경주 참가자들은 각자 하루에 1시간 30분가량 달리게 돼 있었고 다른 팀이 아니라 시간과 싸워야 했다. 공식적으로는 4년 전에 딱 한 번 기록에 도전한 팀이 있었는데 그때 기록이 16일이 넘었었다. 우리 팀의 목표는 이 기록을 깨는 것이었다. 그러니까 샌프란시스코에서 워싱턴 D.C.에 있는 국회의사당 계단까지 약 4,800킬로미터를 16일 이내에 횡단하면 된다.

팀의 리더는 당시 캘리포니아 주 '마약 및 알코올 퇴치 프로그램'의 책임자 앤디 메카Andy Mecca였다. 메카는 영민하고 정력적인 몽상가였고 감화력이 뛰어난 리더인 동시에 꽤 실력 있는 아마추어 운동선수였다. 메카의 주도 아래 우리 조는 메시지를 가다듬고, 기금을 모으고, 팀원을 모집하고, 경주 계획을 세우는 등 필요한 모든 작업을 하면서 근 1년 동안 이 행사를 준비했다.

우리는 1989년 9월 11일 새벽 6시에 샌프란시스코를 떠났다. 나는 다른 3명과 함께 메카가 속한 조에 편성됐다. 우리는 같은 RV(레저용 차량)를 이용했고 시간 날 때마다 틈틈이 잠을 자고 될 수 있는 한 많이 먹으면서 다음 집결지로 이동하는 일이 반복됐다.

우리는 50번 고속도로를 타고 밤낮없이 차를 몰아 콜로라도와 캔자스를 거쳐 중부 지역으로 진입했다. 허리케인이 남부 해안 지역을 강타하기 하루 전인 야밤에 아주 아슬아슬하게 미주리 주 한니발에서 미시시피 강을 건넜다. 그리고 일리노이주를 거쳐 인디애나와 오하이오를 지났다. 마침내 우리는 웨스트버지니아에 당도했다. 워싱턴 D.C. 도착 예정일을 하루 남겨둔 시점이었다. 우리는 버지니아에서 다음 조에 바통을 넘겨주고 다음 집결지로 향했다.

최종 일정은 새벽 4시에 우리 조가 워싱턴 D.C.에서 바통을 넘겨받고 경주를 마무리하는 것으로 돼 있었다. 그런데 여기서 문제가 생겼다. 도심 도로가 출근 차량으로 꽉 막혔고 좁은 2차선 도로의 갓길에는 대형 화물 트럭이 줄지어 서서 후행 차량이 지나가기를 기다리고 있었다. 설상가상으로 비까지 세차게 내렸고 강한 동풍이 우리 얼굴을 강타했다. 바람이 어찌나 심한지 RV의 와이퍼가 감당을 못할 지경이었다.

경주에 나선 이후 처음으로 아무래도 중도에서 포기해야 할지도 모른다는 불안감이 엄습해왔다. 교통경찰의 도움을 받으며 야금야금 움직이기는 했으나 국회의사당 진입 도로인지라 고위 공무원들의 출근 차량이 많았으므로 전면 교통 통제를 기대하는 것은 무리였다. 우리는 감속 차선에 정차하여 다음 주자가 오기를 기다리면서 워싱턴 D.C.에 있는 행사 진행 요원과 연락을 취했다. 그러자 이 진행 요원은 2시간 정도 기다렸다가 날이 밝으면 다시 계속하는 것이 좋겠다고 했다.

사실, 그렇게 하는 것이 안전할 터였다. 그러나 그때까지 14일간 쉬지 않고 달려왔는데 이제 와 멈추면 기록 경신을 포기하는 것 같아 쉽게 결정 내릴 수가 없었다. 게다가 팀원들의 사기가 고조돼 있었고 목적지인 국회의사당 앞에는 캘리포니아 주 출신 의원들과 해군 군악대가 우리를 기다리고 있었다. 이런 상황에서 가까스로 펜실베이니아 애비뉴에 도착했다.

우리 조원 4명은 차 안에서 어떻게 할지 계속 의논을 했다. 비는 여전히 세차게 몰아쳤고 강풍 때문에 RV가 좌우로 심하게 흔들렸다. 그때 백미러를 통해 다음 주자가 든 손전등 불빛이 희미하게 보였다. 마침내 바통을 우리에게 넘겨주려고 달려오는 주자의 모습이 눈에 들어왔다. 우리는 여전히 의논 중이었다. 그런데 그때 갑자기 메카가 자동차에서 내리더니 바통을 넘겨받아 들고는 힘차게 달리기 시작했다. 그리고 날이 밝아올 때까지 계속 달렸다. 메카가 보여준 이 행동은 멋지고 감동적이며 단호한 리더의 모습 바로 그것이었다. 나는 절대로 이 모습을 잊지 못할 것이다. 우리는 결국 15일하고도 1시간 만에 4,800킬로미터를 완주했다. 이전 기록을 근 하루나 앞당긴 셈이었다.

이렇게 하지 않았어도 우리가 기록을 경신할 수 있었을까? 아마도 그랬을 것이다. 그러나 처음 출발부터 끝까지 한 번도 쉬지 않고 계속 달린 것과 중간에 멈췄다가 다시 달린 것이 과연 같다고 할 수 있을까? 우리가 중간에 멈췄다가 다시 달렸다면, 쉬지 않고 달려 목적지에 도달할 용기가 없었다는 부분이 사는 동안 내내 찜찜했을 것이다. 메카는 위험을 감수하며 기꺼이 행동에 나섰고 그 모습을 본 우리는 2년 가까이 꿈꿔왔던 우리의 목적을 결국 달성할 수 있었다. 메카는 이럴까 저럴까 의논만 해서는 아무 일도 되지 않는다는 것을 알고 불쑥 일어나 자동차 문을 열고 나갔던 것이리라! 그리고 이 행동이 나머지 사람들까지 행동케 했을 것이다. 아마도 메카는 필요하다면 바통을 쥐고 국회의사당까지 혼자 완주하고도 남았을 것이다.

왜 리더가 먼저 행동해야 하는가

변화를 위한 실행 단계에서 가장 중요한 것이 바로 리더의 행동이다. 자신이 중시하는 대의가 무엇인지 알아내고, 분명하고 깊이 있는 메시지를 구성하고, 타인과 교감하고, 의미를 명시하고, 맥락을 공유하고, 바람직한 미래를 제시하는 일 등이 다 중요하지만 가장 중요한 것은 역시 솔선수범이다.

　주장하는 바를 행동으로 보여주느냐 아니냐에 따라 진정한 리더인지 아닌지가 결정된다. 습관보다 가치를, 안전보다 의미를 더 중시하는 리더인지 아닌지를 가늠하는 가장 확실한 증거가 바로 그가 직접 행동을 하느냐 아니냐다. 중요하다고 생각되는 것이 있다면 그것을 사람들에게 이야기하라. 그다음에는 직접 행동에 나서라. 그 행동은 누군가를 해고하는 것일 수도 있고 단순히 문을 닫는 것일 수도 있다. 혹은 임금 협상에 나서는 것, RV 밖으로 나가는 것(앤디 메카처럼), 크네세트(이스라엘 국회)를 방문하는 것(안와르 사다트처럼) 등등이 다 그러한 행동일 수 있다. 각기 다른 행동일지라도 변화에 대한 리더의 강한 의지와 열망을 보여주는 것이라는 점에서는 모두 같다.

따라서 커뮤니케이션 가이드를 만들 때 사람들의 마음을 사로잡을 만한 미래를 상세히 기술한 다음에는 그 미래를 위해 어떤 행동을 할지 잘 생각해보고 과감하게 행동에 나서는 것으로 마침표를 찍어야 한다. 가이드 작성 중 특히 이 항목을 기술하는 과정에서, 자신이 그리는 미래 비전이 얼마나 중요한지 새삼 깨닫게 될 것이다.

재차 강조하지만, 전체 가이드 항목 중에서도 이 부분의 메시지 구성이 가장 중요하다. 이 부분을 기술할 때는 문지방 앞에 서서 문을 열고 나갈지 말지 고민하는 상황이라고 생각하자. 밖에 무엇이 있는지 모르는 데도 그 위험을 안고 과감하게 문을 열고 나갈지 아니면 안전하게 계속 방안에 있을지를 결정해야 한다.

고민하는 과정에서 자신의 약점이나 부족한 점이 머릿속에 자꾸 떠오를 것이다. 밖에 얼마나 큰 위험이 도사리고 있을지 몰라 왈칵 겁이 나기도 할 것이다. 그러면서 자기 자신에게 자꾸 이렇게 속삭일 것이다. '내가 이 일을 하기에는 아직 무리지.' '나는 경험이 부족해.' 혹은 이런 식으로 자신을 합리화하기도 할 것이다. '임원도 사장도 아닌 내가 뭘!' '이 일을 추진할 정도의 영향력은 아직 없는데?' 표현은 달라도 이 말들이 의미하는 것은 하나다. '나가기 싫어!' 즉, '행동하고 싶지 않다'는 마음에 이런저런 핑계를 갖다 붙이는 것이다. 1장에서는 중요한 것이 무엇인지 알아내는 것에 대해 설명했었다. 중요한 것이 무엇인지 알아내는 과정은 가치관을 찾아내는 자기 성찰의 과정이라고 했다. 이와 마찬가지로 행동에 나서는 것은 처음에는 자신의 두려움과 맞닥뜨리는 과정이고 궁극적으로는 자신의 신념을 확인하는 과정이라고 할 수 있다.

가이드에서 이 부분을 기술할 때는 자신이 주장하는 바를 위해 직접 행동에 나서는 것이 사람들에게 어떤 영향을 미치는지 생각해보라. 앤디 메카는 비바람이 몰아치는 새벽에 자동차 문을 열고 밖으로 나갔다. 메카는 '한 시간 정도 기다리면서 상황을 지켜봅시다'라고 말할 수도 있었다. 혹은 '일단 기다리면서 다른 사람들에게 상황을 알립시다'라고 말할 수도 있었다. 그러나 이러한 결정은 다른 사람들을 감동시키지 못했을 것이고 자신의 신념을 행동으로 보여주는 그런 용기 있는 리더라는 인상도 심어주지 못했을 것이다. 메시지를 전달할 때 청중의 '박수갈채'로 호응도를 측정하듯이 변화를 위한 행동에 나서려 할 때는 그 행동의 '효과'를 상상해보라. '회의를 소집해서 이 문제를 더 논의해봐야겠습니다!'라고 말하는 것과 '이번 일에 내 보너스를 다 걸겠습니다. 우리가 성공하면 보너스를 다 제가 갖는 것이고 실패하면 다 날리는 겁니다.'라고 말하는 것 중에서 어느 쪽이 더 호응을 얻을까? 전자는 '연설을 해야겠습니다' 정도의 행동일 것이고 후자는 '내 인생의 방향을 바꾸겠습니다'라는 의미를 내포하는 행동일 것이다.

이 시점에서 크리스티 텅Christy Tonge의 이야기를 소개하겠다. 텅은 첨단 기술 업계에 종사하면서 '부자'와 '빈자' 문제에 관심을 기울이며 빈부 격차 해소를 위해 노력해왔다. 크리스티 텅과 남편인 배리 텅은 저소득층 아이들이 자신들의 꿈을 이룰 수 있게 도와주는 조직(리치포텐셜)에서 중추적인 역할을 하고 있다. 텅 부부는 자신들의 신념을 행동으로 보이고자 마운틴뷰(샌프란시스코 만 남서 해안에 있는 도시 —옮긴이 주) 교외에서 도시 빈민가에 있는 아파트로 이사했다. 물론 어린 두 자녀를 포함하여 온 가족이 함께 움직인 것이다. 두 사람은 다른 인사들과 협력하여 빈민가 아동

프로그램에 개인 학습 지도와 여름 캠프 등의 일정을 포함했다.

크리스티 텅의 이런 헌신적 노력에 관한 이야기를 처음 전해 들었을 때 특히 인상적이었던 부분은 그녀의 행동이었다. 텅은 주중 개인 학습 지도에 필요한 자금을 모금하는 일에서 그치지 않았다. 가족과 함께 직접 해당 지역으로 이사까지 하는 성의와 열의를 보였다. 타인을 돕겠다는 자신의 꿈을 실현하기 위해 자신은 물론이고 가족의 생활방식까지도 과감히 바꿨던 것이다. 텅은 행동의 가치를 충분히 인식하고 있었던 것이다.

말만 하는 것과 행동하는 것의 차이는 분명하다. 그리고 단지 돈만이 아닌 그 이상의 가치가 걸려 있을 때 이 차이는 더욱 극명하게 드러난다. 크리스티 텅처럼 더 큰 무대에서 세상을 변화시킨 리더들을 생각해보자. 안와르 사다트는 생명의 위험을 무릅쓰고 이스라엘 국회를 방문했다. 마틴 루터 킹, 간디, 넬슨 만델라도 억압 정권에 비폭력적 방식으로 대항했다. 이들은 자신들이 주장하는 메시지의 의미를 충분히 이해했고 이 메시지를 잘 전달했다. 그리고 개인적 위험을 감수하고 직접 행동에 나섰다.

이와 같은 전 인류적 혹은 전 세계적인 변화 상황이 아니어도 솔선수범이 타인의 마음을 움직인다는 원칙은 어디에나 똑같이 적용된다.

2000년에 인터넷 거품이 꺼지고 나서 찰스슈왑은 직원 대량 해고 사태에 직면하게 됐다. 임원진이 이 문제를 논의하고자 대책 회의를 열었다. 이 자리에서 공동 CEO들은 일말의 망설임도 없이 회사의 수익 부분에 영향을 주지 않는 범위에서 가능한 한 많은 직원의 일자리를 보장하는 것이 목표임을 분명히 밝혔다. 이들 CEO는 그해 연봉을 90% 이상 삭감한다고 발표했다. 그러자 다른 임원과 고위 관리자 또한 자신들의 직책에 비례하여 15%에서 50%까지 연봉을 삭감하겠다고 했다. 경기가 좋을 때 혜택을 받은 만큼 사정이 안 좋을 때는 또 그만큼 손실을 감수하겠다는 것이다.

이들은 자신들이 솔선하여 연봉을 삭감한 다음에야 다른 부문에서의 비용 절감을 고려하기 시작했다. 어디서 비용을 줄여야 할지 고심할 때 직원들이 자발적으로 임금을 삭감하고 업무를 분담하며 휴가까지 반납했다. 직원들은 리더들이 보여준 헌신적 행동에 감동했던 것이다.

그런데 2007~2009년의 경제 위기 때는 리더에게서 이러한 행동을 찾아볼 수 없었고 당연히 아랫사람들의 마음을 움직이지 못했다. 실제로 이른바 대형 금융 서비스 회사와 자동차 회사의 리더라는 사람들은 기업의 가치라든가 미래 비전보다는 개인의 이익이나 단기적 수익에만 관심이 있었다.

이 책에서 소개한 다른 리더들 역시 솔선수범하는 행동으로 사람들의 마음을 움직였다. 5장에서 소개했던 존 우어 역시 공급망 체계상의 변화를 주장하면서 자신의 커뮤니케이션 가이드에 공급업자로부터 최종 소비자에 이르는 전체 절차의 능률화에 관해 기술했다. 우어는 공급망의 변화가 왜 필요하지 그리고 그 변화가 얼마나 중요한지를 곰곰이 생각했다. 그리고 자신이 주장하는 바를 실현하기 위해, 개인적으로 어떤 희생을 감수하고 어떤 노력을 얼마나 하고 있는지를 정리하여 기록했다.

10개 핵심 공급 업체에 초점을 맞추고 앞으로 2개월간 이 업체들을 방문하여 꼭 필요하다 싶은 메시지를 전달할 생각이다. 우리 고객이나 여러분(각 사업부)도 이것이 큰 도움이 된다는 점을 잘 알리라 생각한다. '늘 하는 일인데 특별히 힘들 것이 있나?'라고 생각하는 사람도 있을 것이다. 그러나 생후 5개월밖에 안 된 내 아들에게는 여간 힘든 일이 아니다. 아들은 밤마다 내가 다독이며 재워주는 것을 좋아한다. 그리고 나 역시 아들을 보지 못하며 지내는 하루는 이글루에서 알몸으로 누워 1년을 지내는 것처럼 고통스럽다. 그래도 나는 우리가 하고자 하는 일에 걸림돌이 되는 것은 모조리 치울 것이다. 그리고 여러분이 '아이고, 이젠 됐습니다. 그만해도 됩니다!'라고 아우성칠 때까지 이 일을 계속할 것이다.

우어는 다른 사람에게 맡겨도 되는데도 자신이 직접 그 일을 했다. 그래서 우어의 용기와 열정에 감동한 사람들 또한 함께 그 일에 동참할 마음이 생겼던 것이다.

나도 교육 관련 커뮤니케이션 가이드를 만들 때 여기에 얼마나 많은 시간과 노력을 기울이는지를 기록했다. 나한테 중요한 사회적 문제는 바로 교육 문제이고 이 부문의 개혁을 위해서는 그 현장에 직접 참여할 필요가 있다고 생각한다. 나 역시 가이드를 작성하는 동안 내가 교육 문제를 얼마나 심각하게 바라보는지 새삼 깨닫게 됐다. 따라서 직접 행동에까지 나서게 됐다.

필자의 커뮤니케이션 가이드 예시

행동하기 이 문제에 관한 한 나 자신이 기꺼이 '피리 부는 사나이'가 될 생각이다. 앞으로도 계속 이 문제를 거론할 것이고 내 생각을 경제계를 중심으로 한 미국 전역에 알려 다른 사람이 이를 하나의 사례로 활용할 수 있게 할 것이다. 능력 있는 인재를 공교육 현장으로 끌어들이는 일이 얼마나 중요한지를 사람들에게 설파할 것이고 필요한 자금을 모으는 일에도 참여할 것이다. 앞으로 5년 이내에 교육 개혁에 관한 주요 현안이 캘리포니아 주 정부의 주요 정책 목록에 올라 있기를 바라는 마음이다. 싱가포르의 한 기관(싱가포르 교육대학교)이 추구하는 가치와 사명이 내가 생각하는 것과 일치한다는 사실을 알게 됐다. 이 기관은 미국에도 분교를 두고 있다. UC 샌타바버라에 있는 것도 그중 하나이며 나는 이 기관의 비전에 크게 공감하고 있다. 교육 개혁을 위한 여러 가지 노력 중에는 논란의 여지가 있는 것도 있으나 기본 목적에서는 거의 차이가 없었다. 물론 게이츠 재단Gates Foundation처럼 교육 개혁을 위한 일에 자금을 쏟아붓는 방식으로 참여하는 곳도 있다. 그러나 나는 이보다는 크리스티와 배리 텅 부부, 미셸 리, 제프리 캐나다, KIPP 차터 스쿨(자율형 공립학교 ―옮긴이 주)의 설립자와 운영자들, 라이언스 커뮤니티 스쿨의 교장들과 레베카 데콜라처럼 직접 행동하는 사람들에 더 초점을 맞춘다. 이외에 도미니크 라세르, 캐서린 타트게, 글로벌빌리지미디어의 제작진도 마찬가지다. 이들은 지역사회 문제를 찾아내고 관련 공무원과 인터뷰를 진행하여 다큐멘터리 영화를 제작하는 방식으로 고등학생을 대상으로 하는 '시민 생활 프로젝트Civic Life Project'에 참여했다. 물론 이 사람들이 다른 사람들로부터 비난을 받을 수도 있다. 그러나 이를 각오하고 용기 있게 직접 행동에 나섰다. 이러한 행동이 우리가 바라는 결과를 이끌어낼 수 있다. 이들의 참여 의식과 행동보다 더 근사한 것이 또 있을까!

자동차 문을 열고 밖으로 나가 바통을 받아 쥔 앤디 메카의 행동 자체가 타인의 행동을 이끌어냈다. 고지가 목전에 있는데도 중도에 포기하고 돌아서고 싶은 사람은 아무도 없었다. 더구나 우리는 그동안 많은 돈과 에너지, 시간을 여기에 투자했다. 목적지가 거의 눈앞에 다가와 있었다. 이제 시작 단계라면 의심도 해보고 말이 안 된다 싶은 의견도 내보고 다른 사람의 말도 들어보고 할 시간이 있을 것이다. 그러나 지금은 시작이 아니라 끝을 바라보는 단계다. 메카로서는 여간 어려운 순간이 아니었을 것이다.

비단 메카뿐 아니라 아무리 신념이 강하고 아무리 열정이 강한 리더라도 결정적인 순간에 타인의 행동을 이끌어내기가 쉽지는 않다. 커뮤니케이션 가이드를 작성할 때 대다수 리더가 이 부분, 즉 타인의 행동을 촉구하는 것과 관련된 사항을 그냥 생략하고 넘어가는 것도 다 이러한 이유에서일 것이다. 아닌 게 아니라 리더 중에는 타인의 행동을 촉구할 권리가 자신에게는 없다고 생각하는 경우가 많다.

의심이나 불신이 만성화한 경우에는 문제가 더욱 심각해진다□사람들이 내 말을 무시할 거야. 참여해 달라고 말해도 아무도 나서지 않을 거야. 아마도 사람들의 조롱거리가 되겠지.□이러한 걱정과 불안이 전혀 근거 없지는 않을 것이다. 사실 뛰어난 비전가조차 처음에는 비웃음을 사다가 나중에야 찬양을 받는 일이 비일비재하다. 처음에 비웃음을 살 수 있다는 사실을 알면서도 사람들에게 행동을 촉구하고 나서는 용기와 강한 의지야말로 진정한 리더가 갖춰야 할 필수 덕목이다. 리더는 자신이 주장하는 것과 관련된 개인적 경험을 찾아내고 청중과 맥락을 공유할 필요가 있다. 또 자신이 주장하는 내용을 뒷받침하는 증거도 열심히 찾아봐야 한다. 미래 비전을 실현하기 위해 직접 행동에 나설 의지도 있어야 한다. 그러나 리더가 해야 할 가장 중요한 역할을 바로 변화를 위한 행동에 타인을 동참시키는 것이다.

쉽고 단순한 행동을 주문하라

자신의 신념에 따라 행동하는 데도 확신이 필요하다. 그런데 타인에게 그러한 행동을 하도록 요구하는 데에는 더 큰 용기가 필요하다. 이때 타인에게 요구하는 행동은 쉽고 단순한 행동이어야 하고 동시에 목표를 실현하는 데 결정적인 행동이어야 한다.

그런데 사람들이 개인적 차원에서 할 수 있는 행동이 무엇인지 생각해보지 않는 리더가 꽤 많다. 그렇다 보니 개인이 하기에는 너무 벅찬 그래서 조직적 차원에서나 가능한 행동 목록을 제시하게 된다. 결국 사람들은 자신이 관여하기에는 너무 큰 일이라고 쉽게 단정해버리고, 다른 사람들이 알아서 할 테니 나는 그냥 있어도 된다고 생각한다. 그러나 참여 행동은 지극히 개인적 차원의 것이며 이러한 행동은 개인적 신념에서 비롯되는 것이다. 개인의 능력에 부치는 너무 거창한 행동을 촉구하는 것은 기껏 리더의 비전에 공감하게 된 '개인'들에게 참여할 능력이 안 된다는 생각이 들게 하여 이들에게 허탈감과 자괴감만 안겨주는 결과를 낳을 수 있다.

리더들은 종종 큰 그림을 봐야 한다는 명목하에 '기업'이나 '부서,' '국가' 차원의 개혁 행동을 요구하면서 개인을 배제해버린다. 리더의 이러한 행동은 사람들에게 '아, 개인이 해서 될 일이 아니구나!'라는 생각을 심어준다. 원대한 미래를 제시하는 것도 좋고 또 경우에 따라서는 거창하고 고차원적인 행동이 필요할 때도 있다. 그러나 리더의 메시지에서 개인을 배제하는 것은 바람직하지 않다.

리더의 메시지를 듣는다고 하자. 이때 자신들이 변화를 위한 행동에 동참할 수 있고 또 리더가 제시하는 미래를 현실로 만드는 일에 일조할 수 있다는 느낌이 든다면 그 메시지는 가치 있는 성공적인 메시지다. 단순하고 결정적인 행동을 주문하는 것이 관건이다. 리더가 말하는 대로 따르는 시늉만 하느냐 아니면 적극적으로 행동에 동참하느냐가 여기서 판가름난다. 사람들이 리더가 주문한 단순하고 명확한 행동을 수행한다는 것은 이들이 리더의 주장에 내포된 가치관과 비전에 동의한다는 것이다. 또 리더의 능력을 인정한다는 것이고 리더를 신뢰한다는 의미이기도 하다.

존 우어가 사람들에게 제시한 행동 역시 단순 명확했다.

> 이 일을 혼자 할 수는 없다. 그래서 두 가지를 부탁하고자 한다. 첫째, 쓸데없는 과거의 망령은 다 떨쳐버리고 오직 가슴 벅찬 미래를 향해 나아가는 일에 몰두하라. 이제 과거 탓은 더는 하지 마라. 둘째, 일을 제대로 하는 사람이 있으면 바로 칭찬해라. 일을 제대로 한 사람을 칭찬한 사례가 일주일에 20건 정도 보고됐으면 한다. 이러한 행동이 우리를 올바른 길로 들어서게 할 것이다.

대충 짐작하겠지만, 조시 길야드가 에너지 독립을 위해 사람들에게 요구한 행동 역시 단순하고 직접적이었다.

> 앞으로 한 달 동안 다음 여섯 가지 행동 가운데 하나를 해줬으면 한다. 재생 가능 에너지 펀드에 투자하라. 지역 전력 공사보다는 친환경 전력 회사에서 전력을 조달하라. 지금의 SUV(다목적 차량)를 에너지 절약형 차량으로 바꿔라. 집안에 태양 전지판을 적어도 한 개 정도는 설치하라. 지역 의원들에게 배기가스 배출 기준을 높여달라는 내용의 편지를 써라. 친구 열 명에게 미국이 석유 의존도를 낮춰야 하는 이유를 설명하라.

별로 어렵지 않은 일이라서 이 가운데 한 가지가 아니라 두 가지도 실천할 수 있겠다는 생각이 들 것이다. 이처럼 존 우어도 그렇고 조시 길야드도 사람들이 충분히 할 수 있는 단순한 행동을 분명하게 제시했다.

상황의 경중을 떠나 개인이 할 수 있는 일을 명확히 제시하고 타인에게 이 행동을 촉구하는 것이야말로 리더십 커뮤니케이션의 핵심 요소다. 그리고 중대한 이해관계가 걸린 사안일 때 이러한 사실이 더욱 극명하게 드러난다.

1948년 봄, 건국을 앞둔 이스라엘의 지도자들이 한자리에 모였다. 이제 점령군이었던 영국군이 그곳을 떠날 것이고 그러면 곧바로 이웃 8개국이 맹공을 퍼붓기 시작할 것이라는 점을 이들은 잘 알고 있었다. 필요한 것은 돈이었다. 그것도 아주 많은 돈이 필요했다. 당시 모임의 리더였던 다비드 벤구리온David Ben-Gurion이 기금 조성자를 지정하고 기금 마련차 미국에 다녀와 달라고 했다. 2천만 달러를 더 모으는 것이 목표였다. 그런데 이 사람의 반응은 이랬다.

"불가능합니다! 지금 미국인들도 돈이 바닥난 상태입니다."

이때 골다 메이어Golda Meir가 나섰다. 메이어는 기금 모금 전문가는 아니고 시온주의자의 리더였다. 밀워키에서 오래 살았던 메이어가 이렇게 말했다.

"제가 감당해야 할 일인 것 같습니다."

공항에는 모금을 위해 고용한 홍보 회사 대표가 마중 나와 있었다. 이 사람이 메이어에게 연설문을 보여달라며, 연설문도 손보고 연설 방법에 대해서도 조언을 해주겠다고 했다. 그랬더니 메이어는 연설문은 없다고 대답했다. 연설문은 없어도 오래전부터 생각해왔던 사항이라 머릿속에 다 담아 놓았다는 것이다. 메이어로서는 필생의 임무를 수행하려던 참이었다. 속으로 다 생각해 둔 것이 있으니 막상 단상에 서면 할 말을 정확히 잘 전달할 수 있을 것이라 확신했다. 이 홍보 회사 대표는 조마조마한 마음으로 메이어가 단상으로 올라가는 모습을 숨죽여 지켜봤다. 제발 일을 다 망치지 않기만을 바랄 따름이었다. 아래는 메이어가 이날 유대인연합회Council of Jewish Federations에서 했던 연설 내용이다.

"단언컨대 나는 수십만 유대인의 목숨이 경각에 달렸다는 이유만으로 이곳에 온 것은 아닙니다. 문제는 그것이 아닙니다. 정말 중요한 것은 팔레스타인의 유대인이 살아남으면 전 세계 유대인도 함께 살아남을 것이고 그러면 유대인의 자유도 영원히 보장될 것이라는 사실입니다. 그러나 수십만 유대인이 이 지구 상에서 사라진다면 전 세계 유대인이 같이 사라질 것이고 유대인의 나라를 세우겠다는 원대한 꿈과 희망도 물거품이 돼버릴 것입니다.

친구들이여! 돈이 필요합니다. 다음 주까지가 아니라 지금 당장 필요합니다. 앞으로 4개월 안에 우리는 적군과 맹렬한 전투를 벌일 것입니다. 여러분이 도와주든 도와주지 않든 우리는 싸울 것이고 또 싸워야만 합니다. 우리는 목숨 바쳐 유대인의 국가를 세울 것입니다. 이것은 너무도 당연한 우리의 사명입니다. 싸울 것이냐 말 것이냐는 이미 선택 사항이 아닙니다. 지금 여러분이 결정해줘야 할 것은 오직 한 가지뿐입니다. 이길 것이냐 아니면 질 것이냐?"

골다 메이어는 연설문을 따로 준비할 필요가 없었다. 오랜 세월 유대인 국가 건립을 위해 참여하고 헌신하는 과정에서 이 메시지를 계속 구상하고 있었기 때문이리라. 모두가 메이어의 능력을 인정했고 그녀를 신뢰했다. 연설을 듣는 청중 모두가 메이어가 말하는 사안의 맥락을 알게 됐다. 즉, 이 문제와 관련한 과거와 현재 그리고 미래를 이해하게 됐다. 사실 유대인들은 유대인 국가 건설이라는 미래 비전을 20년 넘도록 마음속에 품어왔다. 이제는 행동에 나설 때였다. 메이어는 목숨을 걸고 행동하겠다고 하면서 청중에게는 그저 돈만 내달라고 했다. 이렇게 해서 이날 5천만 달러를 모을 수 있었다.

타인의 행동을 촉구하면서 항상 목숨까지 내걸어야 하는 것은 아닐 것이다. 그러나 적어도 변화를 주도하는 리더라면 직접 행동에 나서야 하고 타인에게도 변화 행동에 동참해 달라고 요구할 수 있어야 한다.

리더가 요구한다고 다들 행동에 나서줄까? 물론 그렇지는 않다. 대다수가 머뭇거리며 꽁무니를 뺄 것이다. 그러나 이에 굴하지 않고 리더가 계속 솔선수범하는 모습을 보이면 이들도 언젠가는 결심을 하고 어떤 형태로든 행동에 나서게 될 것이다. 타인의 행동을 촉구하지 않는 것은 타인에게서 참여의 기회를 뺏는 것이고 이들의 선택권을 박탈하는 것이다. 또 변화에 대한 리더의 신념과 의지, 열정을 의심케 하는 일이기도 하다. 리더가 계속해서 행동을 촉구한다면 이를 따르는 사람이 하나둘 생겨날 것이고 결국 이들이 변화의 첫 물결을 만들어낼 것이다.

리더십 커뮤니케이션 가이드의 마지막을 장식하는 것이 바로 이 '솔선수범' 부분이다. 이 부분에 대한 기술을 마쳤으면 이제 다양한 리더십 커뮤니케이션 장면에서 습득한 기술을 실전에 적용하는 단계가 남았다.

완성된 자신의 가이드에는 리더십 커뮤니케이션의 기본 요소들이 포함돼 있을 것이다. 가이드를 작성하는 과정은 자신의 생각을 정리하는 데 도움이 된다. 이보다 더 중요한 것은 자신이 주도하는 변화에 대해 어떻게 말하고 어떻게 기술할지를 머릿속에 그려보는 데 큰 도움이 된다는 점이다. 특정 문제에 관한 커뮤니케이션 장면에서, 가이드에 적어 놓았던 내용 중 필요한 부분을 활용할 수 있을 것이다. 또 향상된 공감 능력이 커뮤니케이션의 효율성을 높여줄 것이다. 자전적 이야기와 경험이 타인의 삶과 연관성을 지닐 수 있다는 사실도 깨닫게 될 것이다. 커뮤니케이션 가이드를 작성한다는 것은 '자기 자신'에 관해 기록한다는 것과 다를 바 없다.

마지막 장에서는 커뮤니케이션 가이드의 실제 적용에 관해 다룰 것이다. 다양한 장소, 기술, 대중을 상대로 한 커뮤니케이션 상황에서 이 가이드의 내용을 어떻게 활용하는지를 설명할 것이다.

최종 질문 : 행동을 이끌어내기 위한 체크리스트

● **조직적 및 개인적 실행 단계**
  - 변화를 위해 조직이 취해야 할 실행 단계로는 어떤 것이 있는가?
  - 개인적 참여 행동의 이점으로는 어떤 것이 있는가?
  - 타인이 어떤 행동을 취하는지와 관계없이, 개인적으로 타인의 마음을 움직이는 데 중요하다고 생각되는 행동으로는 어떤 것이 있는가?

● **타인의 행동 촉구하기**
  - 타인의 동참을 유도할 행동으로는 어떤 것이 있는가?
  - 타인을 어떻게 참여시킬 것인가?
  - 타인에게 참여의 기회와 계기를 마련해준다는 차원에서 이들에게 요구할 수 있는 행동이 무엇인가?

9
리더십 커뮤니케이션의 실제
_어떻게 사람을 움직일 것인가

지금까지 설명한 내용을 충실히 따랐다면 최소한 두 가지 변화는 나타났을 것이다.

첫째, 새롭게 자신의 경험과 가치관을 들여다보게 되고 자신이 주장하는 변화를 위해 이러한 경험과 가치관을 드러내놓고 표현할 수 있게 될 것이다. 여러분이 리더로서의 자각이 생긴 지 오래지 않은 신출내기 리더라면, 무언가에 대해 자신이 그토록 강한 열의와 관심을 보인다는 사실이 혹은 실제로 자신의 가족, 일, 조직, 지역사회 등이 더 나은 방향으로 나아갈 수 있도록 의미 있는 변화를 이끌어낼 의지와 능력이 자신에게 있다는 사실이 좀 신기하게 느껴질지도 모르겠다. 이미 리더 자리에 있는 경우라면 자신의 변화 계획과 비전을 설득력 있게 기록할 수 있게 될 것이다. 물론 이 기록은 예전의 보고서나 백서와는 차원이 다를 것이다. 신뢰를 구축하고 능력을 드러내 보이며 솔선수범을 통해 타인의 참여를 이끌어낼 수 있는 그런 메시지를 구성할 수 있을 것이다. 목적, 자격, 개인적 동기, 맥락, 미래 비전, 직접적 행동 등에 관해 기술할 수 있을 것이다. 이 모든 사항은 커뮤니케이션 상황에서 타인의 마음을 움직이는 매우 효과적인 도구가 된다.

둘째, 타인에 대한 관심과 자기 성찰을 통해 타인에 대한 이해와 존중의 폭이 넓어졌을 것이다. 리더십 요건에는 좋은 아이디어, 결과를 내려는 의지와 열정, 의사결정 능력뿐 아니라 관계 구축 능력도 포함된다는 점을 당연시하게 됐을 것이다. 이러한 통찰력을 바탕으로, 뛰어난 리더가 되려면 감성 지능을 계발할 필요가 있다는 사실도 충분히 인지했을 것이다.

자기 성찰, 개인적 경험, 은유, 유추, 이야기, 정보 등을 바탕으로 변화 메시지를 구상했으면 그다음에는 이를 실현하는 단계로 나아갈 차례다. 다음 단계로 나아가는 과정에서도 커뮤니케이션 가이드를 작성할 때의 그 열정과 의지를 그대로 유지해야 한다. 물론 가이드는 한 번 작성하는 것으로 끝나지 않는다. 리더십 커뮤니케이션에 대한 이해가 높아지고 변화에 대한 열의가 강해짐에 따라 가이드에 추가하거나 고쳐야 할 사항이 계속 생긴다.

이상 두 가지 결과를 상상만 해도 마음이 뿌듯하다. 그리고 이 정도 수준까지 온 것만 해도 충분히 박수 받을 만하다는 생각은 한다. 그러나 '아는' 것과 '실천'하는 것은 분명히 다른 것이다. 요컨대 자신의 생각과 느낌을 기록하는 것과 실제로 그것을 다른 사람들에게 전달하는 것은 엄연히 다른 일이다. 더구나 오르락내리락하는 경기 상황과 기타 방해 요인, 정치적 위기, 예기치 못한 사건들, 정치적 지원 및 지원 철회, 타협, 자신을 포함한 주변의 걱정과 의심 등 현실 세계에 존재하는 온갖 상황 변수를 감수하면서, 특히나 자신과 의견이 다른 사람에게까지 변화의 메시지를 전달하는 일이 쉽지는 않을 것이다.

나도 이 일을 완벽하게 해내는 사람이 있다고 말할 수 있었으면 좋겠다. 그러나 현실은 그렇지가 못하다. 자기 인식과 통제력을 바탕으로 사리(私利)보다는 대의(大義)를 우선시하고, 자신의 말만 앞세우기보다 타인의 말에 귀 기울이고, 타인을 인정하고 존중해줌으로써 공동 목표를 향해 나아가게 하는 그런 리더를 나는 아직 본 적이 없다. '성인(聖人)'이 아니고서야 이렇게 할 수 있는 사람이 과연 있을까 싶다.

그래도 우리는 뛰어난 인식력과 완벽한 실행력을 갖추는 것을 리더의 최종 목표로 삼을 수밖에 없다. 경험, 지식, 탐구, 감성 지성 등을 바탕으로 커뮤니케이션의 명확성과 깊이에 변화가 생기기 시작할 것이다. 커뮤니케이션의 궁극적인 목적은 타인을 변화 행동에 동참시키는 것이다. 리더십 커뮤니케이션 자체가 너무 복잡하고 어려워 보여서 시도해볼 엄두가 나지 않는다면 전체 과업을 세분화한 다음에 단계별로 차례차례 실행해볼 수 있다는 점을 기억하라. 사실, 미래를 논하는 경우는 미리 계획을 세워 행동에 나설 수 있기 때문에 이보다 더 쉬운 커뮤니케이션이 없다.

어떻게 효과적으로 메시지를 전달할 것인가

일단은 언제 어떤 수단으로 어느 정도의 메시지를 전달하지를 결정해야 한다. 지금까지 다양한 커뮤니케이션 사례를 소개했다. 여기서는 준비한 메시지를 실제 연설(혹은 발표)의 형태로 전달하는 데 초점을 맞출 것이다. 그리고 연설 직후의 질의응답이나 비공식적 대화와 같이 즉각적 대응이 필요한 상황에서 적절하게 반응하는 방법에 관해 논할 것이다. 즉각적 대응에 관한 부분은 메시지 구성처럼 미리 준비할 수 있는 일이 아니라서 훨씬 어렵기는 하다. 재차 강조하듯 언제 어떤 식으로 메시지를 전달하느냐가 매우 중요하다. 개인적으로 자신의 생각을 피력하는 것이 적합할 때도 있고 이와는 다른 방식으로 접근하는 것이 더 효과적일 때도 있다. 어느 경우든 가장 효과적인 커뮤니케이션 방식을 모색하는 것이 관건이다. 그리고 변화의 의지와 열정을 계속 북돋운다는 점에서 커뮤니케이션 가이드를 만드는 일에 집중하는 것이 크게 도움이 된다.

1 가능성을 선언하라

새로운 가능성을 선언할 때, 새로운 미래를 제시할 때, 변화를 위한 노력을 시작하려 할 때 등등. 이럴 때는 대개 연설이나 발표의 형태로 커뮤니케이션이 시작된다. 이러한 연설은 케네디 대통령의 달착륙 선언만큼 거창하지는 않더라도 본질적인 부분에서 공통점이 많다. 공식 발표의 형태로 커뮤케이션이 이루어질 수 있다. 혹은 수련회에 참석한 소집단 앞에서 혹은 이사회 앞에서 전달하는 단순한 메시지라든가 가족 모임에서의 대화 등 여러 가지 형태로 변화를 위한 커뮤니케이션이 이루어질 수 있다. 공식적 발표를 하든 사적 대화를 하든 간에 변화를 주장하는 리더에게는 중요한 공통점이 있다. 이 책에서 줄곧 설명한 절차 그대로 진지한 자기 성찰과 신중한 사고, 꼼꼼한 준비 과정을 거쳤다는 사실이다.

중요한 것이 무엇인지 알아내고, 목적을 명확히 규정하고, 감성 지능을 계발하고, 타인과 교감하는 데 시간과 에너지를 쏟는 리더라야 진정성 있는 커뮤니케이션이 가능하다. 자신의 가이드를 참고로 연설 내용을 구상하면 오만이나 방어적 자세에서 벗어나는 동시에 청중에게 호감을 줄 수 있다. 연설문을 구상하는 과정에서 해당 문제의 역사적 맥락을 고찰하고 이와 관련된 개인적 경험을 되짚어볼 기회를 얻게 된다. 자신의 주장을 뒷받침할 증거를 철저히 조사하고 믿을 만한 사람에게 조언을 구할 수도 있다.

연설 연습을 해보면서 자신의 메시지에서 진정성이 느껴지는지 확인해볼 수 있고 또 필요하다면 내용을 수정하고 가다듬을 기회도 생긴다. 카메라 앞에서 혹은 인터넷을 통해 온 세상 사람이 지켜보는 가운데 연설하는 장면을 상상해볼 수도 있다. 연설 후에 청중의 질문을 받는 것은 논리적으로 타당하고 또 그렇게 하는 것이 청중의 신뢰를 얻는 데 효과적이기는 하다. 그러나 타인의 참여를 이끌어낸다는 차원에서 보면 청중의 질문을 받는 것이 항상 적절한 것만은 아니다.

2 연설이 끝난 후, 질문을 받을 것인가 말 것인가

연설 직후 질문을 받을지 말지를 결정해야 할 때 고려해야 하는 것이 세 가지 있다. 연설의 내용, 청중의 규모, 청중의 지리적 분산도(지리적으로 퍼져 있는 정도) 등이 그것이다.

변화를 주장하는 연설을 처음 시도하는 것일 때는 대개 가치관이나 역사적 맥락에 대한 설명 위주로 청중에게 다가가기 때문에 메시지가 구체적이기보다는 추상적일 가능성이 더 크다. 이 경우 연설을 마치고 질문할 기회를 주면 연설자 자신은 물론이고 청중에게 실망감이나 좌절감을 안길 수 있고 연설을 통해 애써 불러일으킨 관심마저 사그라지게 할 수 있다. 또한 청중의 규모가 크거나 지리적으로 흩어져 있을 때는 현실적으로 질문을 받기가 쉽지 않다. 이런 상황에서 질의응답 시간을 가지려면 대표로 몇 사람의 질문을 받는 방법이 그나마 현실적이며, 시간적 제약 때문에 하고 싶은 질문을 하지 못한 다른 사람들이 불쾌감이나 불만감을 느끼지 않게 하는 것이 관건이다.

청중의 규모나 연설의 내용 때문에 질문 받기가 어려운 경우는 그리 흔치 않다. 그러므로 청중이 너무 많거나 추상적인 메시지를 처음 전달하는 경우가 아니라면 청중에게 연설자가 주장하는 내용에 동조하거나 반박할 기회를 줘야 한다. 청중이 커뮤니케이션 상황에 진지하게 몰입할 수 있어야 주인 의식이나 참여 의식이 강해질 것이다. 청중에게 질문이나 의견을 말할 기회를 주면 질문 당사자뿐 아니라 전체 청중과 공감대를 형성할 기회를 얻게 된다. 이러한 태도로 나오는 리더에 대해 사람들은 어떠한 기대감을 품게 된다. 질문에 대해 리더가 어떤 반응을 보이느냐에 따라 연설을 하는 동안에 생긴 리더에 대한 신뢰 혹은 리더에 대한 그동안의 신뢰가 아예 무너질 수도 혹은 더욱 공고해질 수도 있다. 특히 대답하기 곤란한 질문을 리더가 어떻게 처리하느냐가 그동안 구축한 신뢰를 지키느냐 마느냐를 결정하기도 한다. 질의응답 시간(연설 당시를 넘어 변화를 위해 노력하는 단계로까지 기간이 확장된다)을 성공적으로 마무리하면, 즉 질의응답이라는 시험대를 무사히 통과하면 청중은 리더를 전보다 더욱 신뢰하게 될 것이다. 그러나 그러려면 감성 지능을 십분 활용해야 한다.

3 진지한 자세로 청중들에게 의견을 구하라

팽팽한 긴장감 속에 신경전이 펼쳐지는 정치적 모임이나 집회에서라면 모를까 일반적인 상황에서는 연설자의 주장에 반대되는 의견이나 기타 질문을 던지기가 그리 쉽지는 않다. 연설자가 권위자라거나 한 조직의 리더라서 그 사람에게 밉보여 불이익을 당하지 않을까 걱정되는 상황이라면 더욱 그럴 것이다. 연설자가 변화를 주장하는 메시지를 처음 전달하는 자리이거나 변화를 위해 노력한 지 얼마 안 되는 시점에서 부정적인 입장을 드러내 쓸데없이 사람들의 입길에 오르내리길 원하는 사람은 없을 것이다. 그러므로 이런저런 이유로 침묵하는 청중의 입을 열어주는 것이 바로 리더의 역할이다.

그러나 연설을 마친 리더의 머릿속에 제일 먼저 '아, 청중의 의견을 들어봐야겠다!'는 생각이 떠오르는 경우는 별로 없을 것 같다. 그보다는 이런 생각이 먼저 떠오를 것이다. '아, 이제 끝났다. 제발 곤란한 질문은 하지 말았으면 좋겠다. 내 주장에 반대하는 사람이 있으면 어쩌지? 그냥 이대로 끝났으면 좋겠구먼. 똑같은 얘기를 또 하고 싶지는 않은데.'

사람들에게는 다른 사람의 의도를 알아채는 능력이 있다는 점을 기억하라. 꼭 말로 하지 않아도 그러한 의도가 결국은 드러나게 된다. 이보다 더 안 좋은 것은 대다수 리더가 질문을 받았을 때조차 웬만하면 불편한 상황은 피하려 한다는 사실이다. 화, 실망, 이견 등을 다스리기가 쉬울 리가 없다. 그래서 청중이 질문하거나 의견을 내놓을 때면 입 밖에 내놓은 '말'이 전부고 다른 뜻은 없다고 자신을 달래며 그 말 속에 숨은 '의도'는 애써 외면하려 한다. 이렇게 겉으로 내뱉는 말 속에 진짜 의도를 숨기는 식의 간접적 반대 의사에 대해서는 연설자가 그냥 외면하고 넘어가도 누가 뭐라고 할 사람은 없다. 다시 말해 리더가 이런 식의 간접적 반대 의견에까지 굳이 나서서 반응을 보이지 않아도 사람들이 별로 나무라지는 않는다.

연설자와 질문자 사이에 오가는 무언의 대화 속을 들여다보면 다음과 같은 그림이 그려진다. 요컨대 질문자는 연설자의 주장에 대해 직접적으로 반대하기보다 자신의 진짜 의도를 에둘러 표현한다. 이때 리더는 질문자의 의도를 간파했음에도 불편한 상황을 피하고자 그 부분을 애써 외면하는 것이다. 둘 사이에 이런 식의 암묵적 합의가 이루어지는 셈이다.

리더가 질문자의 숨은 의도를 간파하고도 모른 체하고, 이에 대해 질문자 역시 더는 묻지 않고 그냥 넘어가면 표면적으로는 이견이 없는 것처럼 보일 것이다. 그러나 이는 진정한 의미의 합의 혹은 의견 일치가 아니다. 이런 식의 찜찜한 합의 상태가 유지되는 한 진정성 있는 커뮤니케이션은 기대하기 어렵다. 질문자, 더 나아가 청중의 숨은 의도를 알아채고 이에 적절히 대응하는 리더라야 다른 사람의 신뢰와 존경을 받을 수 있다.

사람들이 억지로가 아니라 진정으로 동참하기 바란다면 이런저런 걱정의 사슬을 끊어 주어 마음 놓고 의견을 말할 수 있는 분위기를 조성해야 한다. 그런데 이런 분위기를 조성하려면 어떻게 해야 할까? 서로 입 밖에 내놓지 않는 말을 과감히 밖으로 드러내는 연습을 해 본다. 예를 들어, 청중 앞에서 연설해야 하는 상황이라고 가정하고 다음과 같이 말하는 모습을 머릿속에 그려보라.

"우리가 원하는 변화를 이루는 데 왜 이것이 가장 좋은 방법인지 지금까지 그 이유를 충분히 설명했다고 생각합니다. 물론 관련 문제가 산적해 있음도 잘 알고 있고 이런저런 걱정이 많을 줄 압니다. 고용 안정 부분은 걱정하지 않아도 되는지, 업무 시간이 달라지는 것은 아닌지, 이러한 변화가 개인 생활에 어떤 영향을 미칠지 등등 걱정스러운 부분이 한둘이 아닐 테지요. 그리고 내 생각에 동의하지 않는 사람들도 분명히 있을 것입니다. 조언도 충분히 들었고 심사숙고도 하는 등 내 딴에는 할 수 있는 한 전력을 다했다고 생각하지만 나 또한 사람인지라 실수가 없으리라 장담할 수는 없습니다. 내가 아직 생각하지 못한 부분이 있을 것이므로 전체 계획을 계속해서 가다듬어나가야 하고 또 그럴 생각입니다.

아직 세부 계획이 완성된 상태가 아니므로 여러분 모두의 도움이 절실합니다. 그런 의미에서 궁금한 사항이 있으면 이 자리에서 질문하거나 자신의 의견을 말해줬으면 합니다. 그래야만 혹시 있을지 모를 문제가 겉으로 드러날 수 있습니다. 여러분의 질문에 성심성의껏 답변할 준비가 돼 있습니다.

여러분 중에는 나와 다른 의견이나 불안감을 표현하는 것이 내게 대드는 것처럼 비칠까 봐 혹은 이 때문에 불이익을 당하지나 않을까 걱정하는 사람이 있을 것입니다. 그리고 이와 비슷한 상황에서 쓸데없이 나서서 자기 의견을 말했다가 정말로 불이익을 당하는 경우를 실제로 본 사람도 있을 것입니다. 그러나 우리에게는 무조건 따르는 것이 아닌 진정한 참여가 필요합니다. 그러니 주저하지 말고 궁금한 부분이 있으면 질문을 하고 또 다른 의견이 있으면 이야기해주기 바랍니다. 그래야만 우리 모두에게 도움이 되는 방향으로 나아갈 수 있습니다.

할 수만 있다면 지금 이 자리에서 질문이나 의견을 다 취합하면 좋겠지만, 그것이 여의치 않다면 다른 방법을 사용해도 좋습니다. 이 자리에서 말하기 곤란하다거나 혹은 나중에야 생각이 난다거나 여기서 말하기에는 시간이 좀 부족하다 싶으면 나중에 언제든 나를 찾아오십시오. 이메일을 이용하여 의견을 제시해도 좋습니다."

이상은 자신의 커뮤니케이션 가이드를 만들 때 사용했던 자기 성찰 과정과 흡사하다. 즉, 자신의 주장에 대한 청중의 저항을 인식하고 그러한 주장을 하게 된 개인적 동기와 약점을 드러내는 과정과 거의 같다. 이 과정은 신뢰를 구축하고 변연계 공명의 수준을 높이는 데 크게 도움이 된다. 처음에 이런 말을 하면 청중은 아마도 반신반의하는 반응을 나타낼 것이다. 그래도 계속 이런 태도를 유지하면 사람들의 마음이 점점 움직이기 시작할 것이다. 이러한 솔직한 태도가 타인의 동참을 유발하게 된다.

연설 직후이든 아니면 기타 상호 작용 상황에서든 사람들의 질문이나 의견에 적절히 대응하려면 무엇보다 높은 수준의 감성 지능이 필요하다.

질문에 어떻게 반응할 것인가 : 유형별 대응법

2장에서 설명했듯이 감성 지능의 본질은 인식, 공감, 조절, 반응의 과정으로 설명된다. 청중으로부터 다른 의견이나 질문을 받는 상황이 됐을 때 연설자에게서 감성 지능이 저절로 발동되기를 기대하기는 어렵다. 즉, 이러한 상황에서 감상 지능의 발현에 따라 연설자의 마음속에서 인식, 공감, 조절, 반응의 과정이 차근히 진행되리라 기대하는 것은 너무 순진한 발상이다.

실제로 연설자와 질문자 간의 대화는 어느새 반드시 이겨야 하는 싸움이 돼버리는 경우가 비일비재하다. 질문은 연설자 자신이 내건 대의명분을 거스르는 행동, 좀 더 솔직하게 표현하면 리더인 자신의 자아에 도전하는 행동으로 여겨진다. 이런 순간이 오면 자신이 대의를 주장하는 리더라는 사실을 망각하고 질문자의 공격에 맞서는 전사가 되어 자신의 열정과 권위, 정보력, 지위 등을 무기로 상대를 공격하기 시작한다. 할 말이 있으면 어디 해보라는 식의 위협적 언동을 하는데 감히 여기에 대항할 사람들이 있겠는가! 이럴 때 감성 지능이 높은 리더는 사람들을 배제하는 것이 아니라 포용함으로써 대립각을 세우기보다 상호 공감대를 형성하는 데 더 치중한다.

지금부터 연설 후 혹은 이보다 덜 공식적인 커뮤니케이션 상황에서 사람들의 질문이나 의견 제시에 적절히 대응하는 방법을 제시할 것이다. 이 과정은 커뮤니케이션 가이드를 작성할 때 항목별 질문 사항에 답했던 상황과 크게 다르지 않다.

1 청중의 질문과 질문 속 숨은 의도에 반응하는 방법

대다수 질문은 크게 두 가지 유형으로 구분된다. 하나는 말로 표현된 질문이고 또 하나는 말로 표현되지 않은 질문이다. 후자는 의견을 제시하거나 질문을 던질 때 사용하는 단어나 강조하는 부분을 통해 드러나는 질문자의 의도를 의미한다. 가장 먼저 할 일은 이 두 가지 유형의 질문이 동시에 나타날 때와 그렇지 않을 때를 구분하는 것이다. 두 번째로 할 일은 이 두 경우에 맞춰 적절하게 반응하는 것이다. 이렇게 하면 청중은 리더의 능력을 인정하고 리더를 더욱 신뢰하게 된다.

말로 표현된 질문은 글자 그대로 질문자가 사용하는 단어에 질문의 의도가 담겨 있다. 반면에 말로 표현되지 않는 질문은 질문자의 목소리나 어투, 몸짓, 태도 등을 통해서만 질문의 의도를 포착할 수 있다. 전자는 객관적인(표면적인) 질문 그 자체이고, 후자는 질문자의 숨은 의도라고 보면 된다. 표면적 질문과 질문자의 의도가 같을 수 있다. 그러나 질문자가 연설자의 의견에 동의하지 않을 때는 이 두 가지가 다르게 나타난다. 각 질문에는 질문자의 지식과 배경, 해당 문제와 관련한 맥락 등이 반영돼 있다. 질문자의 의도를 파악하여 여기에 적절히 반응하려면 모든 질문에 대해 지지하는 질문, 확인하는 질문, 반박 혹은 도전 등 크게 세 가지 범주로 나누어 생각하는 것이 좋다.

지지하는 질문은 질문의 형태를 띠고 있으나 실제로는 연설자의 주장에 힘을 실어주는 것을 말한다. 질문자는 연설자의 말에 공감(숨은 의도)을 표시하고 싶었던 것이고 증거나 사례를 추가로 제공함으로써 연설자가 주장하는 내용의 긍정적인 측면을 더 부각시키려는 것이다. 질문자가 추가로 내놓은 증거나 사례가 적절하다고 생각되면 연설자 자신도 이에 동의한다고 말하는 것으로 충분하다. 지지 유형의 질문은 이렇게 처리하면 된다.

더 정확하게 말해달라는 등 확인을 요청하는 질문 또한 다루기 어렵지 않으므로 크게 긴장할 필요가 없다. 말로 표현된 질문과 말로 표현되지 않은 질문이 동일하며 대체로 질문에 부정적인 감정이 섞여 있지 않다. 단지 연설자가 하는 말 중에 놓친 부분이나 좀 더 자세히 알고 싶은 부분이 있었던 것뿐이다.

이처럼 연설자의 주장을 지지하는 질문과 더 상세한 정보를 요구하는 질문에 대해서는 질문 사항 인정, 상세한 설명, 청중의 의견을 받아들이는 반응적 태도 등으로 충분히 처리할 수 있다. 이 세 가지는 모든 질문에 대한 가장 기본적 반응 요소다.

그러나 변화를 주장하는 연설에 대한 청중의 질문 가운데 지지 질문이나 확인 질문에 속하는 것은 그렇게 많지 않다. 대부분이 반박이나 반대 범주에 속한 질문이다. 문제는 이러한 질문은 지지나 확인의 탈을 쓰고 나타나는 일이 종종 있다는 것이다. 그리고 말로 표현된 질문과 말로 표현되지 않은 질문의 내용이 서로 다르다. 예를 들어, 다음 두 가지 말은 어떻게 표현하느냐에 따라 서로 다른 의미를 나타낼 수가 있다.

"뒷자리에 앉아서 그런지 말이 잘 들리질 않았습니다. 이 변화가 실현되면 첫해에만 400만 달러를 절감할 수 있다고 말한 거 맞지요?"

이 질문은 자신이 제대로 알아들었는지를 단순히 확인하는 차원의 질문일 수 있다. 그런가 하면 이 말은 "이 변화가 실현되면 첫해에만 400만 달러를 절감할 수 있다고 했나요? 저는 제가 잘못 들었나 싶었습니다. 그 수치가 정말 맞나요?"라고 말하는 것일 수도 있다. 그렇다면 이 말은 연설자의 주장에 동의하지 않는다는 의미다. 말로 분명히 표현한 것이든 아니면 말 속에 진짜 의도를 숨겨 말한 것이든 간에 이러한 유형의 질문은 지지나 확인 질문의 경우와는 다르게 대처해야 한다.

"업무 이전이 완료되면 모두 몇 명이 디트로이트로 가게 되는 겁니까?"

이러한 질문은 그냥 더 자세한 정보를 알고 싶어서 하는 것이다. 그런데 "업무 이전이 완료되면 대체 몇 명이 디트로이트로 가야 하는 겁니까?"라고 묻는 말에는 뭔가 다른 의미가 내포돼 있다. 이처럼 단어 배열의 순서나 강조하는 부분에 따라 질문자의 의도가 달라질 수 있다. 이런 유형의 질문을 할 때는 질문자 자신의 의도를 잘 드러내지 않으려 하는 것이 일반적이다. 그래서 말 자체는 무난해 보이지만 그 어투나 목소리에 빈정거림이 가득할 수 있다.

질문자가 팔짱을 낀 채 의자를 뒤로 쭉 빼고 앉아 있다고 하자. 이를 두고 연설자의 주장에 동의하지 않는다는 의미로 봐야 할까 아니면 그냥 추워서 그런 것이라고 해석해야 할까? 이럴 때 리더에게 필요한 것이 바로 관찰력과 감성 지능이다. 리더의 주장에 대한 반박과 도전은 위험 요소인 동시에 기회 요소이기도 하다. 이 반박을 기회 요소로 활용할 수 있으려면 고도의 인식 능력과 기술이 필요하다. 사실 이는 보디랭귀지 전문가라도 쉽지 않은 일이다. 가장 중요한 것은 질문자의 의도를 파악하는 일이다.

2장에서 설명한 바와 같이 이 분야의 전문가들도 그러한 신호를 놓치기 쉽다. 그러니 자신의 직관을 믿고 과감하게 물어보라. 아마도 대개는 그 판단이 옳을 것이다. 설사 그렇지 않더라도 질문을 받은 그 사람은 리더가 자신에게 보여준 관심과 민감한 반응을 꽤 인상적으로 느낄 것이다.

2 청중의 질문과 감정 예상해보기

가이드를 작성하는 과정에서, 변화의 필요성을 처음으로 제기할 때 사람들이 보일 논리적 및 감정적 저항을 예상해야 한다고 했던 부분이 기억날 것이다. 변화 메시지를 처음 접하는 사람들은 저항감을 보이기 쉽다는 점을 이해한다면 연설 후 청중이 어떤 질문을 할지 예상해보는 데 큰 도움이 된다. 청중의 질문 내용을 예상할 때는 질문 자체만 생각하지 말고 질문에 내포된 사람들의 감정까지 함께 고려해야 한다. 그 감정이야말로 그 사람이 하는 질문의 기본 토대가 됐을 가능성이 농후하다.

언젠가 한 대기업의 분기 실적 발표회에 참석한 적이 있었다. 고객(편의상 A라고 하자)과 함께 발표 준비를 하는 중에 A가 발표회에 참석할 사람 중에서 몇몇 사람에게 질문 사항을 물어봤다고 했다. 이 회사는 투하자본이익률Return on Invested Capital : ROIC을 기준으로 직원(임원 제외)의 상여금 규모를 책정한다고 한다. 이는 주주나 이사회에는 매우 중요한 지표겠지만 사실 일반 직원들에게는 치가 떨릴 만큼 끔찍한 수치일 수도 있다. 투하자본이익률은 이익과 투자 모두를 고려한 측정치이기 때문이다. 따라서 회사가 다른 기업을 인수하면 이것이 이익에 막대한 영향을 미친다. 임원이 아닌 일반 직원은 회사 인수와 같은 대규모 투자 계획에 대한 결정권도 없고 이러한 결정을 별로 달가워하지도 않는다.

그런데 이번 연도에 이 회사가 경쟁사를 인수했다. 당연히 당해 수익은 엄청나게 증가했음에도 워낙 막대한 자금이 투입됐던지라 투하자본이익률은 평균 수준을 한참 밑돌았다. 따라서 직원의 상여금 수준도 애초 기대했던 것의 50%밖에 안 됐다. 그런데도 임원들은 예상보다 훨씬 많은 상여금을 받게 됐다. 이번 발표회에서 분명히 이 문제가 거론될 것임을 누구나 알고 있었고 그래서 A는 차라리 이 문제를 공론화할 뜻을 비쳤다.

이 부분에서만큼은 A에게 박수를 쳐주고 싶었다.

그런데 미리 예상 질문을 만들어내며 준비했던 수고가 무색하게도 A가 분기 실적치를 발표한 직후 맨 앞줄에 앉았던 한 남자가 격앙된 목소리로 이렇게 질문했다.

"이번 분기에 실적이 그렇게 좋았는데 우리는 왜 상여금을 50%밖에 못 받는 겁니까?"

그러자 A는 곧바로 상여금 산정 방식을 열심히 설명했다. 물론 질문자가 이 설명에 만족할 리 없었고 그래서 곧바로 임원들 상여금은 왜 그리 많이 주느냐고 물고 늘어졌다(이번에도 A는 비교적 솔직하게 대답하려 하면서 산정 방식이 다르다는 부분을 설명하려 했다). 다들 짐작하듯 이 대화는 어느 쪽도 만족시키지 못한 채 찜찜하게 끝나고 말았다.

만약에 A가 감성 지능을 충분히 발휘하여 질문에 응했다면 어땠을까? A가 질문자의 감정을 헤아렸다면 이른바 '변연계 공명'을 통해 이 사람의 말에 공감할 수 있었을 테고 그랬다면 자신의 감정 조절을 통해 방어적 태도에서 벗어나 다음과 같이 반응할 수 있었을 것이다.

"화가 좀 나신 것 같은데 그런 마음이 충분히 이해가 됩니다. 회사가 올해 엄청난 수익을 올린 것은 사실입니다. 그런데 직원의 상여금은 투자이익률을 기준으로 책정되기 때문에 이번에 우리가 행한 대규모 인수가 단기적으로 이 수치에 부정적인 영향을 미쳤고, 그래서 상여금 수준이 현재와 같이 정해진 것입니다. 임원의 상여금은 이보다는 훨씬 광범위한 기준에 따라 정해지므로 이번 인수가 여기에 큰 영향을 미치지 않았습니다. 상황이 이렇다 해도 직원에게 불공평한 것 아니냐고 생각하는 것도 충분히 이해합니다. 그래도 이것 한 가지는 분명히 말할 수 있습니다. 이번 투자(인수) 결정이 옳았다면 장기적으로 회사 이익에 긍정적인 영향으로 미칠 것이고 따라서 직원 여러분의 상여금도 결국은 오를 것이라는 점입니다."

이런 식으로 반응했다면 적어도 발표자가 질문자의 마음을 헤아리고 있고 회사 임원들이 직원들의 관점을 충분히 이해했다는 점을 보여줄 수 있었을 것이다. 그리고 예를 들어 한 분기가 아니라 적어도 2, 3년의 투하자본이익률을 평균 내서 상여금의 산정 기준으로 삼는 것처럼, 기존의 불공평해 보이는 산정 방식을 좀 더 합리적인 방식으로 바꿀 방법은 없는지 같이 고민해보자고 했다면 금상첨화였을 것이다. 이러한 구체적 방안이 마련되지 않은 상황이라면 감성 지능을 활용하여 사람들의 감정을 헤아려주기라도 해야 한다. 그래야만 부정적인 분위기를 조금이라도 누그러뜨릴 수 있고 기존의 노사 간 신뢰 관계를 그나마 유지해나갈 수 있을 것이다.

질문하는 사람에게 관심을 표현하라

내 친한 친구이자 컨설턴트로 일하는 윌리엄 밀러William Miller가 텍사스 주에 있는 한 회사의 임원(편의상 B라고 하자)과 일할 때의 경험을 들려줬다. B는 독재자라는 평판을 얻을 만큼 독선적인 스타일이었으나 굉장히 똑똑하고 능력도 출중한 사람이었다. 밀러는 함께 작업하기 위한 준비 단계로서 다면적 검사 도구를 활용하여 부하직원들로부터 B에 대한 피드백 자료를 얻기로 했다. 피드백이 끝나기 전에 먼저 B에게 부하들이 자신을 어떻게 평가할 것 같으냐고 물었다고 한다. 그러자 이런 대답이 돌아왔다.

"물론 처음에는 내가 자신들의 말을 잘 안 듣는 사람이라고 말하겠지요.

그래도 잘 좀 생각해보라고 다시 물어보면 아마 내가 자신들이 하는 말을 다 알아들었다고 얘기할 겁니다."

그러면서 B는 부하직원들은 경청의 진정한 의미가 무엇인지 잘 모르는 사람들이며 두 번째 물어봤을 때 내가 자신들이 하는 말을 알아듣지 못한 적이 한 번도 없다고 답변하는 것은(물론 자신의 예상이지만) 자신이 유능한 상사라는 증거가 아니겠냐고 당당히 말했다.

B가 옳았다. 적어도 부하직원들의 반응이 어떠하리라 예측한 부분에 대해서만은 그렇다. 그러나 B는 진정한 경청은 정보가 아니라 공감 및 감화와 관련된 것이라는 점을 이해하지 못했다. 즉, 경청은 말의 내용을 알아듣느냐 아니냐의 문제가 아니라 말하는 사람에게 공감하는 능력이 있느냐의 문제다. '듣는 사람이 네가 하는 말을 알아들었니?'라고 말하는 것과 '듣는 사람이 네 말을 귀담아듣는 것 같아?'라는 질문은 엄연히 다른 것이다. 전자가 이성에 호소하는 것이라면, 후자는 감성에 호소하는 것이라 할 수 있다. 사람들은 오로지 정보나 자료에만 반응하고 사람의 감정 따위에 별로 신경을 쓰지 않는 사람은 신뢰하지 않는다. 감정적인 부분은 아랑곳하지 않는 리더, 자신이 하찮은 사람이라는 기분이 들게 하는 리더를 누가 신뢰하겠는가!

B는 질문에 반응하는 것과 질문한 사람에게 반응하는 것을 혼동하고 있었다. 사람과의 관계를 논할 때는 이 두 가지의 차이를 분명히 인식해야 한다. 물론 이 두 가지 중 어느 하나라도 소홀히 해서는 안 되지만 질문에 답하는 데에만 치중해서는 안 된다는 의미다. 특히 변화 행동에 동참하도록 사람들의 마음을 움직이려 할 때는 질문하는 '사람'에게 반응하는 것이 훨씬 효과적일 수 있다. 설사 질문에 대한 답변이 잘못된 것일지라도 질문자에 대한 반응이 제대로이면 크게 문제가 되지 않는다.

앞서 2장에서 공감에 관해 설명했었다. 타인을 이해하고 타인의 관점을 인정하는 태도야말로 신뢰 구축의 핵심 열쇠이며 신뢰가 구축돼 있지 않으면 참여 행동도 이끌어낼 수 없다. 청중에게 질문을 구하고 이에 적절히 반응하는 것도 이와 마찬가지다. 우리의 첫 번째 목표는 바로 신뢰 구축이다.

승부는 '전달'이 아닌 '경청'에서 판가름난다

메시지를 구상할 때처럼 질문에 어떻게 반응할지에 관한 기본 원칙을 정해 놓으면 방어적이고 비생산적인 커뮤니케이션이 될 우려는 그만큼 줄어든다. 방어적 태도는 신뢰를 떨어뜨린다. 리더가 질문자의 말에 동의해주고 질문자의 진짜 의도와 감정 모두를 헤아려준다면 사람들은 계속해서 리더를 신뢰할 것이고 따라서 생산적이고 효율적인 커뮤니케이션이 가능해진다. 타인의 의도에 진심으로 관심을 보인다면 그 사람들이 자신의 주장에 동의하고 더 나아가 변화 행동에 동참할 가능성이 훨씬 커진다. 경청 모형은 다음 5개 요소로 구성된다.

- 말로 표현된 질문과 말로 표현되지 않은 질문을 잘 듣고 여기에 응답하기
- 타인의 감정 이해하기
- 질문자의 의도에 공감하기
- 자신의 관점과 질문자의 관점 구분하기
- 반응적 태도를 보였는지 되돌아보기

청중의 말을 귀담아듣고 말로 표현된 질문이나 의견 안에 숨겨진 의도를 파악하는 것도 중요하지만, 이러한 질문이나 의견에 어떻게 반응하느냐도 중요하다. 즉, 청중과 교감하면서 자신이 사람들의 말을 귀담아듣고 있다는 점을 충분히 보여줄 수 있어야 한다. 질문자의 말뿐 아니라 질문에 담긴 의도, 우려, 맥락에 초점을 맞춰야 신뢰를 바탕으로 솔직하고 개방적인 대화의 분위기가 조성된다. 더 나아가 청중이 자신들의 고유한 경험을 바탕으로 더 좋은 아이디어를 제공할 수 있기 때문에 좀 더 혁신적인 방향으로 변화를 이끌어나갈 수 있고 더욱 효율적인 변화 계획을 수립할 수 있게 된다. 단, 청중의 의견에 귀를 열어놓되 애초의 변화 의지나 주장이 흔들려서는 안 된다. 변화를 위한 방법론에 대해서는 개방적 태도로 다양한 의견에 귀 기울이는 한편 비전을 실현하는 일에 주춤거려서는 안 된다.

뉴욕에서 있었던 마약 사용에 관한 토론회에서 기조 연설자가 마약 중독자 치료 부문에 연방 기금을 더 지원해야 한다는 취지의 발언을 했다. 연설이 끝나고 나서 한 질문자가 연설자의 기본 생각에는 동의한다고 하면서도 결국은 연방 정부가 마약 퇴치 정책을 폐지해야 한다는 주장을 펼쳤다. 그러면서 차라리 마약 사용을 합법화하는 것이 낫겠다고 결론을 내렸다. 이 어이없는 공격성 질문에 대해 연설자는 거의 본능적으로 이렇게 대응했다.

"마약 합법화는 마약 문제의 해결책이 될 수 없다고 생각합니다. 마약 합법화는 근시안적인 대책일뿐더러 수많은 사람을 오판의 함정에 빠뜨릴 수 있고 현재 마약 관련 폭력으로 사망하는 사람들보다 훨씬 많은 사람이 사망에 이를 수 있습니다."

연설자의 관점에서 보면 이 대답이 틀린 것은 아니다. 그러나 이러한 대답은 질문자와의 의견 차이만 확인하는 것일 뿐 진전되는 부분이 전혀 없다. 연설자가 기본적인 사항(문제에 대한 맥락)에 대해서는 질문자의 생각과 차이가 없다는 점을 분명히 밝힌 연후에 질문자의 현재 감정(분노와 실망)을 이해하고 입장의 차이(마약 합법화 대 치료)를 설명했다면 상호 존중의 분위기를 유지하면서 자신이 주장하는 바를 더욱 강조할 수 있었을 것이다. 예를 들자면 다음과 같이 반응하는 것이 더 바람직했을 것이다.

"우선 마약 치료에 대한 지원을 늘려야 한다는 내 주장에 동의해준 점 감사하게 생각합니다. 그런데 질문자는 마약 단속 노력과 이를 위해 연방이 지원하는 자금 규모에 불만이 있는 것 같군요. 질문자의 주장에는 마약 범죄로 많은 젊은이가 목숨을 잃는 현실에 대한 깊은 좌절감이 담겨 있다고 생각합니다. 나 역시 그러한 좌절감을 느끼고 있습니다.

마약 중독자 치료에 대한 지원 확대가 이미 마약에 중독된 사람에게는 도움이 된다는 부분에서는 의견이 일치하는 것 같습니다. 물론 국가가 적극적으로 치료 지원을 해주니까 마약을 소량 사용하는 것은 괜찮지 않을까 하는 생각으로 젊은 사람들이 새롭게 마약에 손을 댈 가능성이 있다는 점에서는 이러한 정책이 적절하지 않을 수 있다고 봅니다. 그동안 우리는 수요 억제 정책의 중요성은 인정하면서도 공급 측면의 마약 사용 억제 부분에 더 초점을 맞춰왔던 것이 사실입니다. 앞으로 수요와 공급 측면을 모두 고려한 균형적 마약 퇴치 정책을 시행한다면 지금보다 훨씬 나은 결과를 얻을 것입니다."

이러한 반응은 상호 간에 의견이 일치하는 부분을 일단 짚어주고 질문자의 감정 상태를 헤아리면서도 양 입장의 차이를 분명히 구분하고 있다. 여기서 말하고자 하는 핵심은 우선 공통되는 부분을 지적하고 그다음에 질문자의 의견 그리고 문제에 대한 질문자의 관심 부분을 이해하고 인정해주라는 것이다. 연설을 시작할 때 청중의 저항이 있을 수 있다는 부분을 인정하듯이 질문자의 입장과 의견을 이해해주는 이런 식의 반응은 연설자와 질문자 간의 교감 수준을 더욱 높여준다. 또 이는 그 자리에서 두 사람 간의 대화를 지켜본 다른 청중 그리고 나중에 이때의 상황을 듣게 된 다른 사람들의 만족도 또한 높이는 효과가 있다.

또 한 가지 사례를 들어 보겠다. 미국 남서부 지역의 한 소도시 회관에서 CEO와 임원 200여 명이 참석한 가운데 회의가 열렸다. 참석자들로부터 질문을 받기 전에 먼저 이 CEO는 이 회사의 장밋빛 미래 비전을 제시하는 한편 각자 맡은 부서에서 수익 증대와 비용 절감을 위해 노력해 달라고 당부했다. 이 회사는 주식회사였고 이전 주에 발표된 바로는 CEO의 연봉과 상여금 수준이 일곱 자릿수, 그러니까 수백만 달러에 달했다. 이 회사의 4/4분기 실적이 괜찮기는 했어도 엄청나게 좋았다고 할 수준은 아니었다.

현장 관리자 한 명이 질문에 나섰다. 그는 담담한 어조로 다음과 같이 물었다.

"음, 우리 부서에 없어서는 안 될 아주 소중한 직원 한 명이 있습니다. 아침에 일찍 출근해서 밤늦게까지 남아 일하고 고객 문제 해결을 위해 발벗고 나섭니다. 그리고 사무실 분위기를 항상 화기애애하게 만들어주는 우리 부서의 마스코트 같은 직원이지요. 그런데 이 직원은 직책상 스톡옵션을 받을 자격이 안 되더군요. 다들 알다시피 CEO께서는 저보다 훨씬 많은 돈을 받고 있지요."

이 관리자는 여기서 잠시 멈췄다가 다시 말을 이었다.

"예, 압니다. 그럴만한 자격이 충분히 있겠지요. 그런데 말입니다. 지금 소개한 제 직원 같은 사람들에게도 스톡옵션 기회를 줘야 하지 않을까요?"

컨설턴트 자격으로 그 자리에 참석한 나는 뒤쪽에 자리 잡고 앉아 가만히 질문에 귀 기울이고 있었다. 반면에 CEO는 청중의 시선을 한몸에 받으며 단상 중앙에 있는 의자에 앉아 있었다. 되도록 CEO로서의 체면을 구기지 않으면서 질문자의 물음에 설득력 있게 답변해야 하는 상황이었다. 말로 표현된 질문 사항은 물론 이것이었다.

"더 많은 직원이 스톡옵션 혜택을 받을 수 있도록 자격 기준을 좀 낮출 계획은 없나요?"

그러나 말로 표현되지 않은 사항은 CEO의 연봉이 지나치게 높은 것에 대한 불만이었다. 그리고 그러한 무언의 질문 속에 담긴 감정은 아마도 분노 혹은 노여움이었을 것이다. 그러므로 진짜로 하고 싶었던 질문은 이것이었을 것이다.

"일은 우리 같은 사람들이 다 하는데 당신은 뭘 했다고 그렇게 많은 돈을 받는 겁니까?"

거칠고 미성숙한 이러한 발언을 입 밖에 내지는 못하겠지만 사실 그 안에 있던 다른 사람들의 속내도 다 이와 같았을 것이다.

이 CEO는 말로 표현된 질문에 답하기 시작했다. 먼저 스톡옵션 정책의 역사를 짚어줬고 스톡옵션 말고도 직원이 회사 지분을 소유할 방법은 여러 가지가 있다는 점도 재차 강조했으며 고위 관리자에게만 스톡옵션 권리를 부여한 배경에 대해서도 설명했다. 답변을 마친 CEO는 질문자에게 궁금한 점이 해소됐느냐고 물었다. 그러자 질문자는 '그렇다'고 대답했고 이 상황은 그 정도에서 대충 정리가 됐다. 이 CEO는 대다수가 예상했던 바로 그대로의 답변을 내놓았다. 내용이 약간 더 충실했다는 것 외에 나로서는 별로 높은 점수를 줄 수 없는 그런 대답이었다.

나중에 이 CEO와 함께 당시 장면을 다시 검토하게 됐다. 그리고 이 질의응답 부분에 이르렀을 때 CEO에게 질문자가 하는 말에서 다른 것이 느

꺼지지는 않았느냐고 물었다. 질문자가 묻는 내용이 녹음된 부분을 들려주자 그는 당시 장면을 떠올리며 질문자의 말과 의도, 감정 같은 것도 물론 알 수 있었던 것 같다고 말했다. 그러나 생리학적으로 설명하자면 질문을 받는 순간 사고 영역이 아닌 감성 영역이 활성화되면서 본능적으로 자기 자신을 방어하고 합리화하는 반응이 나타났던 것이리라.

그래서 우리 두 사람은 이 본능적 반응과는 다른 '답안'을 한번 생각해봤다.

말로 표현된 질문 및 숨은 의도에 대한 반응

"질문자는 임원급 이상에게만 스톡옵션 기회를 주는 이유가 무엇이냐고 물었습니다. 그런데 그 말 속에서 임원과 일반 직원의 임금 격차에 대한 불만 같은 것이 느껴졌습니다. 내 느낌이 틀린 것이 아니라면 그 부분에 대해서도 설명하고 싶습니다."

말로 표현한 질문에 대한 반응

"먼저 스톡옵션에 관한 부분입니다. 오랫동안 지켜봐 온 결과 직원들은 스톡옵션을 그냥 일종의 보수 정도로 취급한다는 사실을 알게 됐습니다. 그래서 스톡옵션을 받으면 바로 팔아버리는 사람이 대다수였지요. 그 유형을 불문하고 직원에게 자사주 소유 기회를 제공하는 정책은 직원의 이익을 회사의 이익과 직접적으로 결부시켜 직원이 주인 의식을 가지고 더 열심히 일하게 하려는 데 그 목적이 있습니다. 그런데 이러한 목적은 퇴직 연금 401(k)에서 주식을 매입할 수 있게 한 것으로 충분히 달성됩니다. 직원들은 누구나 이러한 자사주 매입 프로그램을 통해 할인된 가격으로 주식을 살 수 있으며 주식 보유 기간에도 제

한이 없습니다. 이에 관해서는 이 정도로 질문자의 궁금증이 다소 해소됐기를 바랍니다."

말로 표현하지 않은 질문에 대한 반응
"이제 임원들의 보수라는 좀 더 미묘한 문제로 들어가 보겠습니다. 그러기에 앞서 이런 부분을 생각할 정도로 회사를 아끼고 걱정해주는 모든 사람에게 감사를 표하고 싶고 이런 문제를 제기해준 질문자의 용기에도 진심으로 경의를 표하는 바입니다. 질문자는 각 부서에서 고객과 직접 대면하며 매일 열심히 일하는 직원들이야말로 우리 회사를 이끌어가는 기둥 같은 존재라고 했습니다. 백 번 천 번 지당한 말이며 우리 임원들도 충분히 알고 있습니다. 일선 직원들에게 매우 감사할 따름입니다."

각 입장 설명
"임원의 보수 체계에 관한 부분은 이제 공론화된 문제이기도 하려니와 이왕 말이 나온 김에 이 문제를 좀 더 직접적으로 거론하고자 합니다. 여러분과 마찬가지로 나 역시 이 문제에 관심이 많으며 우리 회사는 가장 효율적인 보수 체계를 유지하고 있다고 믿습니다.

여러분도 알다시피 임원의 보수는 이사회, 특히 사외 이사위원회에서 결정합니다. 가능한 한 비리나 부정 요소가 개입되지 않게 하고 단기적 주가 변동보다는 장기적 성과를 바탕으로 보수를 책정하는 체계를 취하고 있습니다. 따라서 임원 보수 책정의 핵심 기준은 장기적 성과이며, 연 단위의 단기적 실적도 고려는 하지만 보수 결정에서 이 부분이 차지하는 비중은 아주 미미합니다. 이는 현재의 우리 회사에 적합한 책정 기준이라고 생각합니다."

최종 점검

"우리 회사의 보수책정위원회 역시 우리가 근시안적인 보수 기준에 따라 보수를 너무 적게 책정하여 유능한 임원급 직원들이 경쟁사로 눈을 돌리는 일이 없도록 합리적 수준의 보수를 정하려 한 것으로 알고 있습니다. 지금까지의 모든 절차와 기준이 합리적이라고 생각하지만, 더 나은 방향으로 개선해나갈 여지가 얼마든지 있으므로 궁금한 사항이나 제안 사항이 있으면 언제든 의견을 제시하기 바랍니다.

오늘 나는 우리 모두 수익 증대와 비용 절감을 위해 노력해야 한다고 말씀드렸습니다. 이러한 노력은 성장 동력 구축을 위한 내년의 장기 투자 계획과 맥을 같이합니다. 우리가 추진한 5개년 계획이 마무리되면 지금까지의 노력이 마침내 결실을 볼 것이라 확신하며 이것이 우리 모두에게 더 큰 기회가 되리라 장담합니다. 이상의 설명이 질문자의 궁금증에 대한 적절한 답이 됐기를 바라며, 이 문제를 제기해 준 점에 대해 다시 한 번 감사의 마음을 전하는 바입니다."

일이 이미 발생한 다음에 되돌아보면서 작성해보는 '답안'이라 특별히 어려울 것은 없었다. 물론 새로 만든 이 답안을 질문자에게 다시 보여주거나 한 것은 아니었다. 그러나 이렇게 가상 답변서를 써보는 것은, 이 CEO가 다음에 이와 비슷한 상황에 놓였을 때 좀 더 진정성 있게 반응할 수 있게 하는 일종의 훈련 과정이었다. 커뮤니케이션 가이드를 작성하는 것과 같은 좀 더 여유로운 작업과는 달리 연설 직후의 질의응답에는 상당한 집중력과 순발력이 필요하다. 이러한 식으로 질문에 답하는 연습을 계속해보는 것이 나중에 이러한 질문에 대해 좀 더 효율적으로 반응하는 데 큰 도움이 된다.

겉으로 명확히 드러나든 모호하게 숨겨진 것이든 간에 연설자의 주장에 대한 반박이나 도전 자체가 타인의 참여를 유발하는 기회가 될 수도 있다. 자기 자신과 타인의 정서적 반응을 좀 더 주의 깊게 그리고 좀 더 직관적으로 감지하고(그리고 관찰하고) 자신이 듣고 본 것을 과감히 인정할 줄 아는 용기를 갖춘다면 상호 신뢰 속에 솔직하게 대화할 수 있는 분위기를 만들어낼 수 있다.

앞서 설명한 경청의 5가지 요소를 활용하면 연설자와 청중 간에 더욱 진지하고 분명한 그리고 더욱 솔직한 관계를 구축할 수 있다. 이러한 분위기 속에, 이러한 관계가 구축된다면 입에 발린 말이나 의례적인 반응이 아닌 진정한 참여 행동을 유발할 수 있다. 효율적 메시지를 구성하는 데도 적절한 절차를 밟아야 하듯이 진정성 있게 반응하고 싶다면 경청의 5가지 요소를 충실히 활용해야 한다. 경청의 기본 요소를 충족시키는 연습을 통해 더 사려 깊고 덜 방어적이며 타인에 대한 반응성이 높은 그런 리더로 거듭날 수 있다.

일상 속의 리더십 커뮤니케이션에 대비하라

사람들에게 중요한 변화의 메시지를 전달한다고 하면 대개 연설이나 공식 발표 등을 제일 먼저 떠올리게 된다. 그러나 리더십은 좀 더 비공식적인 즉흥적 대화 장면에서 더 빈번히 발휘된다. 회의실이나 사무실, 휴게실 등에서 이루어지는 일대일 대화라든가 소규모 회합 등이 여기에 해당한다. 유능한 리더가 되려면 공식 및 비공식을 가리지 않고 언제 어떤 장면에서든 자신이 주장하는 바를 펼칠 수 있는 준비가 돼 있어야 한다.

모든 커뮤니케이션은 자신의 가이드를 구성하는 핵심적 생각과 원칙을 바탕으로 이루어져야 한다. 공식적 연설이든 일상적 대화이든 자신이 누구인지 또 자신이 중요하게 생각하는 것이 무엇인지에 관한 부분은 변하지 않는다. 물론 상황이나 장면에 따라 자신을 드러내기가 더 쉬울 때도 혹은 더 어려울 때도 있으며 더구나 비공식적인 대화와 토론은 거의 실시간으로 이루어지기는 하지만 말이다. 그것이 지지의 성격이든 반박의 성격이든 간에, 연설 후 청중의 질문을 받는 상황이 되면 방어적 자세를 취하고 자신은 되도록 드러내지 않으려 하면서 주장만 더욱 강조하게 되는 것이 인지상정이다. 그러나 안타깝게도 이러한 태도는 솔직하게 마음을 터놓고 대화할 수 있는 분위기를 조성하는 데 걸림돌이 된다.

변화 행동에 대한 지지를 얻으려면 자신이 주장하는 바를 진심을 담아 명확하게 밝히는 것이 중요하다. 그러나 이보다 훨씬 중요한 것은 반대 의견을 포함하여 사람들이 자신의 생각이나 감정을 마음 놓고 털어놓을 수 있는 환경을 만드는 일이다. 어떤 상황에서든 진정성 있는 자세를 유지하여 타인의 신뢰를 얻고 이들의 참여를 이끌어내려면 끊임없는 훈련과 노력이 필요하다.

진정한 리더라면 반사적인 반응 수준에서 벗어나 타인의 생각과 감정에 공감하는 능력이 있어야 한다. 물론 이것이 늘 쉬운 것은 아니다. 아니, 더 정확하게 말하면 쉬운 경우가 거의 없다. 그러나 리더가 되려면 이러한 능력이 반드시 필요하다. 이러한 능력은 공식적 발표 상황에서보다 비공식적 상황에서 더욱 진가가 발휘된다. 변화를 주장하는 리더로서 청중의 질문에 응하고 적극적인 커뮤니케이션을 주도하는 것은 너무도 당연한 일이다. 따라서 어떤 상황, 어떤 장면에서든 커뮤니케이션에 임할 준비가 돼 있어야 한다. 평소에 훈련과 연습이 필요하고 적절한 원칙과 행동 모형 또한 필요하다.

　대다수 리더의 경우 이러한 상황 요소를 잘 인식하여 그에 걸맞게 행동하는 데 별문제가 없다. 이보다는 감정적 혹은 이성적으로 변화에 반대하는 사람들과 비공식적으로 소통해야 하는 상황이 문제가 될 수 있다. 아무리 준비된 리더라도 이런 상황은 곤혹스러울 수밖에 없다. 리더 자신이 전혀 예상치 못하고 다른 생각만 하고 있다가 불시에 이런 도전 상황에 직면할 때가 종종 있다. 이럴 때는 상대의 의견에 공감하는 이른바 감응적 반응보다 본능에 가까운 반사적 반응이 나올 가능성이 크기 때문에 문제가 심각해지는 것이다. 그래서 이러한 즉흥적, 돌발적, 비공식적 장면에서는 특히나 높은 수준의 인식 능력이 요구된다. 이러한 상황에서는 심호흡을 통해 원초적 반응을 자제할 필요가 있다.

업무 평가 및 피드백 : 직접 커뮤니케이션의 방법

리더는 질문에 답하는 식으로 청중과 대화를 시도하는 외에, 적극적인 커뮤니케이션에 나서서 변화의 필요성을 재차 강조하고 동참을 호소하며 피드백을 요청하고 진행 과정을 평가하는 등의 작업을 계속해야 한다. 그리고 이러한 유형의 커뮤니케이션은 직접적으로 이루어져야 한다. 이때 해야 할 일 가운데 가장 어려운 것이 다른 사람의 업무 성과를 평가하는 일이다. 사실, 이는 객관적인 평가를 하면서도 상대의 감정적인 부분까지 헤아려야 하기 때문에 여간 까다로운 작업이 아니다.

　리더의 핵심 역할 중의 하나가 타인의 업무 성과를 평가하고 개선점을 지도하는 일이다. 모든 기업이 다 시행하는 공식적 연말 인사고과 외에

평상시에도 정기적으로 직원들의 업무 행동을 관찰하고 필요한 피드백을 해줘야 한다. 각 개인에게 업무 수행 수준을 알려주고 변화가 필요할 때 조언을 해주는 일은 쉬운 일이 아니며 이러한 과제를 효율적으로 수행하려면 상당 수준의 대인 관계 기술이 필요하다. 중요한 변화가 진행 중일 때는 특히 더 그렇다. 대체로 사람들은 행동을 망설이거나 미적거리는 경향이 있어서 리더가 계속해서 채근해줘야 할 필요가 있기 때문이다.

리더가 가장 곤란해 하는 일이 직원의 업무 성적을 평가하는 것이다. 급속한 변화가 진행되는 시기에는 이 과제를 특히 부담스러워한다. 평소 인간관계는 접어두고 객관적 평가를 통해 사실을 말해야 하기 때문이다. 사실 직원의 발전을 위한다는 이유로 평소에 잘 지내왔던 사람의 업무 성적을 평가하고 그 결과를 알려주는 일을 껄끄러워하지 않을 사람이 있겠는가! 당연한 말이지만 이 일을 하고 싶어 하는 사람은 별로 없다. 기업은 정해진 시간 내에 업무 평가를 완료하려 하고 웬만하면 좋은 점수를 주려고 한다. 그래서 평점 D를 받은 사람보다 평점 A를 받은 사람이 훨씬 많아진다. 여기서 평점 D는 전체적인 업무 수행 정도가 기준 이하라서 '개선이 필요한 수준'을 의미하고, 평점 A는 '기준을 훨씬 뛰어넘는 수준'이라고 보면 된다.

이렇게 좋은 평점을 남발한 결과 뭔가 개선 조치가 필요할 정도로 직원의 업무 수행 수준이 떨어지거나 업무 성과가 가장 저조한 사람들을 해고해야 할 시점에 됐을 때, 리더도 해당 직원도 마음의 준비도 하지 못한 채 '날벼락'을 맞는 상황에 직면한다. 업무 능력이 떨어지는 사람도 자신의 진짜 실력에 관한 '진실'을 듣지 못했기 때문에 평소에는 그냥 '잘했어, 잘했어' 소리만 계속 듣다가 결국에는 '잘…가!'라는 말과 함께 난데없이 해고당하고 만다. 이렇게 사실은 말하지 않고 '잘했어'라고만 하는 것은 교육계의 자동 진급(성적과 관계없이 자동으로 학년이 올라가는 것 —옮긴이 주)과 같은 것이다. 자동 진급이 모두에게 결코 득이 되지 않듯이 이 또한 전체 조직 구성원에게 악영향을 미칠 뿐이다. 직원들에게 정확한 피드백을 주지 않는 것은 스스로 발전할 기회를 박탈하는 일일 수 있다. 해고된 직원에게 미리 진실을 알려 줬으면 열심히 노력해서 업무 능력을 향상시켰을지도 모를 일이다. 이러한 측면에서 보면 리더는 직원의 성장과 발달을 도모해야 할 책임을 회피한 것이다. 그리고 남은 사람들도 해고된 동료 직원이 부당한 대우를 받았다고 느끼게 된다(사실 그렇다!). 그리고 자신이 높게 받은 그 평점이 과연 진실일지에 대해 의구심이 생기기 시작한다. 그러면서 혹시 다음에는 자신이 해고되는 것은 아닐까 걱정하게 된다.

그렇다면 업무 평가는 어떤 식으로 이루어져야 할까? 어느 리더가 자신의 부하직원과 업무 능력 평가에 대하여 면담하는 장면을 사례로 들어 보겠다.

이 커뮤니케이션의 목적과 바람직한 변화

"업무 평가는 우리가 정기적으로 시행하는 일상적인 절차이지만 만만한 일은 아니에요. 그래도 이 절차의 목적이 무엇인지를 머릿속에 새겨 두면 한결 도움이 되죠. 우리가 지금 이 자리에 함께한 이유는 당신의 업무 능력에 대해 솔직하게 이야기하면서 앞으로 부족한 부분을 고치고 능력을 향상시키는 데 도움을 주기 위해서입니다."

감정 이해, 취약점 인정, 직원의 입장(비판)**과 리더의 입장**(지지) **구분,
공통점 지적**(성장에 대한 의지)

"당신이 긴장한다고 해도 놀랍지는 않습니다. 당연히 신경 쓰이고 거북

한 일이니까요. 남한테 평가받는 일이 기분 좋을 리 없어요. 사실 나도 예전에는 이 일을 좋아하지 않았습니다. 그런데 이 일이 그저 성가신 일만이 아니라 직원들의 성장과 발전을 돕는 일이라는 것을 차츰 깨닫게 되면서 업무 능력 평가에 대한 내 생각이 많이 달라졌습니다. 업무 능력에 대한 비판적 지적은 건설적인 비판일뿐, 직원에게 상처를 주거나 인신공격을 하려는 것이 아니라는 생각이 강해졌거든요. 이번 면담이 당신의 업무 수행에 대한 내 개인적 의견을 전달하는 선에서 그치지 않고 당신이 앞으로 더 성장하는 기회가 되기를 바랍니다."

평가의 기본 틀 수립, 타인의 생각을 물어보기(공감)

"일단은 과거 상황을 간략히 검토해보고 작년에 세웠던 계획과 성과 기대치부터 살펴보도록 할까요. 계획을 어느 정도나 실현했는지 기대치는 얼마나 달성했는지를 짚어보고 나서 앞으로 무엇을 어떻게 할지 검토해보기로 하죠. 그리고 우리가 세운 미래 계획을 실현하는 일에 매진하도록 합시다. 어떻게 생각하나요?"

리더는 업무 능력 평가의 목적을 분명히 밝히고, 이 절차에 대한 저항감을 이해하고, 개인적 동기를 이야기함으로써 양자 간의 신뢰감을 조성한다. 그다음에는 주요 평가 대상인 과거와 현재의 '이야기'를 두 사람이 함께 검토하자고 제안하고 미래 비전을 공유하며 상호 발전을 위해 노력하자고 제의한다. 이런 식으로 리더가 자신의 감정을 잘 조절하면서 대화를 주도해나갈 수 있다면 이 면담은 서로에게 긍정적인 결과를 안겨줄 것이다.

이메일을 통한 메시지 전달 : 간접 커뮤니케이션의 방법

공식적 평가 절차는 별도로 하고, 거의 모든 리더십 커뮤니케이션이 전자 매체를 이용하여 간접적으로 이루어질 수 있다. 그러나 이는 메시지를 받는 사람들이 평소에 리더에 대해 잘 알고 있고 리더를 신뢰하고 있어야 가능한 일이다. 에드워드 할로웰Edward Hallowell은 〈하버드 비즈니스 리뷰〉에 게재한 글에서 다음과 같이 경고했다.

"현대 사회에서는 사람들 간의 직접적 접촉이 점점 사라지고 있다. 이제 이러한 인간적(직접적) 소통의 부재가 얼마나 큰 파괴력을 지녔는지 실감할 날이 머지않은 것 같다."

리더가 개인적 경험을 털어놓을 때 뭔가 미진하고 모호한 부분이 있을 수 있다. 그런데 구성원 입장에서 이전에 리더와 직접 대면할 기회가 있었다면 이러한 모호한 부분이 얼마든지 메워질 수 있다. 메시지의 유형을 불문하고 가장 중요한 요소는 자기 자신을 직접 보여주는 것이다. 타인의 마음을 움직이는 것은 '정보'가 아니라 '감화' 능력이라는 점을 상기하라. 이전에 직접 대면한 적이 있었던 사람들에게는 이메일이나 문자로 메시지를 전달해도 상관이 없다. 그러나 이와 같은 사전 교류가 없는 상태에서 전자 매체를 이용하면 최악의 시나리오가 나올 가능성도 있다.

변화가 진행될 때 사람들은 끊임없이 자문하게 된다. '우리는 왜 이 일을 하는가?' '내 역할은 무엇인가?' '내가 이곳에 계속 있을 수 있을까?' '리더가 이 과정을 잘 지휘하고 있는가?' 등등. 그러므로 변화가 한창 진행 중일 때는 특히 적극적인 메시지를 전달하는 일이 매우 중요하다. 모든 불확실성은 리더의 메시지를 통해 해소될 수 있지만, 이는 정보 하나만으로 가능한 일은 아니다. 사람들의 마음을 움직여 변화에 동참하게 하려면 이성에 호소하는 설명보다는 감정적인 부분을 헤아리는 것이 더 효과적이다.

리더는 변화 과정에서 이루어지는 모든 커뮤니케이션에서 또 심지어 전자 매체를 통한 적극적 변화 커뮤니케이션 상황에서도 리더의 관점을 계속 유지할 수 있어야 한다. 《사랑을 위한 과학GENERAL THEORY OF LOVE》의 공저자 토머스 루이스Thomas Lewis는 사사로운 정이 느껴지지 않는 직접 대면보다 차라리 정성 들여 쓴 편지나 이메일이 공감대를 형성하는 데 훨씬 효과적이라고 주장한다. 사람들이 개인적으로 리더를 잘 알고 있을수록, 리더가 전하는 메시지에 허술한 부분이나 빠진 부분이 있어도 이들이 다 알아서 이해한다. 새로 들어온 인사부장이 업무 능력에 관한 이야기 좀 해보자고 하는 것과 5년 동안 모셨던 상사가 이와 똑같은 말을 하는 상황을 생각해보면 금방 답이 나올 것이다. 전자의 상황에서는 일단 화가 날 것이고, 후자일 때는 통상적인 절차라는 생각에 그다지 긴장되거나 하지는 않을 것이다. 40여 년 동안 함께 산 부부는 굳이 말로 표현하지 않아도 서로 잘 이해한다. 그런데 법정에 선 변호사는 해당 사건에 대해 하나부터 열까지 일일이 설명해야 한다. 오래 산 부부간의 커뮤니케이션 상황에서는 굳이 맥락 정보가 필요치 않으나 법정에서의 커뮤니케이션 장면에서는 상당 수준의 맥락 정보가 필요한 법이다.

로스 도브Poss Dove는 캘리포니아에 소재한 도브비드DoveBid의 창업자이자 CEO다. 도브비드는 폐기된 산업 자산을 모아서 경매 처리하는 일을 전문으로 하는 회사로 세계 곳곳에 지사를 두고 있다. 도브는 매우 열정적이고 사려 깊은 리더로서 커뮤나케이션에도 매우 능하다. 창업 초기에는 1년에 두 번 정도는 전 세계를 누비고 다니며 700명이 넘는 직원들을 만났다. 그리고 분기마다 한 번씩 '회장의 편지'를 작성하여 이메일을 통해 전 직원에게 발송했다. 이 편지를 매일 혹은 일주일에 한 번씩 써서 보낸다면 아무도 읽으려 하지 않을 것이다. 그러나 분기에 한 번씩 보내다 보니 모든 직원이 은근히 이 편지를 기다리게 됐다. 아래는 도브의 편지를 발췌한 것이다. 각 내용에서 두드러진 주요 요소에 주목하면서 읽어보기 바란다.

8월 중순에 쓰는 회장의 편지… 음! 나는 이제 막 휴가에서 돌아왔습니다. 여러분 모두 멋진 여름을 보내고 있기를 그리고 즐거운 휴가를 보냈기를 바랍니다. 여러분과 마찬가지로 나도 3일 내내 전화도 받지 않고 이메일도 확인하지 않으면서 지냈더니 '그동안 많이 지쳐 있었구나', '충전이 많이 필요했구나' 하는 생각이 새삼 들었습니다. 그런데 7일째 되니 온몸이 근질근질하더군요. 세상에서 이보다 더 재미있는 일은 없다고 생각하기 때문에, 좀 쉬었다 싶더니 이내 일하고 싶어서 좀이 쑤셨답니다.

이런 편지를 10여 통쯤 보내고 난 후, 이번에는 '비전 2010'이란 기치 아래 열심히 달렸던 직원들에게 잠시 숨 고르기 할 기회를 줄 겸 '누트 로크네(Knute Rockne, 1920년대 유명한 미식축구 코치로서 선수들에게 동기를 부여하는 감동적인 연설을 잘했다고 함 ─옮긴이 주)' 흉내를 좀 내서 '격려' 연설을 해볼까 생각했었습니다. 그런데 연설을 준비하면서 나 자신을 되돌아보는 동안 생각이 좀 달라졌습니다. 모두 잠시 숨을 돌리면서 그동안 우리가 함께 이룬 일들을 되짚어보자고 말하고 싶어진 겁니다. 지금 우리 회사는 직원 모두가 서로 친구이고 동업자인 곳이 됐습니다. 열여덟 살 된 내 딸 아이가 제 친구들에게 '걱정하지 마, 내가 곁에 있어줄게!'라고 말할 때와 똑같은 기분을 모두가 느끼기 시작하지 않았을까 생각합니다. 이제 우리는 서로 믿고 의지하며 우리가 하는 일과 미래 비전에 충실할 수 있습니다. 또 우리의 성공은 모두가 제각기 맡은 임무를 충실히 수행하고 동료와 좋은 관계를 유지하는 데서 비롯된다는 사실을 충분히 알고 있습니다.

물론 앞으로 해야 할 가장 어려운 과제는 이러한 조직 문화의 기준을 좀 더 높이고 이 기준에 맞춰 생활하는 일입니다. 개인적으로 내게 가장 큰 일은 직원이 700명이나 될 정도로 회사가 커지다 보니 좋은 말이든 나쁜 말이든 내 귀에 들어오는 이야기가 점점 많아진다는 점입니다. 우리가 성장할수록 성공하는 거래도 많아지지만, 실패하는 거래도 그만큼 많아집니다. 또 우리가 성장할수록 지지와 칭찬도 많아지지만, 그만큼 비판도 많아집니다. 내가 들었던 비판의 말 중에 가장 흥미로웠던 건 도브비드는 내부 경쟁이 너무 치열하다는 말이었습니다. 나는 영업 사원들이 경쟁사보다 사내 직원들과의 경쟁에 더 치중한다는 이야기를 많이 들었습니다. 승진을 위해 부서 간 경쟁이 벌어지는 것도 사실이고 이러한 상황이 사내 긴장을 고조시켰다고 생각하는 사람도 있었습니다. 아주 좋은 지적이라고 생각하며 이 문제 해결을 위해 여러분의 도움이 필요합니다.

간단히 말하죠. 고객이 성공할 때 우리도 성공하는 것이고, 고객이 도브비드에서 원하는 것을 얻을 때 우리가 성공하는 것입니다. 우리는 각기 다른 기술을 보유하고 있으므로 함께 힘을 모으면 더 큰 효과를 낼 수 있습니다. 어느 기업이든 다 마찬가지겠지만 사실 '협력'을 꾀하는 일은 규칙만으로 해결할 수 있는 문제가 아닙니다. 이 문제는 황금률로 해결해야만 합니다. 공정성은 공정해지려는 끊임없는 노력에서 비롯된다는 믿음에 따라 모두가 협력한다면 사업적으로도 올바른 판단이 가능해질 것입니다. 다들 알다시피 가장 뛰어난 선수는 승리만이 아니라 패배에도 감사하며 항상 최대한의 노력을 다합니다. 우리 모두 이 문제를 해결해야 하며 이메일만으로는 일이 해결되지 않는다는 것도 알고 있습니다. 그래서 두 가지 방문 계획을 세우고 있는데, 하나는 지사들을 방문하는 것이고 또 하나는 전 세계에 있는 직원 한 사람 한 사람을 다 찾아가려고 합니다.

도브는 '저항'이 있을 수 있다는 부분을 인정하고 들어간다. 그런 다음 자신의 동기를 알린다. 즉, 감사의 편지를 쓰고 싶었다고 밝힌 것이다. 그는 경쟁의 문제를 거론하고 이와 비슷한 사례를 이야기하며(여기서는 생략했다) 나름의 해결책을 제시한다. 그리고 직원들의 도움을 구하는 한편 자신도 열심히 노력하겠다고 약속한다.

도브는 전 세계를 돌아다니면서 모든 직원에게 자신을 알렸기 때문에 직원들은 회장인 도브의 이메일 편지를 마치 고향에서 온 편지처럼 반가워하며 기다리게 됐다. 직원들은 도브를 잘 알았다. 또 그의 의도가 무엇인지도 잘 알았고 그것을 충분히 이해했다. 도브는 평소에 자기 자신을 직원들 앞에 드러냈기 때문에 이메일을 통한 방식으로도 충분히 직원들의 신뢰와 관심을 얻을 수 있었다. 이 회사 직원들은 도브가 설사 깜빡하고 밝히지 않아도 그의 의도를 잘 알았다. 평소에 그가 자주 깜빡깜빡한다는 것을 직원들이 이미 알고 있었기 때문이다. 이는 도브가 자기 자신을 드러내는 노력을 하지 않았다면 불가능했을 일이었다.

다음은 포천지 선정 500대 CEO 중의 한 사람이 개인적으로 구조조정의 필요성을 언급한 이후에 직원들에게 보낸 이메일이다.

> 극도로 어려운 현재의 기업 환경에서 우리가 성공하려면 구조조정이 불가피하며 이제 그 이후의 단계를 논하고자 합니다. 어제 여러분 모두에게 이에 관해 이야기했으나 그 가운데 몇 가지를 재차 강조하고자 합니다.
>
> 첫째, 고객의 니즈가 변하고 있고 고객에게 최상의 제품과 서비스를 제공한다는 회사의 오랜 전통을 이어나간다는 차원에서 이번 구조조정은 반드시 필요합니다. 업계의 방향 전환을 주도하는 선도자로서 우리는 고객과 주주 그리고 여러분 모두에게 장기적 성공에 대한 확신을 심어줄 필요가 있습니다.
>
> 물론 쉬운 일은 아닙니다. 때로는 우리가 전하는 메시지가 모순적이라고 느껴질 수도 있겠죠. 우리가 오락가락하는 것처럼 보일지도 모릅니다. 어떤 의미에서 보면 전혀 틀린 말도 아닙니다. 우리가 새로운 생산력과 제품으로 시장점유율을 늘려가는 외중에 또 한편으로는 과거에 구축했던 과잉 시설을 청산하여 더 나은 미래를 준비해야 한다고 주장하니 말입니다.

이 CEO는 우선은 자신이 개인적으로 했던 말을 다시 강조했고 저항감이 있으리라는 부분을 인정했다. 또 확장과 축소를 동시에 추진한다는 차원에서 이 메시지가 모순적으로 보일 수 있다는 점도 지적했다. 이 CEO는 이 문제를 먼저 개인적으로 언급했었기 때문에 이메일을 통해서도 자신이 주장하는 바를 재차 강조할 수 있었다.

이상의 두 이메일 메시지에 내포된 원칙은 또 다른 간접적 커뮤니케이션 장면에도 그대로 적용할 수 있다. 청중이 모든 것을 알고 받아들인다고 가정하지 말고 이들이 모르는 것 혹은 기억하지 못하는 것이 무엇인지 세심하게 되짚어 보라. 그리고 자신의 동기를 밝혔는지도 확인하라(되풀이해서 말하는 한이 있더라도).

전자 매체(음성 메일, 이메일, 웹상의 모임, 비디오, 원격 화상 회의, 기타)를 이용하여 변화의 메시지를 전달할 수는 있다. 그러나 이는 직접적 교류를 통해 자기 자신을 충분히 드러낸 연후라야 그 효과를 기대할 수 있다. 그렇지 않으면 정보를 전달하는 것 이상의 의미는 없을 것이다. 전자 매체를 통한 커뮤니케이션은 어쨌거나 직접적 접촉이 결여된 방식이므로 이렇게 전달된 메시지는 그 가치가 떨어져 보이는 것이 사실이다. 그러나 평소에 사람들에게 자기 자신을 직접 드러내 보임으로써 신뢰를 쌓고 리더로서의 능력을 잘 보여줬다면 전자 매체를 통한 메시지로도 소기의 목적을 달성할 수 있을 것이다.

추후 대화, 업무 능력 평가를 위한 면담, 전자 매체를 통한 메시지 전달 등 이 모두가 변화를 진행하는 과정에 꼭 필요한 작업이다. 그러나 어떤 경우이든 리더의 자기인식, 자기 통제, 공감 능력이 그 바탕이 돼야 한다. 이 세 가지 요소만 충족되면 아무리 복잡하고 어려운 상황에서도 생산적이고 효율적인 커뮤니케이션이 가능하다.

연설, 소회의실 모임, 비공식적 대화, 이메일 등 커뮤니케이션의 방식이나 수단과는 관계없이 리더의 가장 중요한 역할은 옆에 서는 것이 아니라 전면에 나서는 것이다. 순종이 참여로, 만족감이 충성심으로, 단순한 변화가 진보로 발전하는 것은 전부 '진정성'에서 비롯된다. 대인 커뮤니케이션은 자신을 직접 드러내는 기회를 제공하며 이를 통해 자신이 속한 세상을 더욱 발전시키는 기틀이 마련된다.

사람들을 행동하게 만드는 것이 진정한 리더의 역할

LEADING OUT LOUD

진정한 리더십을 가늠하는 유일한 기준은 리더의 특성, 비전, 행동이 사람들에게 어떤 영향을 미치느냐다. 이 모든 것의 핵심이 커뮤니케이션, 특히 리더십 커뮤니케이션이다. 리더십 커뮤니케이션은 유능한 리더가 보유해야 할 가장 중요한 기술이다. 이쯤 하여 현실 세계에서 진정한 리더십 커뮤니케이션이 점점 자취를 감춰가고 있음을 지적하지 않을 수 없다. 리더십 커뮤니케이션에 대한 요구가 더욱 커지는 상황에서 오히려 반대 현상이 나타나고 있다는 점이 몹시 우려스럽다. 특히나 정치계와 경제계에서 대의보다는 돈이나 권력 같은 사적인 이익을 좇는 현상이 두드러지고 있다. 진정성이 사라진 상황에서 리더와 그 리더가 이끄는 조직에 대한 신뢰는 땅에 떨어졌다. 세계 곳곳에서 반란과 반항 행위가 들끓는 것도 대중의 눈에, 힘 있는 자리에 있는 사람들이 자신의 권력과 위세를 이용하여 사리사욕을 채우는 것으로 비쳤기 때문이다.

설상가상으로 방송과 인터넷 같은 매체의 확산 속에 '속(내용)'이 아니라 '겉(포장)'을 보고 판단하는 데 익숙해진 탓에 진정성 따위가 필요하기는 한가 싶은 지경까지 이르게 됐다. 그러나 사람을 움직이는 원칙은 분명하다. 즉, 리더의 커뮤니케이션에서 진정성이 느껴질 때 마음이 움직이고, 리더의 주장에 수긍하는 데서 그치지 않고 참여하고픈 생각에까지 이르게 된다.

오늘날과 같은 진정성 상실의 시대가 탄생시킨 믿음 가운데 하나는 대중이 변화의 원동력이 돼야 한다는 것이다. 참으로 멋진 생각이기는 하나 모든 사람이 같은 정보를 가지고 모두가 같은 관점을 가지는 이상향이 아니고서야 실현되기 어려운 일이며, 안타깝게도 현실은 그렇지가 못하다. 변화와 관련한 중요한 정보를 모든 사람이 공유하는 것은 아니다. 나는 집단 사고 혹은 집단 지성에서 인류 발전의 답을 찾아야 한다고 생각하지 않는다. 이와 같은 맥락에서 전 세계인이 소셜 미디어를 통해 모든 이슈나 정책에 참여하고 결정하는 것이 진정한 진보라고 보지도 않는다. 모든 사람이 다 같은 정보를 가질 수도 없고 또 다 같은 정보에 관심을 보이는 것도 아니다. 즉, 사람마다 가진 정보가 다르고 관심 분야도 다르다.

중요한 것은, 전부는 아니라도 우리 중 누군가는 다른 사람보다 더 넓은 관점을 지니고 있고 우리 모두에게는 그렇게 자신의 관점이나 시야를 넓힐 잠재력이 있다는 사실이다. 진정한 리더는 이러한 잠재력을 발현시켜 더 나은 세계로 군중을 이끌 수 있는 사람이다. 상호 의존적 환경 속에서 우리 인류가 발전할 수 있느냐 아니냐는 대승적 차원의 가치관에 따라 범 세계적인 변화를 꿈꾸며 다양한 인종과 문화의 경계를 넘어 세계인과 효과적으로 소통할 수 있는 리더가 존재하느냐에 달렸다. 이는 타인을 이해하고 포용하며 협력과 공통 가치를 기반으로 언제 무엇을 위해 나서야 하는지를 아는 능력이 바탕이 돼야 가능한 일이다. 개인적 관계를 유지하는 데 필요한 기술이 여기서도 요구된다. 그러나 리더는 그 행동의 결과와 파장이 훨씬 크다는 점을 기억할 필요가 있다.

조직의 리더는 의미 있는 일에 조직 구성원을 동참시킬 수 있어야 박수를 받는다. 국가의 리더는 대승적 가치관과 본질에 초점을 맞춰야 대중의 지지를 얻을 수 있다. 조작을 통해 수동적 순종을 이끌어내는 데만 급급한 리더는 결국은 무너지고 만다. 국제 경쟁, 사회적 병폐, 광적인 극단주의, 국제 협력에 대한 압박 등의 복잡한 문제를 해결하는 열쇠는 모든 조직 구성원의 단합된 노력과 신념에서 찾아야 한다.

사람들은 자신이 가치 있다고 생각하는 대의명분 그리고 자신이 존경하고 신뢰하는 사람을 따르고 지지한다. 진정성이 담긴 목소리를 되찾고 의미 있는 변화를 위해 계속 노력하는 리더라야 이러한 요구를 충족시킬 수 있다. 진정성은 자신의 머리와 가슴에서 나온 것을 그대로 타인의 머리와 가슴에 직접 전달하는 데서 비롯된다. 메시지를 들으면서 리더의 능력과 신뢰가 느껴질 때 비로소 같이하고픈 의지가 생기고 결국 참여를 결정하게 되는 것이다.

생각은 다른 사람한테 배울 수 있지만, 열정은 자기 자신의 경험에서 비롯되는 것이다. 지금으로부터 30년 전에 존 가드너John Gardner가 저서 《자기 혁신Self-Renewal》에서 밝힌 바와 같이 변화의 첫 단계는 우리 삶을 구성하는 실제 사건들을 돌이켜보면서 스스로 의미 있다고 생각하는 가치들을 끊임없이 발견해내는 것이다. 특히나 리더는 내면적 삶과 관련한 정신적 차원의 정보 및 지식을 계속해서 탐구해야 하며 이러한 과정을 통해 자신이 전하는 메시지에 더욱 심오하고 진지한 의미를 담을 수 있다.

오늘날의 첨단 기술력은 깊이 없는 피상적 메시지를 광범위하게 퍼뜨리는 데는 더 없이 유용하다. 그러나 메시지의 깊이가 깊어지면 이러한 기술에 대한 갈증은 그만큼 줄어든다.

기술 덕분에 인간의 거의 모든 신체 부위를 만들어 낼 수 있다. 그러나 인간 정신의 속삭임은 기술로 어찌할 수 있는 부분이 아니다. 이 작은 속삭임에 관심을 기울임으로써 모두가 들을 수 있게 이 소리를 증폭시킬 수 있다. 이런 식으로 자신의 신념을 다시 확인하면 그 신념이 다른 사람에게도 전해질 수 있다. 이 부분은 연습이 필요하다. 나는 여러분에게 미래 가능성을 머릿속에 그리며 그 내용을 적어보라고 주문했었다. 이러한 훈련은 자칫 즉흥적이고 편협한 의도로 비칠 수도 있는 내면적 혹은 외부적 목소리를 차단하는 효과가 있을 것이다.

우리는 역사를 통해 모든 변화는 몇몇 개인의 숭고한 의지에서 비롯된다는 사실을 배웠다. 또 커뮤니케이션이야말로 모든 관계의 핵심이라는 사실도 알게 됐다. 처음으로 제시한 미래의 모습, 첫 글, 첫 마디 그리고 분명하게 명시한 변화의 궁극적 결과 등을 통해 리더는 변화를 위한 행동 대열에 타인을 참여시키는 하나의 매개체 역할을 한다. 진정한 리더는 사실 정보뿐 아니라 감정에도 반응하고, 개인적 자질과 리더로서의 능력을 보여주고, 진심으로 타인과 관계를 맺는 등등의 행동을 통해 공동의 목표 달성이라는 객관적 보상뿐 아니라 진정한 의미 발견이라는 주관적 보상까지 함께 챙길 수 있다.

진정성은 진실한 의도 혹은 목적에서 나오는 것이므로 형식과 방법을 불문하고 커뮤니케이션이 이루어질 때마다 자신이 생각하는 목적과 의도를 상기하고 이것을 계속 북돋을 필요가 있다.

내 경험상 진정성을 드러내는 순간은 그리 쉽게 오지 않는다. 찰나적 순간에 잠깐 왔다 순식간에 사라지는 것이 바로 '진정성'이다. 그러나 훈련을 통해 그 찰나적 순간을 몇 초나 몇 분, 몇 시간 혹은 며칠까지 연장할 수 있다. 진정성 있는 커뮤니케이션은 리더가 주장하는 변화 행동에 타인을 참여시키는 효과가 있고, 회의론이 팽배한 가운데 냉소주의가 고개를 들 때 이를 누그러뜨릴 수도 있다.

미디어 홍수의 시대가 진심을 털어놓기 더 어렵게 만들었다. 특히 공인들은 진정성을 내보이기가 쉽지 않으며 강심장을 자랑하는, 심지어 공적으로 노출되지도 않는 사람조차 진심을 드러내기 어려워한다. 용기 있게 진심을 보였다가는 다른 사람들에게 조롱거리가 되기 십상이다. 진심을 말할 용기가 없는 그런 사람들한테 그런 비웃음을 당해야 한다는 것이 아이러니하긴 하지만 말이다. 그러나 조롱쯤은 진정한 리더가 되기 위한 수업료라고 생각하라. 진정성이 있다는 것은 우유부단하다는 뜻이 아니다. 약점을 드러낸다는 것 또한 진짜로 약하다는 의미는 아니다. 또 감정에 호소한다고 해서 이성적 부분을 나 몰라라 해서도 안 된다.

우리는 단지 역할을 통해서만이 아닌 인간이라는 존재로서 서로 연결돼 있다는 점을 기억해야 한다. 무언가를 계획하고 실행하는 삶 속에서 특별히 시간을 내 그것을 보려고 노력하지 않으면 우리 자신의 인간성과 타인과의 불가분적 관계성이 잘 드러나지 않는다. 이러한 부분을 인식하려면 훈련이 필요하다. 나는 이 책을 통해 여러분이 그러한 훈련에 시간을 할애하고 여러분 자신이 터득한 사실을 다른 사람들에게 적극적으로 전달할 것을 권하는 바이다. 그러면 여러분과 마찬가지로 여러분이 이끄는 사람들도 좀 더 윤택하고 좀 더 성공적인 삶을 살 수 있을 것이다.

옮긴이 이은주

이화여자대학교 법학과를 졸업하였으며, 현재 번역 에이전시 엔터스코리아에서 출판기획 및 전문 번역가로 활동하고 있다. 주요 역서로는 『돈과 힘』, 『크래시 코스 : 시한부 세계경제의 진실을 말하다』, 『설득의 배신: 비즈니스 전쟁에서 살아남는 마케팅 성공 전략』, 『충동경제 시대의 모바일 쇼핑』, 『돈 굴리는 뇌 : 소비자를 유혹하는 신경경제학』, 『터틀의 방정식』, 『핏불』, 『워렌버핏 투자노트』 등 다수가 있다.

세계 최고의 리더들은 어떻게 말하고 어떻게 다가가는가

초판 1쇄 인쇄일 2015년 6월 23일 ● 초판 1쇄 발행일 2015년 6월 30일

지은이 테리 피어스 ● 옮긴이 이은주

펴낸곳 도서출판 예문 ● 펴낸이 이주현

기획 김유진 ● 편집 박정화 ● 디자인 김지은 ● 마케팅 이운섭 ● 관리 윤영조 · 문혜경

등록번호 제307-2009-48호 ● 등록일 1995년 3월 22일 ● 전화 02-765-2306

팩스 02-765-9306 ● 홈페이지 www.yemun.co.kr

주소 서울시 강북구 미아동 374-43 무송빌딩 4층

ISBN 978-89-5659-249-7   03320